U0147131

華倫老師的存股教室②
股利與成長
雙贏實戰

周文偉（華倫）◎著

Chapter 1

釐清投資觀念　站上正確的起跑點

Chapter 2

觀察企業優勢　篩出高品質雙贏股

Chapter 3

解讀財務報表 確實評估個股價值

Chapter **4**

診斷產業前景 挑對體質強健標的

Chapter **5**

堅持投資紀律 輸少贏多放大獲利

Chapter **6**

深度剖析持股　打造不敗投資組合

理財真的沒有那麼難

身為財經主播，每天盯著全球金融脈動，看著中國經濟的崛起，再對比台灣產業的發展情勢；說真的，我對台灣的經濟前景，有很深很深的憂慮感。當然，政治情勢如何影響經濟大環境，讓台灣被邊緣化，這些不是我們一般市井小民所能夠左右的，那也就不提了。重點是，面對眼前這樣的台灣、這樣的現實，我們該怎麼辦？能怎麼辦？

所以，我常常鼓勵身邊的朋友，特別是年輕朋友，拜託理財、拜託投資，因為我擔心以他們現在的薪資水準，存不到錢，他們的未來生活堪慮。沒錯，我幾乎是用「拜託」的，請求他們投資，請求他們不要抗拒理財；但我得到的回應常常都是：「生吃都不夠了，還曬乾？」

這的確是年輕朋友共同的心聲，薪資不多，幾乎個個都是月光族，怎麼有餘錢投資？又或者，年輕朋友會說，薪資不多，好不容易攢下來的錢，投資萬一虧掉怎麼辦，他們根本不知道理財該從何下手。

「人不理財，財不理你」這句話，再真切不過了！薪資不多，其實更應該透過投資，讓你的錢變多變大，脫離月光族的宿命；不懂理財，更應該學習投資，讓未來的你，有能力財富自由。

理財沒有標準答案，「不管黑貓、白貓，能抓老鼠的就是好貓」，投資亦然，「不管長線、短線、籌碼、線型，能賺錢的就是好招」。既然如此，我們該選擇什麼樣的方法呢？

現代人何其幸運，市面上有千百本分享投資經驗的著作，你大可以挑選其中一本，依樣畫葫蘆來累積財富。只是我願意在這裡推薦華倫老師的著作，是因為華倫老師的投資方法，充分證明了我想告訴大家的一句心裡話，那就是「理財真的沒有那麼難」，投資也從來不需要你存好一大筆錢才能開始。

華倫老師用最簡單的方式——在生活中選股，用最簡單的原則——決定續抱或賣出。沒有什麼了不起的大道理，沒有什麼繁複計算的數學算式（很多人誤會投資一定得要是數學專家），最重要的是，你完全不需要什麼內線，就能選到優質好股，然後耐心等待，讓它幫你滾出財富。

我很實際的說一句，投資必須先求不傷身，再求豐厚獲利。華倫老師的

選股方法，就完全能達到不傷身、不蝕本這個目標，華倫老師最喜歡用股神華倫・巴菲特（Warren Buffett）的話來比喻投資：「要找到濕的雪，和一道長長的山坡，就能滾出大大的雪球。」長長的山坡就是時間，這大家都有，至於如何把雪弄濕，就在華倫老師的書裡了。

iNEWS 三立財經台主播兼主持人

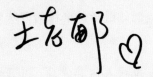

穩中求勝的投資策略

　　華倫老師周文偉是我中央大學土木系的學長，也是我很欣賞的股市投資人。這幾年台灣股市很流行「存股」的觀念，不少存股達人被媒體挖掘出來，文偉學長也是其中之一。只是文偉學長比較不一樣的地方是，他的投資策略很符合香港知名企業家李嘉誠的一句名言：「穩健中求發展，發展中不忘穩健。」

　　一般存股族的選股策略都會比較保守，傾向選擇基本面優質、擁有穩定且比定存利率愈高愈好的股息殖利率。文偉學長也很重視股票的基本面，並以他的「護城河優勢」及「能力圈」等選股策略，嚴選優質且他能了解的個股進行投資。

　　只是他選擇的個股，通常除了擁有長期獲利穩定並能持續配發股息的能力之外，也同時具備獲利能穩健成長的特性。有必要的話，他可以為了成長性，犧牲殖利率，也就是選擇獲利較有成長性但股息殖利率較低的個股。

他這樣做，乍看之下好像會少領到一些股息而比較吃虧；但長遠來看，因為所選擇的公司獲利有成長性，所以股息很有可能一年領得比一年多；時間拉長來看，其實一點也不吃虧，反而會愈來愈有利。而且因為公司獲利能力愈來愈強，也有機會賺到股票的價差；萬一股價不夠漂亮的時候，也比較有機會能解套。

當持股有狀況時，套一句他常常說的話：「車子壞掉就要賣，車子沒壞就讓它一直跑。」公司長期基本面變質時，他就會果斷賣出，而不是一味等待不一定會出現的轉機。長抱、但不死抱，這也是他投資策略裡比較靈活有彈性的地方。

文偉學長同時追求獲利與配息穩健成長的雙贏選股策略，剛好把「存股」和「投資成長股」這2種投資方法融合起來，彼此截長補短。

投資成長型股票，追求股價價差的同時，也會因為股價波動的關係，心理上會承受比較大的壓力。當市場與股價波濤洶湧時，持有的股票如果能穩定配息，持續提供現金流，會讓你的心情比較波瀾不驚、保持冷靜。因為手上有錢，才能比較有耐心，也比較有條件可以等待市場及股價回歸正常。而獲利有成長性的股票，則比較有機會讓人得到較為驚豔的報酬率，讓資金運用更有效率，而不會讓選股策略過於保守。

　我的投資方法一直以來是屬於投資獲利成長型的個股，主要是賺取股價價差。文偉學長同時追求穩定現金流和獲利雙成長的投資策略，對我有很大的啟發。他的投資方法並不會讓人賺錢賺得很快，但如果能持續下去，後勁很強！

　各位讀者們好好的閱讀此書，相信也會讓你受益良多，學到許多很好的投資觀念。我更建議大家可以長期關注文偉學長的粉絲專頁，並且把他前面出的 2 本書也找來看看，了解他的過去。這樣你會更深刻體會到，長期以來，他對他的人生和他的投資，所展現出來的那股堅持到底的韌性。

《我的操作之旅 踏上專業投資人之路》作者

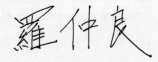

讓財富跟著好股票一起成長

　　自從華倫老師登上《Smart 智富》月刊〈封面故事〉、出書、辭去代課老師教職以來，這些年，他的工作重心快速轉換，唯一不變的是對教學的熱誠。過去，他教導中學生理化，每年迎來送往一班又一班的孩子；現在，他面對廣大喜愛投資的人群，孜孜不倦傳授股市煉金的奧祕。

　　本書是華倫老師針對存股投資法的深入介紹，在成書過程中，頁數一再膨脹，原因是，透過與讀者、學員的互動，華倫老師發現不少人雖然看了之前的書，但並沒有真正理解價值投資的精髓，特別是他強調存「對」成長型的好公司這件事。

　　傳統上，成長型股票通常被股市投資人拿來波段操作，短則數月，長則 1 年，不過華倫老師的目標，則是如果公司沒有變壞，最好永遠都不要賣，畢竟一家業務容易理解、穩健成長的公司極為難能可貴，如果只小賺一點就賣掉，那就跟進入寶山，卻只抓一把金沙就匆匆離去一樣可惜。

至於許多價值投資者鍾愛的「菸屁股股票」，就是那些「價格低於其內在價值、但價值不僅不會成長、還會隨時間遞減」的股票。這類股票就只能賺一票走人，如同就像被棄如敝屣的菸屁股一樣，只有一點殘餘價值，但吸兩口就沒了。這樣的股票雖然安全，但缺少成長性，也沒有足夠的「護城河」保護，完全不是華倫老師偏好的類型。

以華倫老師所學習的典範——股神華倫·巴菲特（Warren Buffett）來說，巴菲特早期是愛撿「菸屁股股票」的投資好手。但到投資中期以後，就把注意力集中在「成長型股票」，並希望能永遠持有這類好股票。也有些人說，那種可以持有一輩子的好股票，只有美國才有，台灣沒有這種公司。這句話乍聽之下好像有點道理，畢竟台灣沒有知名的百年企業，不過，若回到50年前，誰能想像可口可樂（Coca-Cola）會發展到今日的規模？而從現在算起的50年後，焉知統一（1216）這樣的好公司，能否成長到令人難以想像的規模？我無法預知明日，但台灣證券交易所從1962年正式開業，我相信再過45年後，台灣必定會出現上市逾百年的好股票，我也衷心希望，能夠存到這檔好股票的就是你。

《Smart 智富》月刊社長

存「股利與成長雙贏股」
提高資產抗通膨能力

從我第 1 本書《流浪教師存零股 存到 3000 萬》當中引用的一句話開始談起。英國大文豪王爾德（Oscar Wilde）說：「在我年輕的時候，曾經以為金錢是世界上最重要的東西，到現在我老了，才知道的確是如此。」

我們從小到大被教育要用功讀書，被教育要熟讀四書五經、精通幾何函數，更要能上知天文、下知地理，考上好學校，有份穩定的工作，長大後可以當醫生、當律師，能到台積電工作、到蘋果（Apple）或 Google 上班，可以領到很好的薪水。但可能沒人告訴你，長期來看，未來的富裕不只取決於你能賺多少錢，有很高的比重是要看你如何投資理財。

賺取工作收入是很重要的基礎，但怎麼規畫金錢的用途、怎麼創造更好的價值等投資理財知識，我們從小學、中學，甚至到了大學、研究所，卻都沒有學到，這是非常可惜的事情。

大家都知道複利的威力，每個月期初投入 1 萬元於年利率 1.5% 的定存，40 年後可以累積到將近 658 萬元；但投入同樣金額到年報酬率 12% 的商品上，40 年後卻可以累積達 1 億 1,800 萬元，除非你不相信電腦算出來的數字，否則這就是事實。

及早投資滾雪球，讓你的錢為你工作

但是為什麼絕大多數人做不到利用投資累積財富？因為我們沒有被教育過，所以沒有正確的知識，沒有堅定的信念和耐心。股神華倫‧巴菲特（Warren Buffett）說過：「人生就像雪球，重要的是要找到濕的雪，和一道長長的山坡。（Life is like a snowball. The important thing is finding wet snow and a really long hill.）」人生如此，投資亦是如此，重點就是「濕的雪」和「長長的山坡」。

如何找到、看出濕的雪？這可能需要一點智慧和經驗；但是，長長的山坡大家都有——就是時間，只看我們如何運用：愈早開始，你就能擁有愈長的山坡。巴菲特從 10 幾歲就開始投資，筆者從 30 幾歲才悟出投資的真諦。

道理很清楚，愈早開始投資，愈年輕開始投資，複利效果愈好，你將擁

有更長的山坡，這便足以滾出更大的雪球，累積財富。

　　滾雪球是很多小事情累積出來的效果，但集合起來卻很有力量；你的錢將替你工作、為你賺錢（即便一開始只有投入小小的金額）。這件事情的重要性並不亞於你努力讀書、努力工作。人一生當中最用功讀書的時候，莫過於大學聯考、學測，還有第一次當父母，其實投資理財也是人生很重要的功課之一。

　　香港「平民股神」曹仁超說過：「我對錢沒什麼概念，但是太明白貧窮的滋味了。」對尚未致富的他來說，吃一個荷包蛋都是一件奢侈的事；高中畢業時，他曾立志要賺大錢，引來同學們哄堂大笑；但他在近40年的投資生涯中，創造超過港幣2億元的財富。他曾說：「每個人在有生之年都可以成為千萬富翁，至於何時開始投資？當然是愈早愈好，如果你20歲開始，50歲就是千萬富翁了；但如果你50歲才開始，那就要到80歲方能成為千萬富翁了。」

　　許多人到了40歲、50歲才開始存錢，是因為突然想到自己不再年輕，很快就需要金錢來供應退休所需；也許他們想要環遊世界，想要享受以前不敢奢求的奢華生活，想要用金錢做以前不敢做的事情，但是當他們發現自己應該投資時，卻已經浪費了很多股票可以增值的寶貴時間。

其實我們原本可以讓錢自己賺更多的錢，年輕的時候，不管你每個月投資 5,000 元、1 萬元還是 2 萬元，你就會發現錢是很棒的東西，只要你懂得怎麼讓它為你工作。想從股市中得到最大的獲利（尤其是如果你還年輕），別忘了及早開始，因為時間是站在你這邊的。

選擇正確的投資方法，才能讓資產正向成長

每個人在追求成功的過程中，免不了會有許多嘗試和錯誤，尤其是錯誤勢不可免。投資人在一生的投資生涯當中，經常不斷尋尋覓覓，試圖找出對的方法；回首來時路，我相信大家都會說自己想改變某些操作習慣，以達成更好的成績，就像馬戲團表演盪鞦韆的舞者，從一個鞦韆盪到另一個更高的鞦韆，盪得愈來愈高；但是當你用了錯誤的方法，可能鞦韆愈盪愈低，甚至整個人掉下去。

我們都期盼自己的持股市值愈來愈高，股票愈換愈富有；但如果沒有正確的投資策略，恐將一敗塗地。若是一直以來，你投資股票有些不順利，想要改變一點什麼，希望我的書能給你一點啟發。

常常聽到的故事是，某位老先生買了什麼股票，結果他忘記了，一放就是好多年；最近股市大漲，聽到大家討論股票議題，老先生才發現他也有

股票，而且賺了 10 倍。我身邊也不乏有朋友持有鴻海（2317）、台積電（2330）而賺大錢，我這些朋友甚至連對股票的基本概念都沒有，更遑論研讀財報。

如果投資人長期的績效輸給這位傳聞中的老先生，或是我長期持有鴻海、台積電的朋友，可能就需要檢討一下了，到底問題出在哪裡？是太過自信還是一知半解？要注意，有時候一知半解比完全不懂還要可怕。

利用薪水與股息收入，自己準備退休俸

想再和大家分享一則在網路上看到的故事：

甲：當你接到停水通知，你會做什麼？
乙：我會提前洗澡，把家裡的臉盆、澡盆全都裝滿水。
甲：那如果這水一停就幾十年，你怎麼辦？
乙：這是什麼水，一停就是幾十年？
甲：薪水，65 歲就停。你會提前做什麼準備？

沒水就要預先儲水，那沒錢當然要預先存錢囉！怎麼存錢？靠國家的退休制度嗎？靠我們每個月繳給政府保險年金的保費嗎？國家的年金改革，

是新政府最重要的施政項目之一，原因就是台灣的少子化、高齡化問題嚴重，可以工作繳保費的人口愈來愈少，而沒有工作能力、領退休金的人口數卻愈來愈多。

政府保險年金是人民退休金的第 1 層保障，根據 2016 年政府發布的精算報告，年金制度若沒有適當改革，勞保年金及公教人員退撫基金，恐陸續在 2027 年～ 2031 年破產。以公教人員而言，最簡單、最直接的解決之道，就是要大家多繳保費、少領退休俸，並延後退休年齡。

根據政府已定案的退休年齡（2026 年後請領退休金者），中小學教師延後到 58 歲，高中職以上的教師、公務員和勞工要到 65 歲才能退休，並同時降低退休俸的所得替代率，減少政府負擔。但據政府說明，這也只能暫緩年金的破產年限，誰知道將來會不會再將退休年齡延後為 70 歲，或者將退休俸再降低呢？

靠政府不保險？那麼靠自己存錢，減少花費並把錢放在銀行定存，就可以順利存到退休金嗎？別忘了，「錢會愈來愈不值錢」，這是無庸置疑的。通貨膨脹是一種無形的稅，如果只靠存錢在銀行，只會讓錢不斷貶值而已，所以我們必須要有更積極的作為。畢竟靠一己之力，在有限的時間歲月裡，勢必難以累積財富。

筆者一直是這樣想的，我只有一雙手、一雙腳，一天也就 24 個小時，任憑我再怎麼努力，創造的財富也有限，所以我買進優秀的股票，當了優秀公司的股東，靠著公司的經營團隊創造利潤，我也可以達到用錢滾錢的效果、享受用錢滾錢的樂趣，這是防止通膨最好的辦法，我稱它為「存股」。

用心了解持股公司的事業，而非妄加猜測股價

講到存股，大多數的朋友會想到「定存股」，花了 1 萬元買進股票後，往後每年領取 5% 的利息（股利），本金不會成長、股利不會成長，只是利息比銀行定存高出許多。但如果我們存到的股票價值每年增值 10%，領到的利息（股利）也每年增加，這叫做「成長」，這類型的「股利與成長雙贏股」，是筆者想要在本書中說明的。

就像筆者在 2008 年買進佳格（1227）存股，存了 4 年，從股價 10 幾元一直買到 70 幾元；4 年後的 2012 年，因為佳格獲利連續衰退，筆者在 100 元左右出脫持股，4、5 年期間賺到了佳格的股利與成長。

另一個例子，2005 年初，筆者同樣用 10 幾元的股價買進恆義（4205，2013 年已改名為中華食），持有至今，賺了 12 年的配股、配息，再加上公司的價值成長，股價更在 2017 年 7 月下旬、除權息前攀上 76 元高價。

其他像筆者長期持有的德麥（1264）、統一超（2912）、日友（8341）等股票，都是配息年年提高，價值不斷成長的「雙贏股」，我會持有到公司獲利連續衰退、基本面變差的那一天。

股票本身沒有選擇的權利，股票不在乎自己屬於誰，你想買哪一檔股票，也不需要通過審核，你就能成為該公司的股東。回憶我剛退伍「炒股票」的心路歷程，一開始我認為股價是有生命的，企圖從起伏曲折的線圖中，去預測下一秒的股價走勢，但我卻忘了追蹤公司的基本面。

我希望快速獲利，想找出預測市場的方法，我賠了很多錢，因為我當初嘗試做出人類不可能辦到的事情。沒有人比市場聰明，巴菲特投資時看到的是「事業」，但我看到的卻是「股價」，我花了太多的時間和精力看盤，但是並沒有用心了解我買進的這家公司。

直到後來我才發現，我根本不需要具備預測股市的能力，也能在股票上賺到錢，否則一個土木所畢業的流浪教師怎麼會累積到超過 4,000 萬元資產呢？我曾經有好幾次在電腦前面，眼睜睜看到股市慘跌，那又如何呢？這並不影響優秀公司的基本面。2016 年 11 月 9 日唐納・川普（Donald Trump）確定當選美國總統，那一天台股大盤從開盤到收盤暴跌近 300 點，隔天再大漲約 200 點；如果我是靠預測股市過活的話，應該在川普當選前

一天把股票賣光，第2天再全部買回來才對呀！但是這又有誰會知道呢？

學習投資如同蓋房，打穩地基才能築起高樓

我的第1本書在2015年8月底出版，這幾年下來，因為存股的關係，我在臉書（Facebook）及演講的場合認識了很多好朋友；當中有醫師、護理師、機師、餐廳老闆、燒烤店老闆、食品原料代理商、學校教師、公務員，還有更多每天辛苦為事業打拼的上班族等，他們會給我看醫療廢棄物的報價單、沙拉油的進貨價，也會和我分享在全聯買了豆腐、在星巴克買了咖啡等，也會有朋友問我許多存股方面的問題，或者個別股票的問題。

我為了答覆許多好朋友的提問，所以必須要更加充實自己，所幸這一年來我已經結束了流浪教師的生涯，讓我有更多的時間可以閱讀、研究股票以及參與公司股東會和法說會，當然也更堅定了存股的信念。非常感謝各位讀者和臉書的好朋友，我們是同一國的，我將繼續為我們的未來努力。

隨著醫療科技進步，國民平均餘命增加，再加上通貨膨脹，物價愈來愈高，將來每個人退休所需肯定愈來愈高。但根據調查，卻很少有民眾有及早規畫準備退休金，原因之一也是因為薪資扣除日常生活開銷，結餘所剩無幾，要存到千萬元退休金談何容易？筆者一向鼓勵年輕朋友們，有做總

比沒做好，有多少錢存多少錢，利用投資複利，若干年後，小錢也能變成大錢；千里之行，始於足下，至少已經在正確的道路上了。

投資人難免犯錯，但是虧損讓我們得到經驗，學到教訓，並堅持「不貳過」；最有價值的教訓，都是在我們最困難的時候學到的，等我們知道如何不虧錢時，就能開始賺錢了。「穩中求勝」是我一直強調的，地基打得穩，樓才蓋得高，雄偉的 101 大樓若是蓋在沙灘上，應該早就被海浪捲走了。

投資確實有其風險，而且有可能幾次嚴重的錯誤就會致命，所以努力閱讀是很重要的！「貧者因書而富，富者因書而貴」，從別人的錯誤中學習要簡單愉快得多，希望讀者都能從本書中得到滿滿的收穫，帶著欣喜的心情不斷思考和學習，套句鴻海董事長郭台銘的話：「The eagle flies（老鷹起飛了）！」

周文偉

Chapter 1

釐清投資觀念
站上正確的起跑點

1-1 用投資理財抵抗通膨 替未來創造更多消費力

　　與其說投資理財是為了賺更多錢，倒不如說是節省現在的消費，然後替未來創造更多的消費力。中國古代在還沒有貨幣的時候，人們用貝殼、獸骨、皮毛等物品以物易物，後來出現了金屬錢幣；到了現代，世界各國除了金屬錢幣，更使用紙張當成貨幣。

　　貨幣到底有多少價值，不是你我就能決定，而是由政府決定的。為了刺激經濟成長，促進消費，政府通常會帶領國家走向通膨之路，也就是讓物價逐漸上漲，使得同樣的貨幣，未來會愈來愈不值錢。

　　換句話說，你現在不消費，同樣的貨幣，購買力將會愈降愈低。然而，未來的消費，只有未來才會發生，我們沒辦法將未來的每一筆消費全部提前；為了確保未來的貨幣購買力不貶值，最好的做法就是把貨幣投資於有生產力的公司，這些公司會幫你抵抗通膨，甚至讓現在的貨幣在未來變得更有價值。

　　當然投資有很多選擇，股票、房地產、基金、債券等，不論任何金融商品都有其風險，但總歸一句話：「風險來自於無知。」面對你不懂的商品，卻貿然投入資金，這就不是「投資」，而是「投機」，如此將深陷於風險之中。

風險來自於無知，別讓「投資」變「投機」

　　本書當然不是教導你如何投資房地產、基金或債券，因為這些方面我是無知的。我是在 20 歲出頭服兵役期間開始投資，會選擇買股票，是因為我覺得投資房地產需要很龐大的資金，對當時身為一個年輕小伙子的我來講，根本是天方夜譚。

　　說到基金，要研究的範圍又更廣了，必須知道國際區域的發展情勢，了解基金的內容標的；至於債券，個人覺得投資報酬率較差，所以從一開始我就只鎖定股票。

　　大家都知道，我在投資前幾年胡亂買股，導致不賺反賠，所幸在 34 歲左右，找到了正確的投資方法，並一直持續至今。簡單易懂的股票作為我的投資工具，即使身上只有幾千元，我也隨時投資股票，一次買不起 1 張（1,000 股），我可以買零股；遇到公司體質變差，又能輕易賣出變現，對年輕小資族來說，是很容易上手的投資工具。

緊抱具生產力的投資標的，就連睡覺也能持續賺錢

股神華倫·巴菲特（Warren Buffett）不喜歡沒有生產力的東西，不論黃金、寶石，或是債券、貨幣，都只會隨著時間的流逝，愈來愈沒有價值。黃金雖是各國央行重要的儲備資產，但在實用價值上，除了裝飾用途和一些精密儀器的零件需要用到之外，一般投資人若想利用黃金賺錢，通常是買進之後，等著別人用更高的價錢買走，賺取價差，這和短線交易股票的做法沒什麼不同；若要長期持有，黃金也不會生利息給你，這和我要講的長期存股，概念是不同的。

投資人想要獲得持久的收益，就必須堅持長期投資的原則，具有足夠的耐心，避免受到股市行情和他人影響，只有這樣才能獲得出色的回報。巴菲特還說：「如果你沒有找到一個當你睡覺時還能賺錢的方法，你將一直工作到死。」巴菲特買進股票後，就長期持有直到公司變差為止，他一向以公司的老闆自居。他在 1987 年投入了 6 億美元買下刮鬍刀公司吉列（Gilliette）的優先特別股（2 年後若轉換為普通股，約占吉列 11% 的股權），他說：「一想到每天早上全世界男人的下巴都會長出鬍子，吉列的股東就能安心入眠。」

刮鬍刀的使用者不可能因為景氣不好就不刮鬍子，而使用一段時間之後，也不得不更換刀頭，日復一日，收入源源不絕，股東也同享公司獲利，這就

是靠優秀經營團隊幫你賺錢的概念。

我長期持有統一超（2912）也是這個概念，每天想到全台灣有這麼多人會到 7-Eleven、星巴克、家樂福（星巴克和家樂福均為統一超轉投資）消費，我不但工作的時候會很愉快，就連睡覺的時候，作夢都會笑。

買進股票後，大部分投資人最難克服的就是股價的波動，我只能說，當你要買一塊農地時，不應該觀察每天的地價變動，而是應該針對該農地每天、每月、每年能產出多少農作物的量，然後計算這些作物能賣多少錢。投資股票又何嘗不是如此呢？要買什麼股票？在什麼價錢買進？能享有多少公司的利潤？是存股者必須學習的課程。

傳奇基金經理人彼得‧林區（Peter Lynch）操作的麥哲倫基金（Magellan Fund），從 1977 年～1990 年的年化報酬率高達近 30%，甚至超越巴菲特，這種驚人的投資績效看似夢幻，其實他的投資方法十分平實。彼得‧林區把逛街和選股連在一起，他從日常生活中看到生意興隆的好公司，進而投資該公司股票；和巴菲特一樣，他投資自己了解的公司，對於無法理解的公司、時下最流行的公司，他就沒興趣了。

常常聽到很多人說，「買股票就像把錢丟到水溝一樣，股市就像賭場一樣

危險。」他們甚至可以拿親身經驗來說服你。這樣的說法，其實代表對股市的無知，如果股市就像臭水溝，為什麼台灣最有名的大企業都爭相要讓自己的股票上市？如果股市是賭場，為什麼外資買走台積電（2330）的股票近80%？事實上，只要公司營運保持良好，你應該緊抱這些股票，愈久愈好，就如前文所言，好的公司會以其生產力來創造價值，而且抱愈久、賺愈多，這才是股市的真理。

公司體質良好
無論景氣興衰都能賺錢

1-2

經濟氣候變化多端，每次景氣衰退時，都會看到悲觀的新聞報導，彷彿世界經濟即將崩潰。不過，景氣是會循環的，政府也會實施相對應的措施，不會任由景氣無限衰退或無限上漲。

每當經濟從繁榮轉而衰退時，中央銀行（簡稱央行）會實施降息，促進更多投資，減輕民眾買房、買車的負擔，於是經濟開始復甦；相反的，當景氣逐漸上升，通膨急速增加時，央行也會實施升息，由於升息後的借貸成本增加，民眾減少消費、公司停止投資、企業生意冷清，就會導致通膨開始冷卻……，如此周而復始。

以台股為例，台灣股市的集中市場始於 1962 年，經歷了 1970 年代嚴重通膨，而 1988 年台灣政府宣布復徵證券交易所得稅、1999 年時任總統李登輝發表「兩國論」、2000 年網路泡沫、2003 年 SARS（嚴重急性呼吸道

症候群）疫情風暴、2008 年金融海嘯、2011 年歐債危機、2015 年 8 月
股災等，都曾出現令人心驚膽跳的重挫；但每次經過一段時間又重燃希望，
股市反彈、景氣回升、資金回流，2017 年台股甚至經歷有史以來時間最長
的萬點行情。

這麼多年以來，台股當中有許多踏實經營、屹立不搖的好公司，不論景氣
好壞都持續賺錢，安然挺過景氣低谷；景氣不好時，儘管這些公司的股價也
會下跌，但只要景氣轉好又會回到正軌。

比如說市占率超過 60% 的全球晶圓代工龍頭台積電（2330）、蘋果
（Apple）手機後置鏡頭獨家供應商的股王大立光（3008）、國內連鎖超商
龍頭統一超（2912）、國內最大食用油製造商大統益（1232）以及盒裝豆
腐龍頭中華食（4205）等，長期持有這些公司，加計歷年來配發的股利，投
資人的獲利都是以倍數計算的。

公司獲利持續成長，投資人也能共享繁榮

被稱為「價值投資之父」的班傑明‧葛拉漢（Benjamin Graham），他對
投資的定義是：「投資行為是經過嚴謹的分析之後，在保證本金安全的前提下，
追求滿意的報酬；而不符合這個要求的操作方式，便稱為投機。」

　　投資還是投機？你的動機決定一切。你想隨公司共享繁榮和成長（除非公司不再成長），透過合理的邏輯、完整的財務分析，投入本金虧損的機率極低，並得到滿意的報酬就是投資。但很多時候，人們寧願得到一張可能（但機率很低）會贏得大獎的樂透彩券，也不願意掌握一個可以慢慢致富的機會。

　　試圖預測景氣是很困難的事情，所以我認為，較簡單的投資方法，就是買優秀公司的股票。股票不是彩券，而是一家公司的一部分，當你買進一檔股票（即便是 1 股），你就擁有公司的部分股權、是公司的股東。每一檔股票都聯繫著一家公司，公司業績差，股價就會下跌；公司業績好，股價就會上揚，配息也會增加。

　　不管行情是一天漲 300 點還是跌 500 點，景氣是繁榮還是衰退，優秀的公司就是會繼續賺錢；如果持有獲利持續增加的公司股票，你的投資績效就會變好；投資人只要選對了公司，公司的成長就是你的成長，你等於跟公司共享繁榮與擴張。

　　當有人去 7-Eleven 買飲料、去星巴克買咖啡、去家樂福買蔬果豆腐、去 85 度 C 買麵包、去瓦城餐廳吃月亮蝦餅、到夜市吃香雞排、坐台灣高鐵旅行、上網在臉書（Facebook）打卡……，上述生產這些產品、原料，或提供服務的廠商，都有公開發行股票，任何人都能買進。只要你買了股票當股東，

就可以在股東大會上和大老闆們聊天或開玩笑,而公司這些滾滾而來的獲利,其中一小部分就會流進你的口袋。你會很開心,因為你花錢消費買它們的產品或服務時,就有種「肥水不落外人田」的感覺。

不知道基於什麼原因,很多投資人就是無法把嚴肅的股票研究活動,和去賣場購物畫上等號;更有許多人寧可投資一些自己毫不了解的東西,甚至把一生的積蓄押進去。

刻意避開平常可以親眼看到、生意興隆的公司,反而跑去投資那些根本不曉得在玩什麼把戲的工廠,這是什麼道理呢?只是坐著思考某一檔股票會不會上漲,好像財神爺會給答案似的,可是卻不願意實地去調查那家公司。其實好公司就存在我們的生活周遭,只是看你願不願意留心觀察、深入研究。

追逐短線價差,當心「摩擦成本」大幅增加

美國演員亞當‧山德勒(Adam Sandler)主演的電影《命運好好玩》(Click)中,男主角擁有一支神奇遙控器,只要遇到不如意的事情,他就可以利用遙控器快轉人生。他不用經歷生病、和老婆吵架,也無須經歷辛苦奮鬥的工作過程,因為他可以利用神奇遙控器快轉到不生病的時候、快轉到他事業功成名就的時候。

在股市當中，即使持有的是好股票，投資人仍會因為股價波動，讓內心承受許多煎熬。看著股價上上下下，不禁心想，如果有神奇遙控器就好了，10元買進的股票，直接快轉到 200 元時賣出，就不用忍受 10 元漲到 200 元中間非常煎熬的過程。

但話又說回來，如果你看好這家公司，預期股價會漲到 200 元，當它從 50 元跌到 38 元，或者從 160 元跌到 110 元的時候，你又何必緊張呢？還是你打算每一次都賣到波段高點，然後在波段低點補回來？我想，這種行為叫做「投機」，而非「投資」。

我對「投資」的定義是「評估公司本身的價值」，真正的投資者，不會把股票想成是來回交易的商品。「投機」是去預測群眾心理，企圖猜測股價走勢，例如甲試圖猜測乙、丙、丁會怎麼想，而乙、丙、丁也會做同樣的事。一家公司的股權，在短短的一個早上從甲換到乙，又從乙換到丙。甲本來是 A 公司的股東，一個早上又輪流當了 B、C、D 等公司的股東。如此頻繁交易，有時賺錢、有時賠錢，但若干年後，會發現財富還是在原地踏步，甚至縮水。

如果打算長期投資，頻繁操作股票便是大忌，因為這會產生額外的摩擦成本（Frictional Costs），每交易一次，就減損了一點能量。台灣政府為了刺激成交量，對於當沖交易實施降稅措施，鼓勵投資人當沖做短線（編按：自

2017 年 4 月 28 日實施，將當沖證交稅率由千分之 3 降為千分之 1.5，實施期 1 年）；而沉迷當中的投資人，從早上 9 時開盤到下午 1 時 30 分收盤，4 個半小時之中，都必須緊盯盤勢，試圖捕捉每分每秒的價格變化。他們沒有想到的是，並非每一筆交易都會賺錢，但是每一筆交易都要付出手續費和證交稅，絕對的贏家其實是收取稅金的政府和收手續費的券商，散戶幾乎完全沒有勝算。

很多投資人好像覺得，買進股票後，什麼事都不做，是非常困難和痛苦的事情，或是希望每天能賺一點買菜錢，把每天的委託單變成現金。但你我都知道，大多數的情況是賠了菜錢，更賠上了努力專注本業升遷的機會，因為大部分的人，每天都要工作不是嗎？

股市裡的金錢，會持續轉進有耐心者的口袋裡

你想要輕鬆的打造被動收入系統，讓退休生活沒煩惱？還是想要靠著忙碌的股票交易，以成為世界富豪為目標？如果是前者，我覺得你可以跳過中間煎熬的過程，股價漲跌隨它去，只要專心投資幫你賺錢的好公司；同時，你自己也努力於工作本業，讓自己的主動收入更上層樓，這樣是不是比較輕鬆？

但如果你想成為世界富豪，我必須提醒你，世界富豪多半是經營公司的企

業家，美國雜誌《富比世》（Forbes）每年都會公布「全球富豪榜」，根據
2017年公布的前10大富豪排名，首富是微軟（Microsoft）公司創辦人比爾·
蓋茲（Bill Gates），還有亞馬遜（Amazon）、臉書、成衣品牌ZARA等創
辦人名列其中。

　　而靠著投資股票起家，進而成為波克夏海瑟威（Berkshire Hathaway）公
司執行長的股神華倫·巴菲特（Warren Buffett），在10大富豪榜名列第
2；請注意，巴菲特採取的投資方法不是靠著短線交易獲利，而是買進並長
期持有好公司，他長期持有可口可樂（Coca-Cola）、美國運通（American
Express）、富國銀行（Wells Fargo）等大家熟知的大型公司，獲利基礎是
源於公司的獲利增長，而非汲汲營營於交易股票的價差。

　　如果你對於長期股票投資還是感到懷疑，只要看看巴菲特的投資績效，應
該就能讓你堅定不移，至少我是這樣子的。股票市場是財富重新分配的地方，
股市裡的金錢，會從不具耐心的人，轉到有耐心的人的口袋裡。

　　如果你什麼股票都想賺，企圖預測景氣衰退、想要避開股價修正，多空雙
向都想賺，希望靠著「交易」創造巨大財富，我認為這還滿具挑戰性的，因
為這是連大多數專家都做不到的事情。每天為幾檔股票小小的股價起伏勞心，
不如賺到優秀公司未來幾年的大成長，這樣賺得比較多，也比較輕鬆。

俄國著名的作家、哲學家托爾斯泰（Leo Tolstoy）說：「時間與耐力是最強的戰士。」這句話放在股票投資中，也是恰到好處。

能控制情緒，投資就有優勢，接受投資的新觀念不難，而是難在擺脫不了舊觀念。幸運的是，我們正處在資訊充分流通的時代，可以時常汲取他人的成敗經驗；從別人的經驗中學習，既不用承受太多痛苦，又能變得更有智慧。只要慢慢改善缺點，避開心理和情緒的錯誤，很快的你也能享受到股票資產穩步成長的甜美成果。

堅守能力圈
只投資最有勝算的股票

1-3

戰國時期，魏國大夫季梁為了勸魏王不要出兵趙國，向魏王講了一個故事：

季梁說，在路上遇到有人乘著馬車，由南向北行駛，說要到楚國去。

季梁問：「你到楚國，為什麼反而向北方去呢？」

乘車人回答：「沒關係，我的馬好，跑得快！」

季梁又說：「你的馬雖然好，可是你走的並不是去楚國的路呀！」

乘車人又回答：「我帶的錢多。」

季梁說：「你的錢多又有什麼用呢？這不是去楚國的路呀。」

乘車人堅持著要往北去，並說：「我車夫趕車的本領高！」

季梁說：「你的條件再好，如果朝北去，離楚國只會愈來愈遠呀！」

季梁告訴魏王，想要成就霸業，必須取得天下的信任，但魏王卻仗著國土大、士兵精良而攻打他國，根本就與成就霸業的目標背道而馳，不是和走錯

方向的馬車一樣嗎？

　　這個故事是成語「南轅北轍」的典故，意思是說，即使你再努力奔跑，如果方向錯誤，也到不了終點。投資也是一樣，要先找到對的方向，否則永遠無法達成目標。

投資應低估自己能力，高估市場風險才安全

　　著名經濟學家亨利・考夫曼（Henry Kaufman）說過：「虧錢的有兩種人，一種是什麼都不知道的人，另一種是什麼都知道的人。」知名外資分析師楊應超（Kirk Yang）則說，他只研究 10 檔股票，但光那 10 檔股票他就下足功夫，只要有 51% 的預測正確機率就很不錯了，由此可知投資股票的難度。

　　在我初期的投資生涯中，曾買了一堆我看不懂的熱門股，結果慘賠（在我第 1 本書《流浪教師存零股　存到 3000 萬》中有詳述）。人通常會高估自己的能力，低估投資的難度（我當年就是如此）；事實上要相反，我們必須低估自己的能力，高估市場的風險。

　　而真正降低風險的方法，就是知道自己在做什麼，了解投資的標的、所投資公司在做哪些事業、知道自己為何而買、為何而賣。還有，一定要知道自

己的極限,就像我曾經在學校連續和學生比腕力,結果造成右手上臂肌腱拉傷,這就是不明白自己極限的例子。

沒有人可以無所不知,更沒有人可以在市場中百戰百勝;但是每個人都可以在自己熟悉的領域努力研究,發展優勢,這也是查理‧蒙格(Charlie Munger)所說的「能力圈」概念。接受自己「能力有限」並不可怕,反而讓我在做每一個投資決策時,都非常謹慎,更讓我始終抱著「求知若渴」的態度,盡自己最大的努力去學習。在漸漸知道自己的能力圈、自己的極限之後,現在的我就很少會出現離譜脫序的投資行為了。

專注的範圍小,自然就可以得到某些優勢,畢竟要了解總體經濟或整個市場幾乎是難如登天。我還是建議大家,去做自己有能力了解的事情,努力堅持不犯錯,你會發現投資績效反而變好了!當你把投資賠錢的習慣改掉之後,投資賺錢就會成為一種習慣,而且會一直習慣下去。

鎖定容易研究的標的,減少失誤就能穩定獲利

股神華倫‧巴菲特(Warren Buffett)最有名的一句話:「投資股票要把握2個原則:原則1,一定不要賠錢;原則2,要記住原則1。」他還說:「只要避免犯下大錯,投資人需要做對的事情不用太多。」

要怎麼做對的事？重點在於「減少失誤」，拿下最多大滿貫賽金盃的網球天王費德勒（Roger Federer），靠的不是有比較多的致勝球（Winner），而是比對手少的非受迫性失誤（Unforced Error），只要不失誤，勝算自然就大。

大部分投資人長期投資股市賺不到錢，是因為做了太多錯誤的決策，買進了錯誤的股票。而要避免做出錯誤決策，就是想辦法讓失誤的發生率降到最低，而訣竅就在於「做簡單的事」。

巴菲特說：「投資很容易，但不簡單。」仔細想想，巴菲特過去 60 年來所做的事情，果然一點也不複雜，他就是把買進股票當成是公司的一部分、設計一個集中且低周轉率的投資組合；他只投資自己能理解、可以分析、無風險或風險最小的公司，然後計算其公司的價值，在合理的價格買進，並持有到公司變差為止。

遇到複雜的事物，自然比較容易失誤；到大海撈魚很難，但是在魚缸裡面撈魚很簡單，我喜歡的就是在魚缸裡面撈魚就好。因此，一般投資人避免錯誤的好方法，就是投資容易了解的企業！

在投資之前，先確定自己了解這家公司賣什麼產品？它的顧客和競爭對手是誰？研究完之後，再問問自己：「有什麼是我不知道的？有什麼是我沒看

到的？」如果在研究過程中，發現這家公司獲利受影響的變數太多，我就會放棄，例如需要了解貨幣政策、利率變化、物價指數、外銷出口訂單、景氣燈號、油價、金價等，這些問題太複雜了，或者說，對我而言太難懂了，那麼我寧可放棄，換別的股票。對簡單的事物保持熱情，專注找出容易的決策，就能導向更正面的投資結果。

理性判斷市場消息，減少貪婪情緒影響決策機率

美國橡樹資本管理公司（Oaktree Capital Management）共同創辦人霍華‧馬克斯（Howard Marks）和巴菲特一樣，熱中價值投資，掌握企業長期的成長態勢，在其股價低於其未來價值時買進股票，然後就是抱牢股票；股價長期持續上漲，比短期漲勢凌厲更為重要。馬克斯認為，想要得到卓越的績效，有 2 個重點：

第 1，要有資訊取得的優勢（我們俗稱為內線消息）。但這比較難，只有公司經營者或內部人，才有可能取得準確的內部消息，一般投資人較少具備理想的資訊優勢。

第 2，要有分析資訊的優勢。每個人每天都在股票市場尋找好的投資標的，大家都擁有相同的資訊——今天哪些公司開了股東會，大老闆講了哪些話，

沒有人不知道。我們要做的，就是根據這些消息，做出正確的判斷，避免受到貪婪、恐懼、嫉妒的情緒影響，避免公正理性的思考邏輯被錯誤趁虛而入。

不過，馬克斯也強調，在投資界，就算對某件事情看法正確，也不表示可以馬上印證；今天這樣做，並不表示明天就能賺到錢；但只要堅持正確的路，市場遲早會還你公道。

對投資人來說，很難持續做出正確的事情，所以我們必須堅守在能力圈範圍之內選股，只投資最有把握、最有勝算的股票。當你用 50 元買進一檔股票後，當它上漲到 60 元，你該怎麼做？當它跌到 40 元時，你又該怎麼做？

我的做法很簡單，只要公司成長的態勢不變，就是繼續持有，你可以說這是「長期價值投資」或者「存股」，但我的策略再也簡單不過──做足研究、考量風險、擬定投資計畫、做好投資組合，然後耐心等待，相信我們散戶還是非常有勝算的。

看清自己的優劣勢
抱持堅定信念就能成功

1-4

　　既然心理素質是最重要的，那我們就要先捫心自問，在你考慮買股票之前，應該先做些判斷，包括對股票市場、對上市公司的信任度，你是短期投資人還是長期投資人？萬一碰上意料之外的股價暴跌，你將會有什麼反應？

　　如果不先想清楚，又缺乏堅定的信念，你很可能成為股市的犧牲者，以下根據《彼得林區征服股海》（Beating the Street）一書中的提問，由我進一步說明與大家分享。

Q1：你有房子嗎？

　　房子是安身立命的地方，是每個人能做得最好的投資。常聽到有人說買了很多股票一直套、一直賠，但是很少聽到有人抱怨說房子一棟一棟買，又一棟一棟賠；更沒聽過有哪一個投資人的房子會憑空消失，或者是發現房子破產了。

　　房子可以抗通膨，又是經濟衰退的避風港，也沒有跑馬燈、分析師告訴你每天房價的變動，讓你提心吊膽。若有自住需求，在能力許可範圍內先置產，房貸的壓力會讓你更努力；將來一邊還房貸，一邊存股，少了花費，多了資產，你會很有成就感。

Q2：你缺錢嗎？

　　買股票前，你應該先看看自己的預算。有歐洲股神之稱的科斯托蘭尼（André Kostolany）曾提到類似的觀念：「如果你有 1 萬元，把 1 萬元都拿去買股票，這樣風險很大；但如果你有 10 萬元，拿其中 5 萬元去投資股票，那樣風險不算大。」這就是資金控管的概念。

　　傳奇基金經理人彼得‧林區（Peter Lynch）說：「如果你要拿未來 1 年或 2 年必須要用到的錢去買股票，這樣風險很大，因為沒有人可以預測股市短期的表現。當你需要用錢，恰巧碰上股市大跌時，怎麼辦？」就算是買進績優股，還是太冒險了。雖然說某種程度的壓力可以提升個人表現，但是壓力太大時，人通常會做出不可思議的拙劣行為，存股投資需要的是長期資金，也就是短期內用不到的資金。

　　查理‧蒙格（Charlie Munger）在 2009 年威斯科（Wesco）年會中指出：「3 種東西會毀掉人，毒品、酒精和槓桿操作。」股神華倫‧巴菲特（Warren

Buffett）在 1998 年佛州商學院的演講中，則提醒年輕學生：「破產的大多數人是 2 類人，一竅不通和學富五車者。我要說的是，我們從來不借錢，就算我手中只有 1 萬美元，我也絕不借貸。假如你認為賺到 1 億美元是你一切生命的答案，那你可能就會借貸融資，做出目光短淺和不可理喻的事情，多年以後，你終究會為你的這些作為感到後悔。當貪婪占據了你的胸腔的時候，你離失去本金就不遠了。」

其實很多投資大師，都不太用過多的財務槓桿，或根本不借錢投資，因為每個人都有失誤的時候。借貸買股票若投資失利，又同時要償還本息，所造成的壓力可能會讓投資人迷失方向，弄巧成拙，不可不慎。

Q3：個性是否能讓我在股票投資上獲得成功？

彼得・林區認為能在股市獲致成功的特質包括：耐心、自信、豐富的常識、能忍受痛苦、能超然判斷、不受一時好惡所影響、堅持、謙虛、樂於研究調查、勇於承認錯誤，並在一片騷亂中平靜以對。

投資人除了要有耐心和紀律之外，還必須要有承擔虧損卻不發瘋的能力；因為每隔幾年，一定有下跌 20%、30%，甚至跌更多的時刻，要學習擁有股票卻不煩惱的性情。你可以花很多時間去研究一檔股票，但不需要多操作；如果能控制情緒，就能彌補智商的不足。投資成功與智商無關，別急著犯其

他投資人的錯誤，你的投資績效就會贏過大多數投資人。

最後以巴菲特作為本篇的總結。巴菲特之所以鮮少嘗到敗績，是因為他從不忘本，他一直真實看待自己的優勢與劣勢，所以他一次又一次的超越那些一時風光卻後繼無力的人。

在股市不要太浮誇，有時甚至愈守舊愈好，謹慎追蹤你懂的持股，如果公司基本面不變的話，就去沉睡吧！也別過度關心股票，就去做你第 2 有興趣和第 3 有興趣的事情！以我個人的經驗，存股通常不到 3 年就會看到成績了，我們現在養股票，10 年後換股票養我們。

Chapter 2

觀察企業優勢
篩出高品質雙贏股

兼具定存和成長特質
雙贏股複利威力驚人

2-1

時間是你的好朋友，長期投資好股票（或者説存股），靠著複利的累積效果，會讓你變得愈來愈富有。

大家常常會遇到選股的問題，有些股票每年配息固定、股價波動不大，我們稱之為「定存股」，如油電燃氣類股大台北（9908）、欣天然（9918），近6年來幾乎都維持固定的配息；其他像系統整合大廠敦陽科（2480）、金融類股國泰金（2882）、電信類股遠傳（4904）、保全類股新保（9925）、KTV龍頭好樂迪（9943）、等，長期持有這些股票皆有穩定的現金流入，也遠比定存好很多（詳見表1）。

長抱穩健成長股，股利、股價雙賺

如果我們不只要求穩定的配息，還希望配息能不斷成長，也就是彼得‧林

表1 營運穩定個股，較能維持股利配發水準
——7檔定存股歷年股利政策

個股 （股號）	每股現金股利（元）／每股股票股利（元）					
	2011年	2012年	2013年	2014年	2015年	2016年
敦陽科 （2480）	1.9	2	2	2	2	2.1
國泰金 （2882）	0.5／0.5	0.7／0.677	1.5／0.5	2	2	2
遠 傳 （4904）	3	3.5	3.75	3.75	3.75	3.75
大台北 （9908）	1	1	1	1	1	1
欣天然 （9918）	1.2	1.2	1.2	1.1	1.2	1.15
新 保 （9925）	1.7	1.8	1.8／0.1	1.9	2	2
好樂迪 （9943）	3	3	4	4	4	4

註：1. 本表年度為股利所屬年度；2. 未標示股票股利者，表示當年未配發
資料來源：公開資訊觀測站、XQ 全球贏家

區（Peter Lynch）所說的「穩健成長股」，公司獲利提升，因此能逐漸增加配息（詳見表2）。比如說大統益（1232）、台積電（2330）、統一超（2912）、一零四（3130）、中華食（4205）、崑鼎（6803）、中保（9917）等等，這些股票看起來像是定存股，但把時間拉長來看，它們在營

表2 營運成長個股，配息金額逐年增加
——7檔成長股歷年股利政策

個股 （股號）	每股現金股利（元）／每股股票股利（元）					
	2011年	2012年	2013年	2014年	2015年	2016年
大統益 （1232）	3	2.8	3.8	5	5	5
台積電 （2330）	2.999	3	3	4.5	6	7
統一超 （2912）	4.8	4.85	6	7	7.2	8
一零四 （3130）	6	4.558	6.002	7	8	10.805
中華食 （4205）	2	1／1	2	1.5	2	1.5／1.1
崑 鼎 （6803）	8.236	8.859	9.014	9.257	9.634	11.337
中 保 （9917）	3.3	3.4	3.5／0.15	4	4	3.5

註：1.中保 2016 年認列復興航空一次性資產減損，造成配息下滑；2.崑鼎和一零四 2016 年有一筆業外收入，
造成配息增加幅度較大；3.股利四捨五入至小數點後 3 位；4.本表年度為股利所屬年度；5.未標示股票股利者，
表示當年未配發　　資料來源：公開資訊觀測站、XQ 全球贏家

運步上長期軌道後，因為公司價值提升，股價也逐步墊高（詳見表 3 ）。

　　大統益在 1996 年 2 月 9 日上市，假設你在當天用收盤價 28 元買進 1 張
大統益股票，經歷 2008 年金融海嘯也不賣出，抱到 2017 年 9 月 18 日，

表3 營運步入成長軌道，成長型公司股價漸揚
——7檔成長股歷年年底收盤價與2017年最高價

年度	加權指數 (點)	股價（元）						
		大統益 (1232)	台積電 (2330)	統一超 (2912)	一零四 (3130)	中華食 (4205)	崑鼎 (6803)	中 保 (9917)
2006	7,823	20.65	67.50	78.70	190.50	18.10	N/A	58.90
2007	8,506	29.15	62.00	85.20	122.00	21.00	N/A	50.40
2008	4,591	24.55	44.40	78.40	67.40	18.20	43.20	47.50
2009	8,188	38.10	64.50	76.10	88.00	26.25	90.52	53.80
2010	8,972	50.70	71.00	134.50	116.00	29.50	132.00	55.30
2011	7,072	47.30	75.80	165.00	84.40	28.70	140.00	54.40
2012	7,699	51.60	97.00	155.50	79.50	36.50	142.00	64.80
2013	8,611	61.70	105.50	206.50	107.00	39.30	194.50	74.80
2014	9,307	70.10	141.00	244.50	167.50	38.00	163.00	83.00
2015	8,338	75.00	143.00	205.50	139.50	39.00	160.50	97.50
2016	9,253	84.10	181.50	231.00	140.00	50.00	174.00	88.60
2017 最高價	10,656	96.20	220.00	290.00	171.50	76.00	183.00	95.00

註：1.2017年最高價資料統計至2017.09.18；2.崑鼎於2008.09.01興櫃後始有股價資料
資料來源：XQ全球贏家

股價漲到89.9元，也就是説21年來，不算配股配息，大統益光股價就漲了2倍；若加計配股配息，還原報酬率達16倍，換算成年化報酬率達14%。

中華食（4205，2013年前股名為恆義）則是在1999年1月底上櫃，

圖1 中華食上櫃18年，加計股利報酬率達10倍
──中華食（4205）還原月線圖

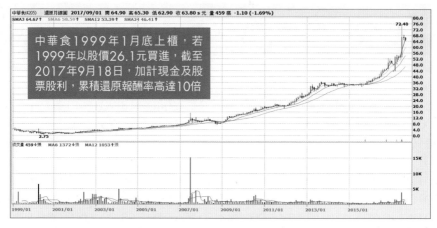

中華食1999年1月底上櫃，若1999年以股價26.1元買進，截至2017年9月18日，加計現金及股票股利，累積還原報酬率高達10倍

註：資料日期為 2017.09.01　　資料來源：XQ 全球贏家

假設當時以 26.1 元買進，持有到 2017 年 9 月 18 日，股價是 63.8 元，18 年來，股價本身上漲 1.4 倍，若加計配股配息的還原報酬率則為 10 倍，年化報酬率達 13.85%（詳見圖 1）。

如果用股神華倫‧巴菲特（Warren Buffett）的波克夏（BRK.A）股價來看，報酬率就更不可思議了。巴菲特最早在 1962 年以每股 11.38 美元買進波克夏的股票，至今已經暴漲到每股 27 萬美元（截至 2017 年 9 月 18 日），

獲利可以用天文數字來形容，這就是存到「成長股」驚人的爆發力。

存股永遠不嫌晚，隨時可參與好公司的獲利成長

有朋友會認為，我的持股市值能有大幅成長，是因為我在金融海嘯時買進很多股票，如果現在才開始投資，好像來不及了？

如果我 10 幾年前有這種想法，我也可以說：「巴菲特因為在 40 年前買進很多好股票，所以現在賺大錢；我現在才投資，來不及了。」要是一直抱持著這種心態，那豈不是永遠都不要投資、永遠都不要買股票了嗎？況且我也不是在 2008 年金融海嘯期間才開始存股，我從 2005 年開始買，2007 年股市漲到高點也繼續買，即使遇到金融海嘯讓我的資產腰斬，但我仍然持續買進。

事實證明，就算比巴菲特晚了 40 年開始投資，然而靠著長期持有好股票，我的資產、股票市值仍舊穩健成長（詳見圖 2）；雖然資產規模難以與巴菲特相比，但是如今我每年能獲得的被動收入，已經讓我得以安心退休。

我存股希望能兼具「定存」和「成長」概念，我稱之為「雙贏股」；投資方式也很簡單，買進後長期持有，直到營運表現連續衰退時才會賣出（賣出

圖2 **2005年進入股市以來，華倫持股市值持續成長**
——華倫歷年持股市值變化

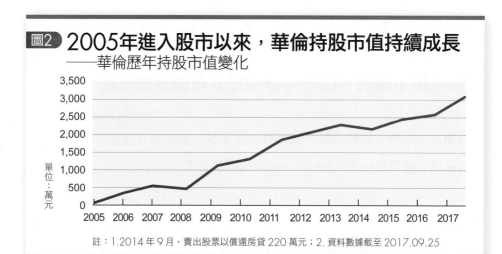

註：1.2014 年 9 月，賣出股票以償還房貸 220 萬元；2. 資料數據截至 2017.09.25

圖3 **2008年金融海嘯後，台股一路穩健向上**
——台股加權指數（TSE）月線圖

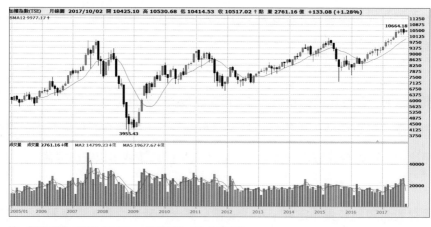

註：資料日期為 2017.10.02　　資料來源：XQ 全球贏家

原則詳見 5-1、5-2）。買進對的公司就已經成功一半了，如果投資的時間夠長，回報也一定非常可觀；相反的，如果買進的企業是不好的，就算買入價格便宜得讓上帝都羨慕流口水，結果一樣會很糟。

要怎麼找到「雙贏股」？我曾在前 2 本書提到，選股時須掌握 6 個特點，這些就是雙贏股的必備條件：

1. 產品或服務為「壟斷」或「寡占」。

2. 產品或服務簡單易懂，具有持久性。

3. 產品或服務自由定價能力高，還能重複消費。

4 公司具高股東權益報酬率（ROE）、高存貨周轉率。

5.「長期負債／稅後淨利」小於 2 才合格。

6. 公司獲利穩定成長且每年配息。

接下來在以下篇章，我將進一步、更深入的闡述這 6 個特點。

2-2 股神賺錢的祕密——找到具護城河的壟斷事業

　　當我到了美食之都台南，一定要品嘗肉圓、碗粿、肉燥飯等小吃。台南市開元街附近有兩家賣肉燥飯、虱目魚的小店，其中一家生意興隆、人滿為患，另一家卻是門可羅雀，幾乎沒有客人；我到宜蘭買蔥油餅也遇到相同的情況，排隊店家無時無刻都大排長龍，生意冷清的店家總是鮮少有人光顧。

　　類似的例子有很多，在一個市場當中，有不同的店家可選擇，但顧客就是只會選擇其中一家消費，可見這家店提供的商品有獨到之處；我們也可以說這家店在該市場具有壟斷優勢，也就是「贏者全拿」的概念。

巴菲特將公司分為2類：市場特許業與通用型商品業

　　股神華倫‧巴菲特（Warren Buffett）說：「賺錢的祕密就是尋找獨占壟斷的事業」、「我看的是長期競爭優勢，以及優勢是否會長期存在。」他一向

喜歡有穩固遠景的公司，他要找的就是「市場特許業」。

巴菲特把所有的公司分成 2 類，一類是「市場特許業」，這種類型在股票市場上較少，指的是一家公司的產品或服務被消費者需求和渴望、沒有相似的替代品、不受政府政策管制或影響太大。

這種公司可以因應通貨膨脹，適時調漲售價卻不擔心失去市占率，市場優勢難以撼動，巴菲特稱之為擁有「護城河」的公司。他在 1994 年 6 月接受《美國新聞與世界報導》（U.S. News & World Report）採訪時提到：「最重要的事就是要弄明白環繞公司的護城河有多大，我喜歡的當然是有座大城堡，還有養著食人魚和鱷魚的護城河。」

另一類是為數較多的「通用型商品業」，所提供的產品與眾多競爭者的產品幾乎相同。儘管它們不惜砸大錢廣告，但還是很難真正做到與競爭對手區隔，這種公司缺乏護城河的保護，多數不適合長期投資。

屬於通用型商品業的公司有哪些？比如說我 2012 年時並未考慮到市占率重要性而買進的連鎖餐廳集團王品（2727），其他例子還有 3C 賣場燦坤（2430）、品牌手機廠宏達電（2498）、阿瘦（8443）等等，這些公司的產品或服務的可取代性高，不容易大幅領先競爭對手，因此當營運面臨衰

退，股價也隨之步入跌勢。

產品或服務具不可取代性，就不怕市占率下滑

擁有寬廣護城河、具備長期競爭優勢的公司有一個共通點：它們幾乎獨占或寡占市場，沒有競爭者，或者競爭對手很少、很小。

「獨占」型公司銷售獨一無二的產品，或提供獨一無二的服務，消費者很難找到其他替代品;而「寡占」型公司則由極少數公司拿下絕大部分的市占率，消費者再怎麼選，都只會在這幾家公司換來換去。

我們可以從巴菲特投資的公司當中，看到它們的護城河面貌，例如卡夫食品（Kraft Foods Inc.，詳見註1），是全世界第2大的食品公司，生產的產品包括餅乾、糖果、穀類、乳酪、咖啡等，也就是說，只要你打算買這些食品，卡夫食品都有可能賺到你的錢。

註1：
卡夫食品於2012年分拆為2家獨立公司，一家沿用原名，並於2015年與亨氏（Heinz）食品公司合併為卡夫亨氏（Kraft Heinz Group Inc.）；另一家公司則名為億滋國際（Mondelēz International, Inc.），生產巧克力、餅乾、糖果、咖啡等，旗下包含數個台灣消費者熟知的品牌，如奧利奧（Oreo）、麗滋（Ritz）、瑞士三角巧克力等。截至2017年第2季，卡夫亨氏與億滋國際都是波克夏公司的持股。

還有葛蘭素史克藥廠（GlaxoSmithKline plc），這是一家綜合了疫苗（如流感、破傷風、肝炎、輪狀病毒疫苗等）、西藥（如治療愛滋病、呼吸道疾病用藥）、消費保健產品事業（如普拿疼、舒酸定牙膏）的大型製藥公司，而它更是全球最大的疫苗供應商。

巴菲特的投資組合中，還有全美最大報稅服務公司 H&R Block、柏林頓北方聖塔菲鐵路公司（BNSF Railway）、波克夏能源公司（Berkshire Hathaway Energy，過去稱為中美能源）等壟斷型企業，換句話說，消費者想要過橋、用電、用瓦斯，都得付錢給巴菲特。

強大消費型壟斷公司，擁有源源不絕的製造現金能力

沙漠中，在所有人的必經之路上，如果只有你在做賣水的生意，那麼具有獨占優勢的你就能賺到所有人的錢。強大消費型壟斷公司就像一部印鈔機，不斷的製造現金，自古至今皆是如此。15 世紀，當時的海上強權國家是義大利，威尼斯的商人因為控制了香料、紡織品的交易而致富；19 世紀，大英帝國壟斷了鋼鐵貿易市場，替國家創造財富。

再以巴拿馬運河為例，位於中美洲的巴拿馬運河貫穿太平洋和大西洋，美國東、西岸交通貨運都要靠這條運河，巴拿馬運河就是獨占的事業。

　　巴菲特曾在 1989 年時投資全美航空（US Airways，後被美西控股購併），一度面臨巨大的損失，雖然在 1998 年獲利出場，巴菲特仍認為當初的買進決定是個錯誤，爾後也對航空股敬而遠之。

　　但是，他卻在 2016 年買進美國 4 大航空巨頭的股權，包括美國航空（American Airlines）、達美航空（Delta Airlines）、聯合航空（United Airlines）及西南航空（Southwest Airlines），為什麼呢？因為同樣都是航空股，產業特性卻有很大的不同。

　　1989 年巴菲特投資全美航空，那時候美國航空業正處於競爭激烈的發展時期，成本、費用沉重，獲利更不起眼，導致各航空公司陷入經營困境。

　　不過，時隔 20 多年，美國的航空公司經過整併，近年已經變成少數幾家獨大的寡占局面，美國航空、達美航空、聯合航空、西南航空也被稱為美國航空業的 4 巨頭。2017 年，聯合航空竟然「鴨霸」到把乘客拖下飛機，就可以知道寡占者的無法無天。當然這種行為是不可取的，但也可以看出寡占優勢的力量之大。

　　你我的周遭生活中也可以見到類似的例子，例如台灣的電信股。政府於 1996 年通過「電信三法」，並於 1997 年開放行動電話業務；從原本每個

家庭只裝一組室內電話號碼,進展到家庭中每個成員至少都有一組行動電話門號。

我剛開始申辦的門號是台灣大哥大(3045),後來覺得資費方案太貴,業者又不願意降價,於是改辦中華電信(2412)門號;用了不久,因為對於服務不是很滿意,於是又攜碼到遠傳電信(4904)。遠傳門號使用了幾年後,又發現在某些地區收訊不佳,卻不知道要換哪一家了。相信大部分的消費者也一樣,不管怎麼換,只會選擇這 3 家,也就是「電信三雄」寡占了台灣的行動通訊市場。

具備寡占優勢的電信三雄,獲利與配息穩健,自然是存股族的最愛。只是自從電信業從 3G(第 3 代行動通訊)進展到 4G,甚至到接下來的 5G,業者都需要負擔很高的資本支出;且因為受到政府限制,電信費漲價不易,不能自由定價,使得獲利發展相對有限,對股東來說算是缺點(可自由定價的公司也是存股族重要選擇的條件之一,詳見 2-6)。

電信業目前難有成長潛力,若以定存概念持有的部位也不宜太多,2017年底還有 4G 第 3 波頻譜競標,對電信業者來講也是沉重的負擔;但 3 大業者仍具寡占優勢,逢低買進納入投資組合也是選項之一。待 4G、5G 設備的成本攤提完畢之後,才可能有較好的獲利成長。

利用免費網路資源查詢公司市占率

我們可以上公開資訊觀測站（mops.twse.com.tw），查詢公司的股票上市櫃說明書或年報，裡面都會說明公司的產業環境和市場競爭狀況。

若想用更簡單的方法，也可以直接上網搜尋，如網站「Money DJ 理財網」（www.moneydj.com），就有提供許多公司的基本資料、介紹市占率的狀況，當中的資訊也是擷取自該公司年報，只是可能並非最新資料。此處以透過 Money DJ 理財網查詢中保（9917）的市占率為例：

Step 1 首先，在 Google 搜尋引擎中輸入❶「moneydj 中保」並按下搜尋符號後，點選❷第 1 項搜尋結果（即 Money DJ 理財網對於中保的基本資料介紹）。

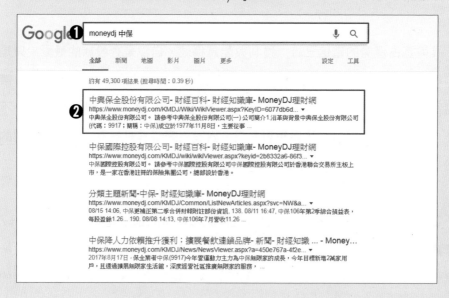

Step 2 進入該網頁並下拉網頁後，在❶「（三）市場需求與銷售競爭」的❷「3. 國內外競爭廠商」中，可看到中保的市占率狀況為「國內的系統保全和現金運送服務主要以中保及新保二家為主，中保市場占有率約 5 成，新保為公司的主要競爭者」。

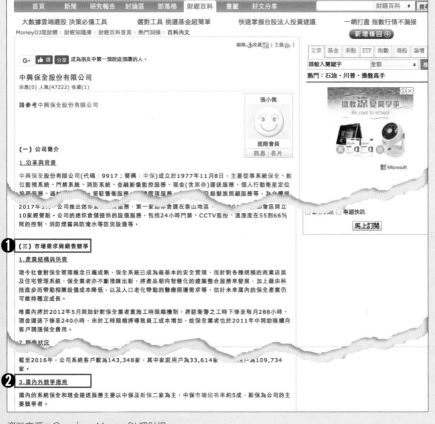

資料來源：Google 、Money DJ 理財網

護城河1》專利與特許權
提高競爭者進入門檻

2-3

究竟什麼樣的公司具有護城河呢？在暢銷書《護城河投資優勢》（The Little Book that Builds Wealth）中，作者派特‧多爾西（Pat Dorsey）特別探討了股神華倫‧巴菲特（Warren Buffett）的「護城河」理論，我們可以從中窺知一二。

品牌優勢》產品受到認同，培養消費者使用忠誠度

品牌，就是要讓大家容易了解產品的內容和產品帶來的好處，或產生某些聯想。舉例來說，共產思想的始祖馬克思（Karl Marx）畢生為無產階級發聲，宣揚共產主義將取代資本主義，但是他的著作《資本論》（Das Kapital）在當時那個年代，群眾根本看不懂。

後來列寧（Lenin，前蘇聯領導人）用簡潔有力的幾個字「和平、土地、麵

包」，得到大家熱烈的回響。列寧在 1905 年發動俄國革命，以無產階級主義為號召，試圖推翻資本主義；並在爾後的 2 月革命和 10 月革命推翻了原來沙皇政府，成立第 1 代共產主義的蘇聯政府。馬克思做不到的，列寧幫他完成了，這就是「品牌」的魅力，「和平、土地、麵包」就是共產主義的品牌。

在商業市場，品牌則通常與品質相輔相成，當消費者肯定了該品牌的商品，只要商品本身的品質繼續維持、提升，消費者就會繼續給予支持，甚至會愛屋及烏，支持該品牌生產的其他商品。

巴菲特的長期持股──全球碳酸飲料龍頭廠商可口可樂（Coca-Cola），就是具有品牌優勢的代表。明明其他飲料公司也生產碳酸飲料，但是可口可樂的口味就是特別受到消費者厚愛，幾乎沒有一家商店不賣可口可樂。巴菲特在 1988 年開始買進可口可樂公司的股票，歷經近 30 年，我們可以看到可口可樂的股價長期上揚，不含股利的報酬率就高達 18 倍（詳見圖 1）。

另外，擁有百年歷史、全球市占率第 1 的「吉列」（Gillette），創辦人金克·吉列（King Gillette）發明了可替換刀片的刮鬍刀，量產之後席捲市場，吉列更可説是刮鬍刀的代名詞。而巴菲特從 1989 年開始投資吉列，2005 年吉列被寶僑集團（Procter & Gamble，P&G）收購，換股之後，巴菲特轉而持有寶僑的股票。

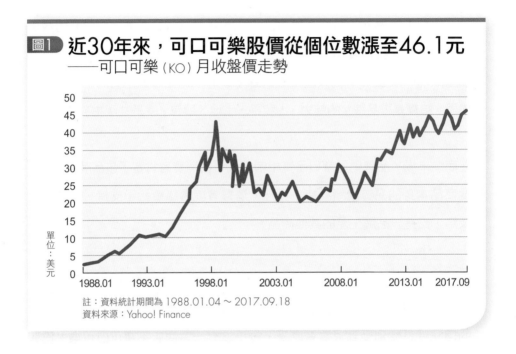

圖1 **近30年來，可口可樂股價從個位數漲至46.1元**
——可口可樂（KO）月收盤價走勢

單位：美元

註：資料統計期間為 1988.01.04 ～ 2017.09.18
資料來源：Yahoo! Finance

　　而寶僑集團旗下也擁有眾多知名生活用品的品牌，除了吉列，還有消費者熟知的德國百靈（Braun）、汰漬（Tide）、幫寶適（Pampers）等。觀察寶僑集團的歷史股價，也是呈現長期上漲的態勢（詳見圖2）。

　　台股當中也有具備品牌優勢的公司，中華食品公司（4205，2013年前為恆義食品），在1980年成立，推出「中華豆腐」品牌的盒裝豆腐商品；初期消費者對於盒裝豆腐的接受度很差，公司一度面臨破產危機。

圖2 寶僑股價呈現長期上漲趨勢
——寶僑（PG）月收盤價走勢

單位：美元

註：統計期間 2005.01.03 ～ 2017.09.18
資料來源：Yahoo! Finance

　　關鍵的 1986 年，有個所有 6 年級以前世代朋友共同的感動回憶。當時著名的 8 點檔連續劇《星星知我心》（我猜當時應該沒有人沒看過這個節目，在那個純樸善良的年代，大概全台灣民眾每天晚上 8 點都準時守在電視機前面哭，當然我也哭過）播出後，恆義食品邀請劇中女主角吳靜嫻代言，拍了支廣告，以「慈母心、豆腐心，中華豆腐與你心連心」作為訴求，結果一炮而紅，而後中華豆腐逐漸成為國內市占率最高的盒裝豆腐生產商。當然，消費者對於商品本身的接受度提高，更是中華豆腐品牌可以成為產業龍頭的主

要原因。

　　現在有很多公司為了讓消費者記住品牌，都會用一些簡潔有力的 Slogan（標語），像是「全國電子揪甘心」，就讓人記憶深刻，我家換冷氣還真的是找全國電子（雖然我已經不是全國電（6281）的股東了）；或是遠傳電信（4904）的「只有遠傳，沒有距離」、全家便利超商（5903）的「全家就是你家」、統一超商（2912）的「有 7-Eleven 真好」等。

　　2002 年，屈臣氏有句很「殺」的廣告台詞：「我敢發誓，屈臣氏最便宜！」屈臣氏也成為當時國內市占率最高的藥妝店，市占率超過 60%，狂勝市占率第 2 的康是美（20%）。而常在螢光幕出現的「全聯先生」，在廣告當中的省錢形象，也將「想省錢就要到全聯」的印象植入消費者的腦海裡。

　　當消費者記住這個品牌，進而認同它，就會持續重複消費，建立起品牌忠誠度，成為企業獲利的強大助力。甚至同樣的商品，被認同的品牌還能享有較高的定價、占有更大的市場；只要一直受到消費者擁戴，強大的品牌就能成為難以跨越的護城河。

　　不過，像是鋼鐵廠、化工廠或汽車零件廠等，除非市占率領先對手非常多，否則客戶通常只在乎價格，不會在乎是由哪家公司製造生產或提供服務，這

樣的產業就比較不具競爭優勢。

專利權》壟斷生產技術，還可收取授權費

如果公司掌握生產的專利，那絕對是一枚強而有力的護身符。因為受到法律保障，只有專利擁有者可以生產或使用該專利技術，其他廠商若想使用其專利技術，則需要付費取得授權，讓擁有專利者坐擁授權金的被動收入。

國際大廠常常會有專利訴訟事件，像是供應蘋果公司（Apple）光學鏡頭的台灣股王大立光（3008），曾在2013年陸續控告玉晶光（3406）和南韓廠三星（Samsung）侵犯專利權，歷經3年訴訟才達成和解。

美國晶片設計大廠高通（Qualcomm）因為握有行動通訊標準的專利，因此只要是智慧型手機，不管是否使用高通的晶片，都必須支付授權金給高通。多年以來，各手機大廠每賣出一支智慧型手機，高通就能從中「抽成」。

後來蘋果公司認為授權金收費方式太不合理，2017年宣布其組裝供應商不支付這筆費用，於是高通控告蘋果供應商鴻海（2317）、仁寶（2324）、緯創（3231）和和碩（4938）違反授權合約，蘋果又不甘示弱反告回去，互不相讓。由此可見，握有專利權的公司，不但可以光明正大收取授權金，

即使面臨訴訟，在談判和解條件時也占有優勢。

專利都有期限，一般的發明專利期限是 20 年，所以專利一旦到期，競爭也會隨之而來，例如新藥生技公司研發的「新藥」，當專利結束後就變成「學名藥」，大家都能夠生產，此時專利優勢就會消失。

取得專利本身就是一件困難、很花成本的事情，所以公司為了擁有專利，投入大量資金後，若無法明顯提升獲利，或一旦公司專利權到期而影響其競爭力，這都是投資人需要特別留意的。

特許執照》在執照期限內，公司獲利具基本保障

再來是「特許權」，這是我最有興趣的，而且是最容易判斷的公司護城河。當公司擁有某項產品或服務的特許執照（Regulatory License），在執照期限內就不必擔心有競爭者來分一杯羹了；因為特許執照需要主管機關同意，若公司又能自由定價，那這家公司的股東真的是吃香喝辣了，因為公司的優勢是競爭對手無法輕易取得的。

像某些環保公司或水務公司，一張特許執照都有 10 幾、20 年的營運資格，對公司或股東是非常有保障的。當然前提是公司要做得好，執照才能延續下

去，一旦做不好而被政府撤銷執照，那就糗大了。

台汽電（8926）、3大電信公司（中華電（2412）、台灣大（3045）
與遠傳）或台灣高鐵（2633）也有特許執照，雖然沒有什麼競爭對手，但是
不能自由漲價，因此在獲利上就弱了點。

反觀醫療廢棄物處理公司日友（8341），在廢棄物處理上擁有政府的特許
執照，每年又能對客戶調漲價格，因此獲利前景比前述公司好很多，市場給
予的本益比也就比較高。

再者，有些環保業者因為本身擁有焚化爐和掩埋場，這又更進一步加深公
司的護城河，因為這是有錢也買不到的無價之寶。沒有民眾願意將焚化爐、
掩埋場設立在自家附近；若設立在偏遠地區，依照現今民情，環保意識高漲，
要通過也是困難重重。例如桃園科技工業園區、彰化濱海工業區的焚化爐案，
分別在2000年、2002年通過環境影響評估（環評），卻遲遲沒有動工，
搞了10幾年，才終於在2017年有了進展，預計在2019年～2021年正
式啟動，讓近年縣市之間屢次發生垃圾大戰的台灣暫時鬆了一口氣。

其中，彰化濱海工業區的焚化爐案，是日友的彰濱廠第2期（位在彰化縣
濱海工業區的廢棄物資源回收處理廠），已在運作的第1期於2001年啟用，

表1 **2008年後，日友營收與獲利年年成長**
──日友（8341）歷年營收、稅後淨利與EPS

年度	營業收入（百萬元）	稅後淨利（百萬元）	EPS（元）
2005	330	-58	-1.05
2006	250	-27	-0.49
2007	278	2	0.03
2008	309	15	0.27
2009	370	37	0.49
2010	442	61	0.81
2011	489	84	1.12
2012	597	89	1.17
2013	1,082	264	2.64
2014	1,246	304	3.04
2015	1,625	514	4.71
2016	1,816	614	5.50

資料來源：公開資訊觀測站、XQ 全球贏家

預計第 2 期啟用之後，處理量將能增加 1 倍。

　　此外，日友位於雲林的廢棄物處理廠原有 1 廠、2 廠，隨著 2017 年下半年雲林 3 廠加入營運，更為日友帶來新的獲利動能。不過政府同意日友雲林 3 廠的興建有個條件，那就是任何時候產能都不能滿載，要預留 10% 左右的

圖3 日友轉上市2年半，股價已上漲超過2倍

—— 日友（8341）週線圖

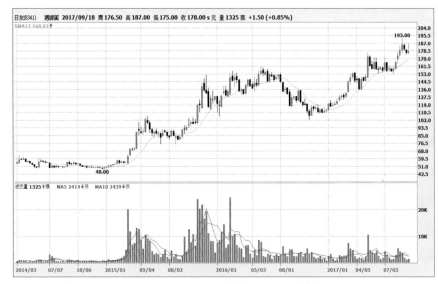

日友(8341) 週線圖 2017/09/18 開 176.50 高 187.00 低 175.00 收 178.00 s 元 量 1325 張 +1.50 (+0.85%)
SMA13 168.62↑

註：資料期間為 2014.03.28 ～ 2017.09.18　　資料來源：XQ 全球贏家

空間給政府，以配合任何可能的突發狀況（如重大傳染病發生，可能需要處理較大量的醫療廢棄物）。憑著護城河優勢，日友獲利與股價也雙雙攀升（詳見表1），2015年3月23日興櫃轉上市以來（上市當日收盤價56.9元），股價就進入長期成長趨勢，截至2017年9月15日（收盤價176.5元），不計股利的股價漲幅已超過2倍（詳見圖3）。

護城河2》高轉換成本
培養使用習慣鞏固客源

2-4

假設你平常都使用某家公司的服務，有一天想要換成其他公司，必須花費許多時間、心力或金錢，這種狀況就可以說是「顧客轉換成本」比較高。就消費者的經驗來說，往來銀行、股票下單的券商、慣用的信用卡、常使用的電腦作業系統或軟體等，顧客轉換成本都比較高一些。除非原來服務你的公司爛到讓你抓狂，或者轉換之後有非常大的利益，你才會選擇轉換。

記得當我剛退伍，工作不是很忙、還年輕有活力的時候，銀行給我的存款利率只要差一點，我就會不辭辛勞，跑去其他銀行開戶。重新開戶需要填一堆表格、蓋一大堆印章，我卻絲毫不覺得辛苦；信用卡也是，哪一家銀行信用卡的回饋金高，我就會去申辦那一家銀行的信用卡；股票下單的券商也是一樣，哪一家手續費最低，我就會換到那一家券商。

但是隨著我的工作愈來愈忙，代課、兼課愈來愈多，很難抽出時間去辦理

轉換新銀行、新券商的手續，就算有時間，也開始嫌麻煩了。因為這時候銀行帳戶、信用卡、券商也愈來愈多，每家券商都有指定的銀行交割戶，銀行間的約定轉帳也設定好了，再加上某些銀行帳戶或信用卡也約定了扣繳水費、電費、電信費、保費、有線電視費用等日常固定開銷，如果隨意更換，所有手續都要重來一次，可以說是牽一髮動全身。要再花這麼多時間，去辦理這麼多繁瑣的手續，我寧可去運動、寫作、看書或研究股票，還比較實際一點。我也曾經動過「買 1 股零股換股東會紀念品」的念頭，但也因為覺得實在太麻煩而作罷。而且我發現，不只我自己愈來愈怕麻煩，身邊很多朋友也都是如此。

另外，如果我們已經用習慣微軟作業系統 Windows、文書處理軟體 Microsoft Office，就很難改變使用習慣了。即使 Apache 軟體基金會開發出一套免費文書處理軟體 OpenOffice，還是無法打動絕大多數人的心──因為要讀取 Microsoft Word 的文件時，格式會跑掉，原來舊版微軟的檔案也不盡相容。個人是如此，企業更是如此，要把整個公司的電腦軟體換掉，是多麼浩大的工程呀！

掌握長期固定客源，獲利就能細水長流

以企業的供應商來說，高顧客轉換成本的狀況更是明顯，像是餐廳的原料

供應商、公司行號的保全系統、工廠使用的機器模具等，只要合作愉快，一般都不太會輕易更換。舉例來說，銀行的保全系統就有明顯的高轉換成本特色，保全業者在銀行的營業大廳、金庫、提款機等地方安裝感應器、監視系統，並且提供 24 小時的保全監視服務。如果沒有什麼閃失，銀行也不會輕易更換保全系統；各大公司行號、學校等機構應該也是如此，所以保全業者的解約率都很低。

　　一般食品餐飲產業上游的原料供應也有高轉換成本的特色，火鍋店要買火鍋料、豆腐；烘焙坊要買麵粉、餡料；餐廳要進食用油……，一旦配合久了，多了一份信任感，通常就會一直持續配合下去；除非相同貨源的售價真的相差太多，或發生嚴重的品質問題（如食安風暴），否則客戶更換供應商的機會通常不大。也因此，有品質保證的原料供應商，大多能掌握固定的客戶；當然，若想要擴張市占率，供應商就必須有更強大的進攻力道，包括產品多樣性、售價和售後服務等。

　　但是處在食品餐飲產業下游的餐廳，對於消費者而言，選擇實在太多，想吃月亮蝦餅，這家吃不到，換一家餐廳就好，沒有什麼困難的地方；偶爾某項餐點（如蛋塔、霜淇淋）掀起流行熱潮，也通常是曇花一現，消費熱潮來得快，去得也快，所以餐廳就缺乏高轉換成本的優勢。買衣服也一樣，從百貨公司這個專櫃走到另一個專櫃，找類似款式的服飾，也是非常容易的事

表1 轉換成本過低，客戶不易建立忠誠度
──高轉換成本vs.低轉換成本產業

	特色	產業範例
高轉換成本	客戶轉換服務或商品供應商，需要花費較多的時間、勞務或金錢，因此供應商與客戶建立起良好的合作關係，客戶不易變心	保全業、食品原料供應商（餐飲業上游）、軟體服務商、系統服務商
低轉換成本	客戶可以輕易轉換服務或商品供應商，不需要耗費太多心力或金錢，對於供應商的忠誠度低	餐廳（餐飲業下游）、服飾業、零售商

情，消費者同樣沒有什麼轉換成本（詳見表1）。也難怪彼得‧林區（Peter Lynch）說：「要買供應子彈的公司，而不要買互相火拼的對手。」不管哪家餐廳、哪家小吃店、哪家麵包店，若都是由同一家供應商提供原料，那不管消費者去哪裡消費都沒差──因為身為原料供應商的股東，都能分到一杯羹。

不過，轉換成本低的公司，也是有辦法建立護城河的，那就是要夠大、夠多、服務夠好，才能牢牢抓住消費者的心，吸引最多人成為忠實客戶，這就是我們2-5要談的「規模優勢」。

2-5 護城河3》規模優勢 產業龍頭大者恆大

　　商業市場有「大者恆大」的特色。何謂大者恆大？從語言、貨幣和城市來舉例，就很容易了解了。

　　當全球愈來愈多人使用英文作為國際溝通的語言，那學校就必須要教英文，大學課本的原文書都是英文，所以在全球任何國家教英文，幾乎都是不會被淘汰的行業。

　　美元和歐元是現今全球流通最多、最廣的貨幣，而絕大多數國家的外匯存底也都是以美元儲備，所以投資人如果想要持有外幣的話，大多也都以美元作為首選。

　　大都市的形成也是一樣，在台灣，台北市是各行各業聚集的地方，商業活動多，就業機會也多，所以人口就不斷的往台北市遷移；又因為人愈來愈多，

所以大多數國內外企業的總公司都設在台北市，也難怪台北市精華地段的房價不太容易下跌，因為就是有這麼多的需求。而鄉下地區則因為商業活動不夠活絡，就業機會較少，因此面臨了嚴重人口外流的問題。同理，日本東京、美國紐約、中國上海以及英國倫敦等城市，跟郊區相比起來，都有明顯的城鄉差距；大城市在沒有計畫或者是政策鼓勵的情況之下，就會自然而然的不斷變大。

公司具規模經濟，就可壓低成本創造優勢

在商業市場，如果企業所在的產業，缺乏高顧客轉換成本的優勢，就可以想辦法利用「規模優勢」創造護城河。舉例來說，顧客想要到其他的連鎖超商消費，一點也不會麻煩，所以連鎖超商的顧客轉換成本很低。因此，身為連鎖超商業者，可以在一個區域或一個國家，成為最大、最多的連鎖超商，靠著「規模優勢」勝出。

想要取得規模優勢，關鍵就是搶在別人之前成為最大的龍頭，如果沒有新的商業模式取代自己的話，理論上應該是大者恆大。龍頭公司可以比任何競爭對手享有更低的成本和更高的獲利，此優勢可以用更低的售價轉移給顧客，既然對顧客有利，便會吸引更多的顧客前來。公司業務量增加，便能擴充生產設備、擴大產量，更進一步降低成本，如此不斷良性循環。

　　反觀小型公司，服務、售價如果對顧客來說不具吸引力，將會逐漸流失市占率，這樣一來，又讓龍頭公司地位更穩固。贏家最後會拿走大部分，甚至全部。

　　我們再從其他角度觀察「大者恆大」的狀況。以貨運業為例，若一整條馬路上的店家都是龍頭公司的客戶，一輛裝滿貨物的貨車行駛完這條路，貨物就運送完畢；如果業者規模不夠大，客戶分布在大街小巷，一輛貨車要穿梭整個市區，相較之下，運送成本就高出許多。

　　對於製造商與銷售商來說，物流系統相當重要，大統益（1232）、德麥（1264）、中華食（4205）在各縣市的覆蓋率都超越競爭者甚多，並且自建車隊快速提供客戶服務，競爭者要搶食市場，必須花很大的功夫，還不見得能成功。

　　再看看統一超（2912）的 7-Eleven，全台灣有超過 5,100 家門市（截至 2017 年 6 月底共 5,161 家），一輛物流車就可以供貨給多數的店面；反觀其他小型的便利商店，由於店數少，除了物流成本相對高之外，效率也沒這麼好。常看到一些小型便利商店的貨架上，有時候商品過期了還沒下架，或者是貨架上已經空了卻還沒補貨，消費者自然不喜歡去這種商店消費，這就是劣勢所在。

相同的狀況，醫療廢棄物業者如果能達到規模經濟，在一個區域內涵蓋更多的據點，就可以在最短的距離內，將大小醫院、診所的廢棄物一次收完，節省下運輸成本並回饋給客戶。更低廉的費用自然可以吸引更多的客戶，大者恆大的現象就會發生。因此，只要大公司沒有發生嚴重的失誤，小型業者很難超越。

以上是說明公司已經達到規模經濟之下，才有較便宜的單位成本優勢；另外還有一點值得注意──公司的基地如果位於較佳的地理位置，也有某些程度的護城河優勢。比如說，預拌水泥廠或砂石廠，在某個地區內會形成獨占的狀況，因為當 A 地區有需求，在 A 地區的業者可以就近提供服務；而 B 地區的業者若要來搶食 A 地區的商機，就要克服先天上運輸成本的問題。

廢棄物回收產業也有類似狀況，廢棄物掩埋場如果位在高雄，要去搶台北的生意恐怕就有點困難；反之亦然。

搶先成為龍頭股，市場地位不易被撼動

在市場高速成長的初期階段，各公司市占率變化很大，只要誰能夠取得明確的領導地位成為產業龍頭，並且維持優秀的營運方式，龍頭地位就能長長久久。例如台灣連鎖超商龍頭統一超，經過多年耕耘，常常領先同業推出各

表1 **統一超歷年來市占率均維持第1**
──統一超（2912）歷年市占率與排名

年度	市占率（%）	排名
2009	51.49	1
2010	51.28	1
2011	49.10	1
2012	49.00	1
2013	49.30	1
2014	49.80	1
2015	49.60	1
2016	49.53	1

資料來源：公開資訊觀測站

種便利的服務，在全台擁有超過5,100家7-Eleven門市，市占率持續保持第1（詳見表1）；全球最大EMS（電子專業製造服務）代工廠鴻海（2317）、全球晶圓代工龍頭台積電（2330），多年來也都在其產業維持龍頭地位不墜。

德麥是國內最大的進口烘焙原料商，在台灣市場的地位穩固，如今又要進攻中國烘焙市場，企圖挑戰江、浙、滬龍頭地位。還有，一零四（3130）領先成立人力銀行，成為國內人力銀行龍頭，地位牢不可破，如今又領先開創「104銀髮銀行」（銀髮照護的人力媒介網站，詳見6-6），投資人可密切

表2 2016年底，統一超的店數大幅領先其他超商
——台灣4大超商總店數

超商名稱	總店數（家）
統一超商	5,107
全家	3,057
萊爾富	1,273
OK	873

註：資料數據截至 2016 年底　　資料來源：公開資訊觀測站

觀察後續的經營成效。

　　投資人在挑選股票的時候，即可優先選擇各產業的龍頭股（如果是內需產業，要看國內的市占率；如果公司產品主要外銷出口，要看全球市占率），並且扣除景氣循環以及不易預測產業未來發展的股票，應該可以得到不錯的投資績效。

網路平台使用者明顯集中化，競爭對手難以匹敵

　　再來看網路業，大者恆大、集中化的現象又更明顯了，由於供給者多，所

以需求者必須前來；又因為需求者多，所以供給者必須前來，這就叫做「網路效應」。社交通訊 App「LINE」、社群平台「臉書（Facebook）」，初期都有其他競爭對手，但是成為該產業龍頭之後，大者恆大的情況愈來愈明顯。在台灣，這 2 項通訊工具甚至成為社交圈、工作圈的必備聯絡管道；隨著時間過去，若沒有其他意外，理論上這些人際連結度最高的公司會持續占據霸主地位。

以搜尋引擎而言，現在有誰不是用 Google 或 Yahoo! 呢？在台灣好像沒有第 3 家可以匹敵的搜尋引擎了，甚至在全球市場都是（少數保護主義的地區或國家除外，如中國）。Alphabet 公司（Google 母公司）執行長施密特（Eric Schmidt）說：「有人說網際網路創造一個公平的競爭環境，遺憾的是這並非事實，我們看到的是少數產品高度集中化。」當一個產業網路集中化愈高，市場將愈趨於壟斷，難怪股神華倫・巴菲特（Warren Buffett）曾說，他後悔當初沒投資 Google 和跨國電子商務龍頭亞馬遜（Amazon）。

台灣的人力銀行龍頭── 104 人力銀行，有最多的求才公司和最多的求職應徵者資料庫，成為龍頭之後，很難有競爭者與之匹敵。像是 yes 123 求職網或 1111 人力銀行，為吸引求職者登錄，曾經開放「直接複製 104 人力銀行履歷」的功能。但如果你是公司人資主管，何必同樣的履歷看 2 次，直接在 104 人力銀行看就好了。因此，在沒有更具競爭力的商業模式出現之前，

104 人力銀行的龍頭優勢仍會繼續存在。

信用卡發卡銀行也有類似的網路效應，如果使用 VISA、萬事達（Mastercard）的店家愈多，為了便利，就會有更多消費者申辦 VISA 和 Mastercard 信用卡；反之亦然，在台灣，使用美國運通卡（俗稱 AE 卡）和日本 JCB 的店家少，若很少去美國或日本旅遊，那麼消費者通常不會申辦這 2 種信用卡。

景氣循環股穩定度不高，即使是產業龍頭也不適合存股

不過，若是景氣循環股的產業龍頭，我並不建議存股族投資。這些績優股的確在各自領域有卓越的競爭力和影響力，但受限於某些原因，使得長期持有（3 年、5 年以上）這些股票的報酬率並不是很好。

比如說，輪胎股王、也是台灣之光的正新（2105），以及台灣鋼鐵股龍頭，早期一向被軍公教人員視為定存股的中鋼（2002，我過去長年在學校代課，知道很多老師 10 幾年都只買中鋼），還有紡織股老牌績優生遠東新（1402，以前叫做遠東紡織）、航運股績優生裕民（2606），以及台塑四寶：台塑（1301）、南亞（1303）、台化（1326）、台塑化（6505），也是定存股的口袋名單。這些股票的確是績優股，不會倒，長期持有 8 年、10 年

表3 景氣循環股獲利起伏大，容易動搖投資信心
——7檔景氣循環股歷年稅後淨利

年度	稅後淨利（百萬元）						
	台 塑 (1301)	南 亞 (1303)	台 化 (1326)	遠東新 (1402)	中 鋼 (2002)	正 新 (2105)	裕 民 (2606)
2009	27,533	16,404	29,440	8,089	19,603	13,431	5,664
2010	45,546	40,974	47,275	12,850	37,587	10,315	6,674
2011	35,724	23,143	32,971	11,087	19,494	8,536	2,728
2012	14,663	4,216	7,094	8,713	5,811	15,894	1,804
2013	20,716	25,272	24,864	13,216	15,982	18,549	1,567
2014	17,875	31,742	10,528	10,853	22,132	16,016	2,088
2015	30,877	35,721	27,578	8,035	7,605	12,777	824
2016	39,393	48,840	43,833	6,308	16,038	13,251	-878
2017.H1	19,601	19,898	20,152	2,833	7,087	3,643	121

資料來源：公開資訊觀測站、XQ 全球贏家

也會獲利，但穩定性並不是很理想，因為這些都是所謂的景氣循環股，當景氣下滑，通常股價跌幅也不小，投資人的信心更容易動搖。

景氣循環股的特性就是獲利不穩定，我們來看看上述這些股票的獲利狀況，

獲利大起大落，就可以知道股價和配息也是大起大落，沒有一直成長的動力。再者，萬一在景氣循環高點，在它們獲利最好的時候買進（當然也就是股價最高的時候），買進後景氣開始下滑，要解套恐怕也要等上好一段時間（詳見表3）。

比如說，如果在 2011 年前後的景氣高點，買到最高價 117 元的台塑（2011 年 4 月 29 日收盤價）；到了 2015 年 8 月股災，台塑跌到剩下不到 60 元，光是股價本身就賠了將近一半，若算進配股配息的還原報酬率仍超過 -30%。假設能挺過低潮持有至今（截至 2017 年 9 月 18 日），雖可解套，但還原報酬率僅 12.4%，換算為年化報酬率也只有 1.85%。若要期待更好的報酬率，就要等待下一波景氣榮景來臨，但那可能又是數年後的事情了。

彼得‧林區（Peter Lynch）對景氣循環股有過說明：「很多投資人誤以為產業龍頭股是安全的，但最後發生損失，就是因為投資人無法預測景氣循環。」除非你的工作就是在相關產業，熟悉產品報價，可以看準景氣循環，抓準股票進出時點，否則一般存股族並不太適合持有景氣循環股。

2-6 瞄準簡單、可預測產業
花少少心力就能穩穩賺

具備壟斷優勢、擁有護城河是雙贏股的首要條件，接下來我們進一步說明以下 2 個條件：「產品或服務簡單易懂，具有持久性」、「定價能力高，受景氣影響小且能重複消費」。

產業具持久性》連小朋友都懂的簡單生意最值得投資

股神華倫‧巴菲特（Warren Buffett）偏愛那些不太會發生重大變化的公司和產業，他說他在尋找的公司是這樣的：「我們尋找那些 10 年或 20 年的時間裡，擁有巨大競爭力的企業。至於那些迅速轉變的企業，雖可能提供巨大的成功機會，但這卻排除了我們所尋找的確定性。要投資簡單的企業，若牽涉到高科技，就不是我們所能理解。」

巴菲特一再強調，要投資具有可預測性的股票、要投資勝算高的股票。股

市最怕不確定因素，公司發展也一樣，「確定」這件事情是很重要的。如果公司的產業簡單易懂、長久不變、具持久性，你能知道未來會發生什麼事，就可以賺到錢。

關於「簡單易懂」這件事情，許多人應該都聽過一個關於 1960 年代美國與蘇聯競相發展太空計畫的傳聞：美國太空總署（NASA）發現，原子筆在無重力的太空中是無法書寫的，於是耗費鉅資開發出太空人專用的筆，可以在極低溫及零重力的狀態下寫字；但是蘇聯人卻說：「為何不使用鉛筆？」不管這傳聞是真是假，卻很傳神的展現了「大道至簡」的道理。

巴菲特的價值投資就具備這種簡單的特性，他說：「如果連一個小學 3 年級的小朋友都懂的生意，就值得投資。」連小朋友都懂的生意，我們大人沒有理由不懂吧？你跟小朋友說中華豆腐、說 7-Eleven，他一定知道這是什麼生意，但是你跟小朋友說聯發科（2454）晶片效能多棒，說宏達電（2498）布局虛擬實境（VR），要理解這樣的公司，恐怕就有相當的難度了。

可口可樂（Coca-Cola）是全世界最大的飲料公司，旗下有 15 個超過 10 億美元的品牌，包括可口可樂、雪碧、芬達等。可口可樂有穩定的營運歷史，成立至今（1892 年～ 2017 年）已有 125 年，可以把可口可樂這項商品賣到數十年之久，歷久不衰，我們也可以預期，在未來幾十年，有很高的機率，

公司會繼續販賣口味相同的飲料。

豆腐製造商也是，豆腐這種產品沒什麼特別耐人尋味之處，數百年來都是相同的味道。中華食（4205）身為台灣盒裝豆腐龍頭，不需要花太多經費去研發巧克力、草莓或其他口味的豆腐，只要公司經營穩定，我們也可以預測未來幾十年，中華食還是會繼續賣相同的豆腐產品。

公司提供簡單的商品和服務，投資人自然也能輕鬆理解產業的競爭環境。例如台灣的超商業，龍頭統一超（2912）的對手只有全家（5903），要打敗萊爾富和 OK 應該不是困難的事情；醫療廢棄物處理公司日友（8341）是特許業，沒有政府的執照根本不能跨足醫療廢棄物領域，所以在某些縣市，日友是沒有競爭對手的。

了解自己能力極限，謹慎行事以提升致勝機率

但高科技就顯然不是這樣了，高科技公司每年必須花費鉅資在研發成本上，又要不斷更新設備、製程，我相信每個人都沒把握去預測現在的某項高科技產品，在 10 年後不會被取代，這叫做「不確定」。

如果你無法預測高科技的日新月異，無法預測未來會發生什麼事情，投資這類股票的風險就很大，就好比農民和漁夫不看農民曆、不懂四季變化、不

知道潮起潮落一樣的危險。

2000 年網路泡沫前，巴菲特堅持不買科技股，因為高科技並不在他能力範圍內，他無法預測 5 年、10 年後的高科技，科技業不確定性高，瞬息萬變。他說：「很多事情做起來都有利可圖，但是你必須只做那些自己能力範圍的事情，我們沒有任何辦法去擊倒拳王泰森（Michael Gerard Tyson）。」

而專做投機交易的金融大鱷索羅斯（George Soros）的投資方式，則常常在預測未知的事，他確實曾經靠著投機交易賺大錢；但在 2016 年，他認為唐納‧川普（Donald Trump）當選美國總統會造成美股下跌，因而大幅做空美股，結果股市大漲，索羅斯的基金大虧 10 億美元。

奧運跳水比賽，難度愈高，愈有可能獲得高分。但在股票投資的世界，不是選擇愈困難的股票就一定賺得愈多！「複雜」不是投資人的朋友，「簡單」可以讓我們更了解自己在做什麼，幫助我們在能力範圍內做到最好。投資一家簡單易懂，且競爭力持續的企業，得到的回報，往往能勝過辛苦分析一家變異不斷、複雜難懂的企業。

有些投資人很喜歡投資自己沒有明顯優勢的領域，這是很奇怪的事情。如果我們在毫無優勢的領域和別人競賽，根本沒有勝算。我每天晨跑 6,000 公

尺，10 年來始終如一，所以如果想要跟我比賽馬拉松，要贏我不是這麼的容易；但如果你跟我比賽打排球，我可就一籌莫展了。

　　如果你是個搶匪，你會選擇搶劫哪一家銀行？警衛戒備森嚴的銀行，還是沒有保全的銀行？我知道這個比喻很爛，但是讀者可以朝這方向去思考，什麼樣的股票比較簡單？自己的優勢在哪裡？化工業？紡織業？食品業？選擇你有把握、有勝算、容易預測的產業來投資，你的勝算就會高出很多。

　　查理・蒙格（Charlie Munger）在 2006 年波克夏（Berkshire Hathaway）年會中指出：「如果有件事情太難，那我們就換做別的事，還有什麼比這個更簡單的嗎？」他在 2014 年接受《華爾街日報》專欄作家傑森・史威格（Jason Zweig）專訪時，也說：「投資人必須在能力與魄力之間取得適當平衡，能力太多卻無魄力並不好；但如果不了解自己的能力圈（Circle of Competence），太多魄力會要了你的命。愈是了解自己知識的極限，魄力就愈珍貴。」

　　而美國幽默大師馬克・吐溫（Mark Twain）說：「讓你摔一跤的往往不是不理解的事，而是你自以為很了解，但卻和你以為的不一樣的事。」

　　靜下心來，思考一下過去在投資股票上犯的錯誤，就會了解查理・蒙格和

馬克・吐溫在說什麼了。我自己曾經犯過的錯誤，就是投資在自己經驗和能力之外的行業，過度自信到超出能力圈，後果通常是不好的。

了解自己知識的極限，就像孔子說的：「知之為知之，不知為不知，是知也。」就是這個道理。高智商的人，也有可能比低智商的人，做出更蠢的決定；醫生、律師或金融業主管，也可能因為過度聰明而成為詐騙集團的肥羊。有時候，把自己的智商想得低一點，或許就能大幅提升投資績效。

找出自己的優勢，並在能力範圍內安全投資

常常有投資人在某檔個股上慘賠，回想起當初買進的理由，常常是因為公司不斷發布未來正面展望訊息，報紙也不斷播送利多，但是最後卻是不斷下挫破底的股價，為什麼呢？

就心理學的角度，很多人並不想了解自己究竟哪裡做錯，只是如果你在犯錯後無法解釋為何失敗，那麼這家公司對你來說就是太複雜了，它並不適合你買進持有。別忘了，在股票市場裡不願認錯，是要以真金白銀當作代價的。

每個人的時間和天分有限，所以必須找出自己的優勢所在，然後充分加以運用、處理自己能力範圍內的事情，畢竟想得到不凡的投資績效，不一定要做很多不平凡的事。以基本面投資來說，成功者往往是因為把精神集中在尋

找障礙不多的公司，而不是因為具備了跨越障礙的能力。

巴菲特這麼比喻：「假設你現在即將遠行 10 年，然後你只能做一筆投資，你只能用現有的資訊做個決定，在這 10 年中，你不能做任何改變，你會怎麼做？」最好的做法應該是找到一家公司，它做的必須是簡單並且容易理解的生意，有很穩定的營運歷史，而且所處市場會繼續成長、前景看好。巴菲特說：「我知道領導者最後還是領導者，當我再回來的時候，他們會比現在做更多的生意。」

各位讀者看到這裡，心中出現了哪些股票呢？「如果不想擁有這個股票 10 年，那 1 分鐘也不要持有。」這是巴菲特的名言。要能長久存股，我們一開始就要有這種信念。這句話當然不是說買股票就一定要持有 10 年，這只是巴菲特對長期投資的比喻，我們在投資之前，就要盡可能做出最完善的分析，但是當公司基本面出現長期惡化的情況，還是必須要賣出股票。巴菲特也曾在持有 IBM 達 6 年後停損賣出，但是對於一家優質企業，最不該做的事情就是把它賣掉。

定價能力高》日常生活所必需，且易重複消費為佳

「定價能力（Pricing Power）」指的是公司對產品是否具有定價權，定價

能力高，消費者只能被動接受，公司也不怕因此不賺錢。就像是巴菲特投資的時思糖果（See's Candy）、可口可樂等公司，就算漲價了，消費者還是會繼續買；就算一開始消費者覺得商品變貴而暫時不想買，但是過了一段時間，當他們需要商品的時候，還是得乖乖去埋單。

大家對於愈來愈貴的民生消費品（尤其是食品），其實也習以為常了，儘管薪水不漲，抱怨歸抱怨，但該花的錢還是會花，這也就是某些食品公司的獲利能不斷創高的原因。想想 20 年前，一碗牛肉麵、一碗豆花、一罐可樂才多少錢？就知道食品公司都有漲價的能力，售價通常只會愈來愈高。大多數的食品類股，只要生產的是必要性、顧客會重複消費的商品（如麵粉、沙拉油等），多半都具有抗通膨、定價能力高、配息穩定的特性，台股的食品類股指數也都呈現長期多頭走勢（詳見圖1）。

人們經常花了很多力氣去擔心經濟，與人爭執經濟會成長還是衰退？利率要走高或走低？通膨或是通縮？先預測經濟景氣的發展，再去挑選適合的股票，這樣由上而下（Top down）的投資策略，並不適合大多數沒時間研究景氣變化的上班族。

巴菲特認為沒有人能預測經濟或股市，如果你選的股票只有在特定經濟環境下才能獲利，並需要不斷調整組合以配合現在的經濟狀況，難免會遇到判

圖1 食品類股指數呈長期多頭走勢
—— 台股食品類股 (TSE 12) 月線圖

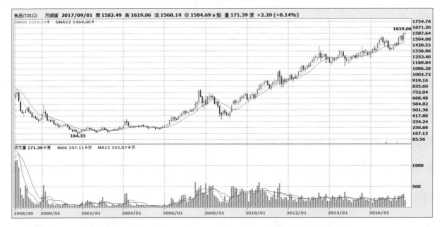

註：資料統計期間為 1998.09.01 ～ 2017.09.01　　資料來源：XQ 全球贏家

斷失誤的時刻。例如政府推生技醫療，你就去買生技股；政府推兩兆雙星（詳見註1）和綠能產業，你就買光電太陽能股；鋼筋報價上升，你去買鋼鐵股。把投資弄得這麼複雜，還不如輕輕鬆鬆持有不管在哪種經濟條件下都能賺錢、不受景氣變化影響獲利的事業。

再回想一下前文提到巴菲特提出的思考——假設你將遠行10年，然後你只能做一筆投資，該怎麼做？最好是容易預測的產業，而且不能受到景氣好

壞影響太多、顧客會不斷重複消費。你想到了什麼股票？

　　2017 年政府推動前瞻計畫，會有很多軌道工程，所以營造、水泥、鋼鐵相關的股票是否因為出貨量增，具有投資的機會？但不要忘記，就在前幾年，政府才開始祭出打房奢侈稅，讓營建、水泥、鋼鐵等相關股票重挫，水泥、鋼鐵基本上不屬於「不受景氣影響、可重複消費」的股票。

　　但反觀生產沙拉油、麵粉等民生必需品，還有處理醫療廢棄物的公司，就屬於不受景氣影響，是顧客會「重複消費」的事業。

註 1：
經濟部於 2002 年擬定「兩兆雙星產業發展計畫」，「兩兆」指預期產值分別超過新台幣 1 兆元的半導體及影像顯示產業（主要為平面顯示產業）；「雙星」指「數位內容」產業（軟體、電子遊戲、媒體、出版、音樂、動畫、網路服務等領域）及「生物技術」產業。

觀察歷史獲利紀錄
避開波動起伏劇烈標的

　　2015 年中華職棒季中選秀的第 1 輪，4 支職棒隊伍義大犀牛（2017 年被富邦金控收購，更名為富邦悍將）、統一 7-ELEVEn 獅、中信兄弟、Lamigo 桃猿，分別選了林哲瑄、林子崴、蔣智賢和王柏融這 4 位球員，不正是因為這些球員在業餘或旅外時期就有不錯的成績嗎？

　　如果說林哲瑄的守備是中華職棒第 2，我看也沒有人敢說他是第 1 了。在 2016 年中華職棒 27 年球季，王柏融和蔣智賢打擊率都突破可怕的 4 成大關，「柏融大王」拿下打擊王、新人王和年度 MVP（最有價值球員）；至於當年被中信兄弟第 10 輪才選進的曾陶鎔能單場擊出 3 支全壘打，這是少數中的少數（若以股票市場的術語比喻，可稱為轉機股，但股市當中成功的轉機股極為罕見）。教練會根據球員過去的成績來挑選球員，投資股票不也是如此嗎？鑑往知來，有些優秀股票過去有良好的獲利紀錄，就可以作為我們存股的口袋名單。

唐太宗李世民在名相魏徵死後說：「以銅為鏡，可以正衣冠；以史為鏡，可以知興替；以人為鏡，可以明得失。」照鏡子正衣冠的事情就不說了，看一家公司過去 5、6 年的獲利一直維持穩定成長的態勢，我們也能預測這家公司未來可以繼續創造好的獲利；但如果一家公司過去 5、6 年的獲利時好時壞，那要預測未來 2、3 年公司的情況，恐怕要靠「擲筊」來判斷了。

個股獲利紀錄良好，續創佳績的機率高

股票市場看似變化莫測，但長期來看，其實一直重複相同的事情，參考過去，絕對可以判斷未來！股神華倫・巴菲特（Warren Buffett）是我的投資明鏡，他也曾說：「我們非常關心歷史紀錄，如果有家公司的歷史紀錄很糟糕，但未來可能會很光明，我們仍會略過這個機會。」

「可預測性」在存股哲學中是非常重要的！比如說，有一個品學兼優的學生，每次段考都前 3 名，下一次段考，他的名次大概落在什麼位置？會變成最後 10 名嗎？有可能，但是機率很低。公司獲利持續成長，且未來可以被預測的公司；即便不是完全沒有風險，但是比起過去表現差勁的公司，風險通常更低，也更有可能在未來繼續表現優異。

醫療廢棄物處理公司日友（8341）是我持有的「雙贏股」之一。2008 年

表1 **獲利紀錄佳的雙贏股，多能維持好成績**
──7檔雙贏股歷年稅後淨利

年度	稅後淨利（百萬元）						
	德 麥 (1264)	統一超 (2912)	台灣大 (3045)	中華食 (4205)	崑 鼎 (6803)	日 友 (8341)	中 保 (9917)
2008	N／A	3,520	15,371	92	307	15	1,311
2009	N／A	4,059	13,889	95	340	37	1,457
2010	N／A	5,726	13,822	102	405	61	1,703
2011	221	6,352	13,469	114	547	84	1,740
2012	236	6,789	14,692	115	619	89	1,879
2013	281	8,037	15,583	135	620	264	1,946
2014	320	9,090	15,006	138	679	304	2,034
2015	399	8,239	15,686	182	710	514	2,062
2016	446	9,837	15,320	225	848	614	615
2017.H1	222	5,532	7,789	117	384	406	1,290

註：中保 2016 年認列復興航空資產減損約 15 億元，統一超 2014 年認列無印良品獲利約 10 億元，日友 2017
　　年 Q2 出售廢乾電池廠房獲利約 9,600 萬元
資料來源：公開資訊觀測站、XQ 全球贏家

以來，每年獲利均穩健成長（詳見表 1），所以我只要逐月觀察營收，逐季
觀察獲利（詳見圖 1、圖 2），在成長態勢不變的情況下，股價拉回或過度
修正時我就加碼買進，這樣存股我比較放心。其他的股票也是如此，只有在
公司營運出現下滑時，才需注意（買進賣出時機詳見 5-1、5-2）。

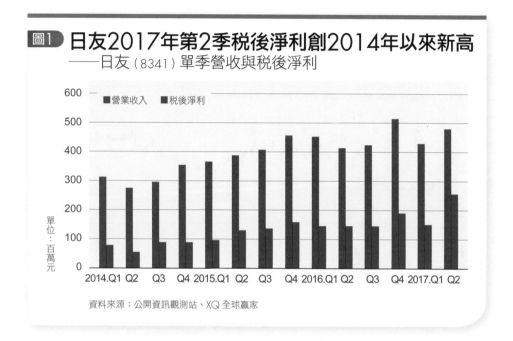

圖1 **日友2017年第2季稅後淨利創2014年以來新高**
——日友（8341）單季營收與稅後淨利

資料來源：公開資訊觀測站、XQ 全球贏家

　　預測股票的未來獲利性，一定要搭配產業的可預測性。舉個極端的反例，晶電（2448）和茂迪（6244），這兩家公司在 LED（發光二極體）和太陽能產業皆位居重要的地位，也都曾是幾百元的高價股；但是看看近幾年的獲利狀況，除了獲利、配息不穩定，投資人應該也完全無法預測公司未來 2、3年的狀況。

　　由於我並不是身處在 LED 或太陽能的產業，對產業的供需、產品售價完全

圖2 **日友還原股價走勢持續上升**
──日友（8341）還原週線圖

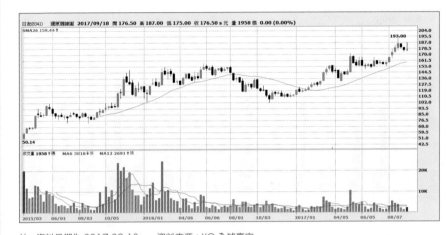

註：資料日期為 2017.09.18　　資料來源：XQ 全球贏家

不清楚，對我來說，這就是超出能力圈，如果我買進這種股票存股，就好像賭博一樣，所以我會盡量避免。看它們從 2008 年以來，加計股利後的還原股價圖，也呈現衰退走勢（詳見圖 3、圖 4），絕非長期投資的選項。

　獲利起伏不定的公司多半是身處在競爭激烈的產業當中，股價上下波動大，一旦公司競爭力下滑，股價也將一落千丈，投資人領好幾年的股息都不夠賠（詳見表 2）。存股者對於這種公司最好敬而遠之，千萬不能鴕鳥心態，認

圖3 自2008年以來，晶電還原股價為下滑趨勢
——晶電（2448）還原月線圖

註：資料日期為 2017.09.01　　資料來源：XQ 全球贏家

圖4 近年來，茂迪的股價積弱不振
——茂迪（6244）還原月線圖

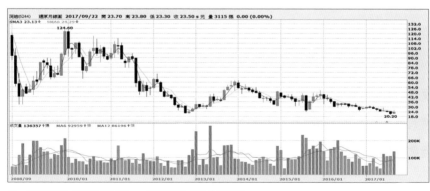

註：資料日期為 2017.09.22　　資料來源：XQ 全球贏家

表2 公司所處產業起伏不定，難預測其未來表現
——7檔個股歷年稅後淨利

年度	稅後淨利（百萬元）						
	台泥 （1101）	台紙 （1902）	中鋼 （2002）	友達 （2409）	晶電 （2448）	華航 （2610）	茂迪 （6244）
2008	5,761	346	24,030	21,267	42	-32,351	2,302
2009	7,425	-95	19,603	-26,769	1,732	-3,805	132
2010	8,031	890	37,587	6,693	5,766	10,622	4,555
2011	8,620	209	19,494	-61,264	480	-1,954	-2,455
2012	7,735	-187	5,811	-54,615	-1,117	59	-5,037
2013	10,027	17	15,982	4,180	38	-1,274	252
2014	10,829	20	22,132	17,628	1,810	-749	-1,056
2015	5,776	183	7,605	4,932	-3,019	5,764	-638
2016	6,358	-278	16,038	7,819	-3,546	572	-906
2017.H1	2,982	90	7,087	19,309	450	-1,999	-1,703

資料來源：公開資訊觀測站、XQ全球贏家

為反正公司不會倒，就放著每年領股息，殊不知這浪費了時間成本，也喪失了持有好公司幫你賺大錢的機會；與其把錢放在不好的公司上，倒不如真的把錢拿去定存好了。

護城河出現潰堤3徵兆 趕緊出脫持股為宜

2-8

資本主義社會和共產主義社會不同的地方，就是大家自由競爭、各憑本事，企業能運用最有效的生產效率，並提供消費者最廉價的產品或服務。但是當公司日進斗金，獲利非凡的時候，就會吸引一大堆競爭者，像嗜血鯊魚一樣殺進市場，因此一家公司要長期維持高報酬是極為困難的。資本主義就是大家一看到賺錢的行業，就一味模仿和複製，如果公司犯錯，資本主義的競爭性毀滅力量是殘酷無情的。

在同業競爭的狀態下，雖然很難長期維持高獲利，但總有些特別優異的公司，獲利會在平均值之上。這些優異公司的護城河通常會存在很多年，競爭同業無法完全複製，因此囊括了大部分的市占率，這些公司大多會長期擔任產業的龍頭股。

若是獲利逐年上升、具有連貫性趨勢，表示這家公司擁有長期競爭優勢，

並且不受景氣變化影響，公司賣的產品或提供的服務長期受到市場青睞，受到消費者肯定，公司不斷提高市占率，甚至壟斷市場，投資人若長期持有這些公司，都能獲得不錯的報酬。

護城河並非一成不變，如果公司的護城河愈來愈深、愈來愈廣、河裡的鱷魚愈來愈凶猛、甚至還多了條大白鯊，那就更棒了；反之，當企業護城河瓦解，競爭優勢不再，投資人就要考慮放棄持有這家公司了。比如說，尼加拉瓜運河從 2014 年開始動土興建，預計 2019 年完工啟用，這對同樣貫穿太平洋與大西洋的巴拿馬運河來講，就不是好消息，因為出現競爭對手了。

徵兆1》大環境改變，市場特許業優勢不再
——以媒體業為例

市占率高的獨占事業較能抵抗經濟衰退的外在環境，也能逼走較弱的競爭者，強化市場地位，最終的結果是大者愈來愈大，這是一種強大的經濟實力。但有些公司或是產業沒有歷久不衰的護城河，當產業性質出現時代性的變革，競爭優勢便消失殆盡。

以媒體業為例，早期沒有手機、沒有第四台的時候，報紙是唯一廣告的來源；報紙的分類廣告頁就好幾頁，求職、求才都需要報紙，公司要曝光新產品也

需要報紙,甚至租房、賣房也都需要報紙的廣告。尤其如果一個地區只有一家報社的時候,因為沒有競爭對手,即使報社是三流的品質,也能大賺錢。

股神華倫‧巴菲特(Warren Buffett)在 1969 年買進家鄉唯一的報業《奧馬哈太陽報》,又在 1973 年買進《華盛頓郵報》。但進入網路時代後,報紙的功能不若以往,1991 年,巴菲特提到報紙的獲利能力開始改變,這是長期商業環境的改變,並不是短期的現象。台灣也面臨一樣的改變,我大學時代愛看的《民生報》、《大成報》已成為歷史,晚報也只剩下《聯合晚報》。

無獨有偶,電視與雜誌在經濟行為的表現,也漸漸從「市場特許業」變成一般「通用型商品業」的公司。以第四台為例,1993 年政府通過《有線廣播電視法》,並於 1994 年接受業者經營有線電視。當時各縣市多半只有一家有線電視業者,形成壟斷獨占的局面,地方有線電視穩定經營,不怕競爭者,無疑是投資的優質標的。但是 2012 年 7 月,國家通訊傳播委員會(NCC)宣布有線電視可以跨區經營後,第四台的戰火開始燃燒,本來每個地區只有一家有線電視業者,變成可以跨區搶市了,也出現一定程度的競爭;各業者整併的效應,還要繼續追蹤觀察。

當特許公司變成通用型商品公司,獲利不僅不易成長,就連要維持原有獲利水準都很辛苦,這也是投資人必須要留意的事情。如果發現公司出現衰退

趨勢，我會選擇把股票賣出；但如果公司獲利能夠維持穩定，股息殖利率可以接受，仍可放入一些在投資組合中，也就是定存股的概念（投資組合詳見4-4）。

徵兆2》後進者推出具競爭力的創新商業模式
——以電子商務市場為例

不管是賣汽車、賣房子、賣衣服或者是任何東西，電子商務平台網站一開始其實都沒有這麼多流量，但隨著不斷增加的買家和賣家，將會吸引更多人。賣家希望能接觸到最多的潛在顧客，而買家也希望有最多的選擇；當買賣雙方數量愈多，成交機率就愈高；一旦網站的流量超過一定的數量，這個商務平台將擁有大多數的市占率，因為大家都知道要去哪個平台交易。

位居龍頭的電子商務平台，通常能維持數年的霸主地位，即使有新進競爭對手，也很難輕易動搖領先者的地位，後進者甚至會迅速遭到淘汰——因為顧客很難放棄原有平台，網路流量大就是美，除非後進者推出了更具競爭力的商業模式。

以美國為例，電子海灣（eBay）和亞馬遜（Amazon）是美國電子商務平台的 2 大霸主，eBay 是網路拍賣平台，剛開始以個人賣家為主，後來也有店

家會透過eBay銷售商品;而Amazon從網路書店起家,隨著服務範圍的擴大,已然成為全方位的網路購物平台。

根據市調公司 Slice Intelligence 的資料,2016 年 Amazon 在美國網購市占率達到 43% 居冠,幾乎可以說美國人在網路上每消費 100 元,就有將近一半的錢是付給 Amazon。

日本電子商務市場多年來也是由樂天市場(Rakuten)稱霸,eBay 曾經試圖進軍日本,仍然無法打動消費者的心,最終只能黯然退出日本市場。不過,Amazon 卻在日本市場步步進逼,2016 年在日本電子商務市場的市占率,已與樂天市場不分軒輊。

在台灣,電子商務平台的 2 大龍頭是 PChome 和 Momo,皆以 B2C 模式(企業對個人)的購物平台為主體。其中 PChome 旗下的「PChome 線上購物」、「PChome 24 小時購物」獲利成績出色,觀察其上櫃股票網家(8044),2010 年～ 2015 年的營收與獲利雙雙步上成長軌道(詳見圖1),2009 年網家的稅後淨利約為新台幣 1 億 2,700 萬元,2010 年已成長至 3 億 5,700 萬元,到了 2015 年更大幅增加至 7 億 7,800 萬元,帶動股價大幅上漲(詳見圖 2),2015 年時,股價最高甚至漲至 537 元,本益比超過 50 倍。

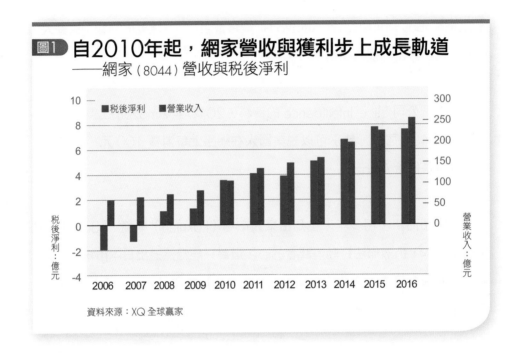

圖1 **自2010年起，網家營收與獲利步上成長軌道**
——網家（8044）營收與稅後淨利

資料來源：XQ 全球贏家

　　2014 年時，台灣電信龍頭中華電（2412）也想搶進電子商務市場，當時與日本 Benefit One 株式會社、伊藤忠商事株式會社合作，成立中華優購公司（後改名為「加倍奉還網」），並聘請曾任 eBay 台灣交易長、露天拍賣營運長葉奇鑫擔任總經理，企圖打造全球最大的員工福利網。經營方式類似美商好市多（Costco）的概念，也就是只要加入會員並且繳交年費，就能夠購買接近成本價的商品，但是即使是這麼大的陣仗，經營 2 年多後，仍以失敗收場。

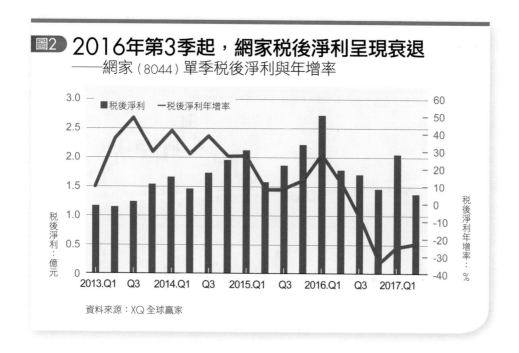

圖2 **2016年第3季起，網家稅後淨利呈現衰退**
——網家（8044）單季稅後淨利與年增率

資料來源：XQ 全球贏家

不過，台灣以C2C模式（個人對個人）經營的網路拍賣平台，在2001年～2015年期間，原以Yahoo! 拍賣與露天拍賣為首，近年來卻出現了強勁的競爭對手。

隨著臉書（Facebook）、LINE 等社群平台的購物行為興起，以及使用手機下單的消費者愈來愈多，2015 年 10 月進攻台灣的「蝦皮拍賣」，以友善的行動購物介面和完整的金流與物流服務（這兩者都是 Yahoo! 拍賣和露天

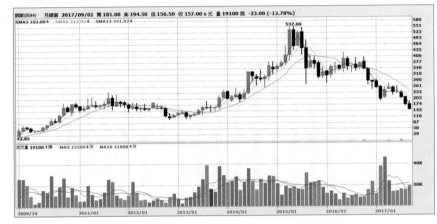

圖3 2017年網家股價已跌破200元
──網家（8044）月線圖

註：資料期間為 2009.09.01 ～ 2017.09.25　資料來源：XQ 全球贏家

拍賣所缺乏的），成功吸引了眾多賣家和買家。

　　蝦皮拍賣創新的商業模式，讓 2 大拍賣龍頭倍感威脅，100% 持有露天拍賣母公司 Ruten Global INC 的網家，原本享有高本益比，2016 年 10 月之前的股價還在 300 元之上；但是 2016 年第 3 季起，網家單季稅後淨利持續出現年衰退（詳見圖 2），股價持續下滑，2017 年 8 月已跌破 200 元（詳見圖 3）。網家若不苦思對策，將來行動網拍市場恐怕將是蝦皮拍賣的天下。

徵兆3》典範轉移，公司未能提早因應
——以相機、手機、光碟片產業為例

還有另一種狀況也必須注意，當公司的產品發生革命性的變化，被新的產品所取代，公司若不能及早因應，也只能走向衰敗之途。

1972 年，拍立得公司推出袖珍型即時成像相機，隨即風靡全世界，當時這是很先進的技術，就像我小時候第一次打電話或聽磁帶錄音機一樣感到驚訝，但是再怎麼高明的科技，最後終會被取代。

然後是底片相機的發明，俗稱傻瓜相機，藝人李立群的廣告台詞「它傻瓜，你聰明」紅極一時。1980 ～ 1990 年代，人們出遊，手上都是一台要裝上底片的相機，一卷 36 張底片拍完之後，要拿去沖洗店洗出來。由於洗出來的照片解析度高，又不會褪色，因此拍立得相機就逐漸被淘汰了，雖然拍立得公司試圖發展其他業務，但還是無法成功，2001 年宣布破產。

在傻瓜相機風行時期，柯達公司（Eastman Kodak Company）可說是無人不知、無人不曉，因為這家公司生產的相機底片，銷售量獨霸全球市場，街頭巷尾到處都有柯達的沖洗店；人們只要拍照、洗相片，就會重複消費，為柯達公司帶來巨大的利潤。

不過，隨著數位相機的問世與普及，傳統的傻瓜相機逐漸被取代，街頭巷尾的柯達沖洗店漸漸消失，賣場也不再販賣柯達底片；再加上之後智慧型手機也能拍出品質很好的照片，大家也漸漸不再把照片沖洗出來，時代的改變讓柯達公司應變不及，連年虧損讓這家百年老店風光不再。

2004 年，柯達公司被剔除在道瓊工業平均指數（Dow Jones Industrial Average）之外；2005 年被信評公司標準普爾（Standard & Poor's）列為垃圾等級；2010 年遭到標準普爾 500 指數（Standard & Poor's 500 Index）剔除；2012 年，柯達公司申請破產保護，股價暴跌 54% 到每股 78 美分（而後於 2013 年脫離破產保護，完成重組，並於 2014 年重新掛牌上市）。

這叫做「典範轉移」，公司的產品因為產業變革遭到取代。當年在手機市場叱吒風雲的諾基亞（Nokia）、易利信（Ericsson）、摩托羅拉（Motorola）、黑莓（BlackBerry）、掌上型電腦公司 Palm（這個字的讀音很像「胖」，也是 1990 年代紅極一時的科技公司，台灣也有代工廠為 Palm 代工）等也有類似的狀況。當智慧型手機取代了原本只能通話的 2G 手機，公司只有被收購或者倒閉一途，投資人欲長期持有這些公司就必須要小心。巴菲特說：「高科技能幫助人類擁有更便利的生活，但卻無法幫股東創造獲利。」長期而言，現在的高科技在未來不見得是高科技。

圖4 **2000年時，中環股價曾飆破200元**
——中環（2323）月線圖

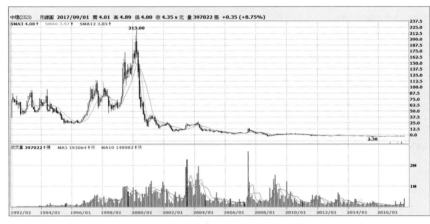

註：資料期間為 2017.09.01　　資料來源：XQ 全球贏家

　　國內也有一些案例提供大家參考，最有名的就是在千禧年（2000年）大賣的可錄光碟片（CD-R）廠商——中環（2323）、錸德（2349）、精碟（原股號2396，已下市）、國碩（2406），當時大家擔心電腦無法從1999年跨入2000年，造成年序錯亂問題，因此人們大量使用光碟片備份資料，這幾家光碟片公司的股價衝到不可思議的天價（詳見圖4、圖5）。

　　但隨著電腦年序錯亂問題解決，再加上隨身碟、記憶卡的問世，當人們習

圖5 鍊德自2000年後股價崩跌，已淪為雞蛋水餃股
——鍊德（2349）月線圖

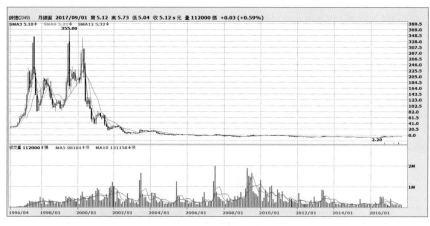

註：資料期間為 2017.09.01　　資料來源：XQ 全球贏家

慣攜帶方便、體積較小的隨身碟之後，光碟片的需求不再，精碟於 2009 年
4 月下市；中環轉投資威秀影城，並深耕文創產業；鍊德尋求轉型切入生技
檢測，並轉投資被動式發光二極體廠鍊寶科技（8104），但卻始終無法獲利，
長期淪為雞蛋水餃股；國碩雖轉型為太陽能光電相關產品公司，但仍常在損
益邊緣徘徊（詳見表 1）。

這也就是為什麼巴菲特和彼得·林區（Peter Lynch）都喜歡投資一些可樂、

表1 儲存裝置典範轉移，光碟廠近年虧損連連

——3大光碟廠歷年EPS

年度	EPS（元）		
	中環（2323）	錸德（2349）	國碩（2406）
2010	-2.10	-0.51	3.29
2011	-0.61	-0.87	0.48
2012	-0.23	-0.86	0.06
2013	-1.31	-1.22	-2.43
2014	-0.67	-1.29	0.01
2015	-1.31	-0.84	0.01
2016	-1.17	-1.28	0.10
2017.H1	-0.29	-0.23	-5.14

資料來源：公開資訊觀測站、XQ 全球贏家

巧克力、油漆、番茄醬、保險等股票，因為這些產業本身不易有巨大變革。彼得‧林區在買進法國 Au Bon Pain 公司（產品為咖啡、可頌、貝果）的時候，曾說：「如果和新式電腦晶片相比，我寧可投資最新式貝果。」

　　而原本不碰科技股的巴菲特，近年卻大舉買進蘋果（Apple）股票，是因為他已把蘋果公司看成是民生必需消費的公司。巴菲特說他自己不用 iPhone，但朋友卻送了他一台 iPad，才發現消費者對蘋果產品的黏著度之高，幾乎是

蘋果的「訂戶」，讓蘋果長期擁有高毛利和競爭優勢，不能和以前的諾基亞、黑莓相提並論。

　　另外，蘋果不需要每年投入大量的資本支出在擴建廠房和提升設備，因為它有很多廉價的代工廠，還會不時砍代工廠的價錢，這些都符合巴菲特的選股條件；反之，巴菲特大手筆賣出了全球最大零售商沃爾瑪百貨（Wal-Mart Stores）股票，因為他認為實體賣場會被電子商務公司進一步侵蝕獲利，這也是「典範轉移」的一種。

Chapter 3

解讀財務報表
確實評估個股價值

3-1 資產負債表》檢視財務 判斷公司體質強弱

　　我心目中的好公司，不僅要有良好的獲利紀錄，「財務體質穩定」這項條件更是不可或缺。而要了解公司財務狀況的第1步，就是看懂公司基本的財務報表，包括資產負債表（Balance Sheet）、綜合損益表（Income Statement）和現金流量表（Statement of Cash Flows）。另外有些財務比率指標也可以用來評估公司的營運現況。本章先介紹「資產負債表」。資產負債表顯示公司在某一特定時間所有資產負債結構的狀況，包括資產、負債、股東權益3部分。左半邊是「資產」，右半邊是「負債＋股東權益」，因為資產的來源不外乎就是來自於負債（借貸）或股東權益（股東的錢），所以資產的總金額一定會等於「負債＋股東權益」。

資產》觀察公司現金多寡，並評估償債能力

　　「資產」分為2個項目：「流動資產（Liquid Asset）」與「非流動資產（Fixed

圖1 統一超現金占資產比重達34%
——以統一超（2912）2016年度合併資產負債表為例

資　　　產	附註	105 年 12 月 31 日 金額	%	104 年 12 月 31 日 金額	%
流動資產					
1100 現金及約當現金	六（一）	$ 32,003,633	34	$ 22,990,314	26
1110 透過損益按公允價值衡量之金融資產－流動	六（二）	847,954	1	5,620,386	6
1170 應收帳款淨額	六（三）及七（二）	4,325,889	4	4,294,865	5
1200 其他應收款		1,143,071	1	1,336,252	2
1220 本期所得稅資產	六（二十八）	1,448	-	6,322	-
130X 存貨	六（四）	12,043,420	13	11,550,553	13
1410 預付款項					1
1470 其他流動資產					2
11XX 流動資產合計					55
非流動資產					
1523 備供出售金融資產－非流動	六（五）				1
1543 以成本衡量之金融資產－非流動	六（六）	27,494	-	27,526	-
1550 採用權益法之投資	六（七）	11,071,449	12	10,598,635	12
1600 不動產、廠房及設備	六（八）(二十六）、七及八	22,329,291	24	22,339,376	25
1760 投資性不動產淨額	六（九）(三十一）	1,359,189	1	1,416,269	2
1780 無形資產	六（十）(二十六）	1,076,176	1	1,150,914	1
1840 遞延所得稅資產	六（二十八）	1,208,032	1	1,149,951	1
1900 其他非流動資產	六（十一）及八	2,824,404	3	2,753,955	3
15XX 非流動資產合計		40,795,525	43	40,359,755	45
1XXX 資產總計		$ 95,118,517	100	$ 89,382,712	100

> 2016年度，統一超資產約951億元，其中現金及約當現金有320億元，占資產比重達34%

註：1. 資產負債表當中各項目顯示「金額」及「%（百分比）」，「%」皆為該項目金額占「總資產」金額比重；
　　2. 單位為千元
資料來源：公開資訊觀測站

Asset，即「固定資產」）」，資產負債表中會顯示各個項目的金額以及占總資產的比重（詳見圖1）。

　　1. 流動資產： 指的是短期內（通常為1年內）可以變現的資產，包括現金及約當現金、短期投資有價證券、存貨、應收帳款等。其中「存貨」指的是

尚未賣出去的產品,或是製造產品過程中所持有的原料、半成品等,因此變現能力較差。流動資產可換算為可變現的金額,是評估企業償債能力的重要項目(詳見 3-4)。

公司帳上現金到底需要多少才足夠呢?那倒沒有一定的答案,以我「穩中求勝」的個性,當然是希望公司錢愈多愈好,因為我還滿重視安全性的。現金多的公司,一方面代表公司獲利穩健、競爭力強,不需要太多資本支出就能夠創造現金,對於未來發放股息、發展新事業或者是購併同業都是正面的因素。

相反的,若公司手上現金太少,遇到需要擴張事業時,就必須借貸,借貸又會產生利息負擔,要是一時周轉不過來,就容易造成財務危機。一般而言,我會希望公司帳上至少要有 1 個資本額(股本)的現金,如一零四(3130)、統一超(2912)、德麥(1264)、中保(9917)都有符合條件(詳見表 1)。

2.固定資產:指的則是具有長期(通常為 1 年以上)使用的資產,包括土地、廠房、機器設備、在建工程等。公司利用固定資產創造利潤,但機器設備有其使用年限,若一次將購入機器設備的費用列入成本,不足以顯示某一特定時間的損益,因此在使用年限內,將機器設備的花費攤提到各年度或各季,即為「折舊」。

表1 雙贏股現金最好大於1個股本
——8檔個股現金及約當現金占股本比率

個股（股號）	現金及約當現金 （億元）	股本 （億元）	現金及約當現金 ／股本（%）
一零四（3130）	19.89	3.32	**5.99**
統一超（2912）	320.04	103.96	**3.08**
德　麥（1264）	7.67	3.37	**2.28**
中　保（9917）	48.41	45.12	**1.07**
華　航（2610）	242.67	547.09	0.44
潤泰全（2915）	25.63	94.14	0.27
慧洋-KY（2637）	10.51	58.47	0.18
華　紙（1905）	4.96	110.28	0.04

現金及約當現金／股本＞1

註：本表資料來自各公司 2016 年度資產負債表
資料來源：公開資訊觀測站

　　將購入固定資產的價格減去累積折舊，就是目前公司的「淨固定資產」。舉例來說，電信公司在布建 4G 基地台之後，將提列巨大的折舊費用，影響獲利數字。要注意的是，布建基地的現金也許是一次流出（現金流量表現金減少）以取得固定資產（資產負債表的資產增加），但是綜合損益表上的費用並不是一次提列，而是分年、分季慢慢提列費用；所以不要看到某公司斥資取得機器設備，就以為會造成當季的獲利減少，事實上費用是慢慢攤提折舊的。

負債》淨營運資金若為負數，可能有破產風險

「負債」分為 2 個主要項目：「流動負債（Liquid Liabilities）」與「長期負債（Long-Term Liabilities）」。

1. 流動負債：指短期借款、應付帳款及票據等 1 年內到期之負債。其中，「應付帳款」指的是公司為取得商品或原料供製造成品再出售，或取得勞務而產生的短期應付款。例如麵包生產商在 2017 年 7 月時，向上游麵粉工廠進貨麵粉，用來製造麵包和麵條，但是雙方約定 3 個月後再支付款項；因此 2017 年 9 月底麵包生產商在結算時，資產負債表「流動負債」當中的「應付帳款及票據」項目，就要計入這筆之後要支付給麵粉工廠的應付款。

另外，公司在尚未提供商品或勞務給客戶之前，預收的訂金或租金都列入短期負債，這部分，公司一般會開出短期票據給上游廠商。基本上，我所投資的公司，平時營業現金流入都相當穩定，不致影響短期負債的清償，因此短期的流動負債並未列入我考量公司正常營運的項目。

流動資產減去流動負債就是公司的淨營運資金，表示公司目前可運用的閒置資金；當淨營運資金不足以應付公司正常營運活動，就需要靠舉債或借貸來因應，若公司淨營運資金為負者，甚至會有破產的風險（詳見圖 2）。

圖2 **淨營運資金為公司可運用的閒置資金**
——淨營運資金計算公式

淨營運資金 = 流動資產 － 流動負債

公司淨營運資金不宜為負

2. 長期負債：指的是公司 1 年以上的債務，包括公司發行的債券、向銀行舉借的長期貸款等。

長期負債偏高的公司，可能因為面臨到的競爭環境非常激烈，所以需要藉由不斷融資，以升級廠房設備，或者是研發新技術。然而，一旦遇到景氣反轉、通膨升高，或者產品被對手超越的時候，不但長期借款的利息支出會成為沉重的負擔，甚至有可能發生還不出本金而跳票的風險，所以我比較注重的是這個項目。

以 2016 年度的年報為例，我現有的持股中華食（4205）、大統益（1232）、可寧衛（8422）都沒有長期負債，統一超、德麥有少許長期負債，但是占總負債金額極低，分別是 1.4% 和 3.27%，其他大部分都是短期負債

（詳見表 2）。

再來看看幾檔景氣循環股，長期負債占總負債金額都有 46% 以上，潤泰全（2915）與慧洋-KY（2637）更是高達 70% 以上。

股東權益》穩健增加，且來源是保留盈餘為佳

「股東權益」代表股東真正擁有的權益，是由「股本」、「資本公積」與「保留盈餘」等項目所構成：

1. 股本：即公司的資本額，公司發行的股票分為普通股和特別股，一般在股市當中買賣的股票就屬於普通股，有時候公司為了募集資本的特殊需求會發行特別股，並給予優於普通股股東的特殊權利。

例如統一超就只有發行普通股，股本是 103 億 9,622 萬 3,000 元，除以面額 10 元，可以知道在外流通的普通股股數是 10 億 3,962 萬 2,300 股，換算成張數（股數／ 1,000 股）就是 103 萬 9,622.3 張股票。如果公司好幾年來一直有配發股票股利或是現金增資，會看到普通股股本一直變大。但因為統一超從沒辦理過現金增資，2009 年後也沒有再配發股票股利，所以 2009 年～ 2016 年的股本都沒有變動。

圖3 2016年統一超長期借款占資產比重僅1%
——以統一超（2912）2016年度合併資產負債表為例

資　　產	附註	105 年 12 月 31 日 金額	%	104 年 12 月 31 日 金額	%
流動負債					
2100　短期借款	六(十三)及八	1,660,825	2	2,454,299	3
2110　應付短期票券		274,000	-	395,000	-
2150　應付票據	七(二)	2,207,113	2	1,146,992	1
2170　應付帳款		17,582,498	19	16,933,015	19
2180　應付帳款－關係人	七(二)	2,344,741	2	2,276,068	3
2200　其他應付款	六(十四)	22,942,333	24	21,528,252	24
2230　本期所得稅負債	六(二十八)	1,151,241	1	1,190,288	1
2300　其他流動負債	六(十五)	4,431,973	5	3,761,906	4
21XX　　流動負債合計		52,594,724	55	49,685,820	55
非流動負債					
2540　長期借款	六(十六)及八	869,479	1	664,911	1
2570　遞延所得稅負債	六(二十八)	10,219		38,195	
2640　淨確定福利負債－非流動	六(十八)				
2670　其他非流動負債－其他	六(十七)				
25XX　　非流動負債合計					
2XXX　　負債總計					

> 統一超2016年負債金額達618億元，長期借款僅8億6,900萬元。而長期借款占資產比重僅1%

註：1. 資產負債表當中各項目顯示「金額」及「%（百分比）」，「%」皆為該項目金額占「總資產」金額比重；
　　2. 單位為千元

資料來源：公開資訊觀測站、XQ 全球贏家

2. 資本公積：指來自業務經營以外所獲得的盈餘。依《公司法》規定，資本公積包括 5 項：❶股本溢價、❷資產重估增值、❸處分固定資產利益、❹合併利益、❺受贈資本，基本上遇到上述的會計行為時，就必須把它納入資本公積中。

其中最常見的是現金增資所得的溢價，比如說山林水公司（8473）於

表2　長期負債極少的公司，較適合長期投資

——2016年負債項目及構成比重

負債項目	長期負債占總負債比重較低之個股（股號）						
	大統益 （1232）	德 麥 （1264）	統一超 （2912）	中華食 （4205）	全 家 （5903）	寶 雅 （5904）	可寧衛 （8422）
流動負債（億元）	16.38	4.57	525.95	2.26	188.13	27.46	5.10
長期負債（億元）	0.00	0.17	8.69	0.00	0.00	5.56	0.00
其他負債準備（億元）	0.65	0.47	83.93	0.62	24.26	0.17	1.69
總負債（億元）	17.03	5.21	618.58	2.88	212.38	33.19	6.78
流動負債占比（%）	96.18	87.72	85.03	78.47	88.58	82.74	75.22
長期負債占比（%）	**0.00**	**3.27**	**1.40**	**0.00**	**0.00**	**20.25**	**0.00**
負債項目	長期負債占總負債比重較高之個股（股號）						
	亞 泥 （1102）	中 鋼 （2002）	建 大 （2106）	友 達 （2409）	華 航 （2610）	慧洋-KY （2637）	潤泰全 （2915）
流動負債（億元）	408.58	1,231.50	81.83	1,172.66	686.06	112.94	47.09
長期負債（億元）	469.37	2,019.93	102.75	1,061.88	801.46	454.87	190.40
其他負債準備（億元）	100.13	213.99	18.79	66.80	178.82	0.05	12.19
總負債（億元）	978.08	3,465.42	203.37	2,301.34	1,666.34	567.87	249.68
流動負債占比（%）	41.77	35.54	40.24	50.96	41.17	19.89	18.86
長期負債占比（%）	**47.99**	**58.29**	**50.52**	**46.14**	**48.10**	**80.10**	**76.26**

註：1. 本表為 2016 年度合併財報資料；2. 流動負債占比＝流動負債／總負債 ×100%；3. 長期負債占比＝長期
負債／總負債 ×100%
資料來源：公開資訊觀測站、XQ 全球贏家

2015 年 11 月 1 日辦理現金增資，共發行 600 萬股（6,000 張股票），發行價格為每股 52 元，股票面額以每股 10 元計，因此 52 元當中的 10 元計入股本（2016 年的普通股股本就比 2015 年多了 6,000 萬元），另外的 42 元則列入資本公積。

3. 保留盈餘： 又分為「盈餘公積」及「未分配盈餘」，也就是公司從業務經營活動所賺到的獲利。依《公司法》規定，在會計年度結束後，公司如果有盈餘，經過彌補虧損、扣除所得稅額後，須先提撥 10% 作為法定盈餘公積（若有其他資金的準備需求，亦可提列「特別盈餘公積」），接下來才可以就剩餘部分發派股利；公司當年度發派股利之後若有剩餘，就會計入「未分配盈餘」，除了可支應往後年度的股利，成長型的公司也可以用於未來的資本支出。

公司也可以提撥盈餘公積或資本公積發放股利，但法定盈餘公積必須超過資本額 25% 以上，才可以將法定盈餘公積用於發放現金股利，資本公積則不受限制。在公司沒有好的重大投資前提下，且創造現金的能力強大、帳上的現金充沛，用公積發放部分現金給股東的確是個不錯的選擇。

因為我比較偏好穩健成長型的公司，公司賺的錢一年比一年多，因此股東權益最好能一年比一年多，且增加來源主要是來自保留盈餘。舉例來說，圖

4 可以看到統一超 2016 年的股東權益就比 2015 年更高，且增加原因是保留盈餘。

成長型公司為保留資金供發展，多會搭配股票股利

配發股票股利又稱為無償配股，也就是所謂的「盈餘轉增資」，在資產負債表上，僅僅是「保留盈餘」科目的一部分轉移到普通股股本而已，所以配發股票股利後，保留盈餘會減少，減少的部分就會跑到普通股股本，使股本變大。

也就是說，配股之後，股東手中持有的股數雖然變多了，但是每股的價值也會因此下降（因此除權後股價會降低），光是配股並不會影響公司股東原有的整體權益。所以單就配股一事，就說會讓股東財富增加是不正確的，除非公司的獲利繼續成長，讓每股的價值增加、吸引更多人買進，讓股價漲回除權前的價位，股東持有的股票市值才會增加。

然而，如果存股族把手中好股票配發的股票股利視為現金，每次獲得配股就賣出，手中永遠只持有 1 張股票，這麼做也不正確。以德麥（1264）為例，2017 年分別配發每股 10 元現金股利和 1 元股票股利，也就是每張股票配新台幣 1 萬元現金和 100 股零股。其中的 1 萬元現金，才是公司真正從稅後淨利當中配發給股東的紅利。

圖4 統一超2016年未分配盈餘高於2015年

——以統一超（2912）2016年度合併資產負債表為例

資　產	附註	105 年 12 月 31 日 金額	%	104 年 12 月 31 日 金額	%
歸屬於母公司業主之權益					
股本	六（十九）				
3110　普通股股本		10,396,223	11	10,396,223	12
資本公積	六（二十）				
3200　資本公積		1,158	-	7,733	-
保留盈餘	六（二十一）				
3310　法定盈餘公積		8,208,064	9	7,384,165	8
3350　未分配盈餘		9,839,244	10	8,733,029	10
其他權益	六（二十二）				
3400　其他權益		171,589	-	592,536	-
31XX　歸屬於母公司業主之權益合計		28,616,278	30	27,113,686	30
36XX　非控制權益		4,644,652	5	3,977,816	5
3XXX　權益總計		33,260,930	35	31,091,502	35
3X2X　負債及權益總計		95,118,517	100	89,382,712	100

統一超2016年的股東權益比2015年更高，由於股本並未增加，可以看出主要增加來源是保留盈餘的增加

註：1. 資產負債表當中各項目顯示「金額」及「%（百分比）」，「%」皆為該項目金額占「總資產」金額比重；
　　2. 單位為千元
資料來源：公開資訊觀測站、XQ全球贏家

至於領到的 100 股零股，本來就是屬於你自己的股份，配股前後，你的持股占公司總股數的比重完全相同。若你將配發的 100 股賣出，那你對公司的持股比重將會減少。假設德麥往後每年都配股，然後你都將配股賣出，你只會永遠維持 1 張德麥，但持股比重將一再被稀釋。再假設，未來德麥的股本膨脹為 10 倍，其他不賣的人，手中股票從 1 張變成 10 張，但你卻只剩 1 張，其實就是相當於你賣掉了 9 張德麥，你的持股比率也將縮水為 1/10。

表3 鴻海稅後淨利增長但股本擴大，EPS沒有顯著增加
——鴻海（2317）歷年加權平均股本、稅後淨利與EPS

年度	加權平均股本（億元）	稅後淨利（億元）	EPS（元）
2001	176.88	130.80	7.40
2002	206.46	168.86	8.18
2003	251.88	251.51	9.99
2004	323.06	297.57	9.21
2005	399.38	407.85	8.42
2006	516.60	598.63	11.59
2007	629.00	776.90	12.35
2008	741.38	551.33	7.44
2009	856.30	756.85	8.84
2010	963.73	771.55	8.01
2011	1,066.12	815.91	7.65
2012	1,179.85	947.62	8.03
2013	1,307.47	1,066.97	8.16
2014	1,474.90	1,305.35	8.85
2015	1,558.62	1,468.67	9.42
2016	1,729.57	1,486.63	8.60

資料來源：公開資訊觀測站、XQ 全球贏家

　　為什麼公司會發放股票股利呢？有 2 種主要的情況：一種是處於成長期的公司，通常不會有太多的閒置資金以支付現金股利，因為資金必須留在公司，以利於擴廠增產。所以成長型公司比較不會發放高現金股利，而是採取部分現金、部分股票的方式來分派。隨著公司發展有成、獲利提高，自然就會提升股票的價值。

　　如鴻海（2317）自 1991 年上市以來，每年都配發股票股利，公司的股本也逐漸擴大；從表 3 可以看到鴻海的稅後淨利長期增長，但因為股本擴大，所以每股稅後盈餘（EPS）並沒有顯著增加。到了 2017 年，要將 2016 年度獲利配發股利時，鴻海首度宣布不發放股票股利，如果這就是鴻海未來的政策，代表股本不會繼續增加，未來鴻海若能持續增加獲利，那麼 EPS 就會愈來愈高；當然，若獲利持平，EPS 自然也不會有太大的改變。

　　另一種發放股票股利的狀況比較不好，如果公司是因為財務狀況不佳、現金不足，才以股票股利替代現金股利，就有可能是公司發生財務危機的前兆了。所以投資人必須謹慎評估公司配股的動機，才能做出較佳的投資決策。

綜合損益表》解析獲利結構掌握營運績效

3-2

公司每個月都會公布前一個月的營業收入（以下簡稱營收），但是兩家營收金額相近的公司，獲利水準卻不一定相同，可能 A、B 公司的第 1 季營收都是 5,000 萬元，但是 A 公司最終的獲利是 1,000 萬元，B 公司卻只有 300 萬元，原因就出在兩家公司的獲利結構大不相同。

要看懂公司的獲利結構，就一定要學會看「綜合損益表」，這張報表是用來說明公司在某一特定期間之經營成果，裡面清楚呈現了公司的營收、營業毛利、營業利益、稅後淨利、每股稅後盈餘（EPS）等數據。以下我們就來認識綜合損益表當中的重要名詞：

營業毛利》比較同產業公司，可觀察產品或服務競爭力

「營業毛利」其實很簡單，只要將公司的「營收」減掉「營業成本」，就

圖1 營業毛利如為負數，代表公司入不敷出
——營業毛利計算公式

營業毛利 = **營業收入** − **營業成本**

可以得到「營業毛利」（詳見圖1），而營業毛利占營收的比重則稱為「毛利率」。舉例來說，在統一超（2912）2016年度合併綜合損益表當中，營收約2,153億元，減去營業成本約1,447億元，就能得到營業毛利約706億元（詳見圖2）。

營業成本主要是貨品達到可供出售狀態前的一切生產費用，也就是屬於生產線上的，不包括後端的管理、研發或行銷費用。不同的產業別有不同的成本計算方式，說明如下：

零售業：期初存貨加進貨成本減掉期末存貨得到的成本，對零售業來說又稱為銷貨成本。

製造業：原料成本加上製造成本。

服務業：服務成本。

圖2 **統一超2016年營業利益約104億元**
—— 以統一超（2912）2016年度合併綜合損益表為例

附錄
Appendix

合併財務報告
暨會計師查核報告

統一超商股份有限公司及子公司
合併綜合損益表

項目	附註	105　年　度		104　年　度	
		金額	%	金額	%
4000 營業收入	六（二十三）及七（二）	$ 215,359,089	100	$ 205,481,317	100
5000 營業成本	六（二十六）及七（二）	（ 144,752,447）	（ 67）	（ 139,200,450）	（ 68
5900　營業毛利		70,606,642	33	66,280,867	32
營業費用	六（二十六）（二十七）				
6100　推銷費用		（ 51,620,116）	（ 24）	（ 48,532,757）	（ 23
6200　管理費用		（ 8,581,906）	（ 4）	（ 8,138,297）	（ 4
6000　營業費用合計		（ 60,202,022）	（ 28）	（ 56,671,054）	（ 27
6900 營業利益		10,404,620	5	9,609,813	5

註：1. 各項目顯示「金額」及「%（百分比）」，「%」皆為該項目金額占「營業收入」金額比重；2. 資料期間為 2015.01.01 ～ 2016.12.31；3. 單位為千元
資料來源：公開資訊觀測站

　　1. 以零售業為例：新開幕的某便利超商，第 1 季（期初）進貨一批文具，淨額為 5,000 元，期末存貨為 1,000 元；第 2 季再進一批文具，淨額為 6,000 元，期末存貨為 800 元。第 1、2 季的銷貨成本計算方式為：

第 1 季銷貨成本
＝期初存貨 0 元＋進貨成本 5,000 元－期末存貨 1,000 元

＝ 4,000 元

第 2 季銷貨成本
＝期初存貨 1,000 元＋進貨成本 6,000 元－期末存貨 800 元
＝ 6,200 元

2. **以製造業為例：**某豆腐製造商，從買進原料到製造出豆腐，營業成本包含以下項目：

❶原料費用：主要材料的進貨價格（黃豆）。

❷人工費用：製造豆腐線上作業員工的薪資。

❸製造費用：工廠的租金、設備、水電費、機械耗材與機械維修費用等。

3. **以服務業為例：**有些服務業的營收主要不是販賣商品，而是提供服務；例如物流公司運送貨物，或保全公司派出駐衛警到社區執行駐守防衛任務等。因此像是運送貨物之司機薪資、油資、住宿餐飲費與文件製作費等，都算是營業成本。

公司毛利率高低，代表著其產品或服務的競爭力，當然也跟產業特性、公司的生產技術有關；像是電子代工業的毛利率就比較低，多僅有個位數（如鴻海（2317）、仁寶（2324）、緯創（3231）等）。因此在比較毛利的

時候，必須以同產業比較，才能看出公司之間的差異。

營業利益》判斷公司本業是否獲利的重要指標

再來是「營業利益」，也就是將「營業毛利」減去「營業費用」，營業利益占營收的比重稱為「營業利益率」（以下簡稱營益率）。因為營業利益將公司的經營成本也考慮進來，所以通常被視為代表公司本業的獲利。例如統一超 2016 年度合併綜合損益表當中，營業毛利約 706 億元，減去營業費用約 602 億元，就能得到營業利益約 104 億元（詳見圖 2）。而營業費用則是跟生產產品無關的各種費用，包括推銷、管理、研發費用（詳見圖 3）。

像是產品比較單純的公司（如豆腐公司、沙拉油公司），不太需要再花錢研發更先進的技術，營業費用當中就不會有研發費用，或是研發費用相當低，主要集中在推銷和管理費用；而像是超商、百貨業，常常需要花錢做行銷推廣活動，因此營業費用當中的推銷費用金額就會比較高。

公司營收成長，固然是好現象，也要注意其毛利和營業利益是否同步成長，有時候公司犧牲毛利低價搶單也是有可能的；反之，當公司營收衰退，也不見得是壞事，因為有可能是調整公司產品組合，如增加高毛利的產品比重，減少低毛利的產品比重，或者乾脆停止虧損的業務，此時雖然營收減少，公

圖3 計算營業利益時，須考量公司經營成本
—— 營業利益計算公式

營業利益 ＝ **營業毛利** － **營業費用**

◎推銷費用：貨品出售後端所發生費用，如業務員薪資、銷售佣金、廣告費等
◎管理費用：在辦公室所產生的費用，如會計人員薪資、保險費、電話費、壞帳損失、設備折舊等
◎研發費用：研發部門人員薪資、相關設備耗材等

司的獲利反而更多。

　德麥（1264）在 2016 年度營收雖較 2015 年度下滑 2.45%，但毛利增加了 3%，本業的營業利益更大幅成長了 12.62%。原因是中國幅員遼闊，德麥在中國的據點太多，有些偏遠地區根本是做辛酸的，雖有營收入帳，但卻沒有真正獲利。所以德麥把賠錢的據點收起來，使得營收雖降，毛利卻增加；再加上德麥產品組合優化（提升高毛利的產品比重），加上營業成本控制得當，所以營業利益反而提高（詳見表 1）。

　由於財報公布時間至少要等季度結束後 45 天（第 1 季到第 3 季的季報要

表1 德麥2016年度營收減少，但毛利與營業利益成長

年度	季度	營收（元）	營收年增率（%）
2015	Q1	9億3,793萬1,000	－
	Q2	9億1,413萬	－
	Q3	9億8,307萬9,000	－
	Q4	10億5,376萬5,000	－
	全年	38億8,890萬5,000	－
2016	Q1	9億4,194萬6,000	0.43
	Q2	9億731萬6,000	-0.75
	Q3	9億2,770萬1,000	-5.63
	Q4	10億1,659萬8,000	-3.53
	全年	37億9,356萬1,000	-2.45
2017	Q1	8億7,358萬2,000	-7.26
	Q2	8億7,265萬5,000	-0.38

資料來源：公開資訊觀測站

等45天，全年度財報要等年度結束後3個月），那要如何從營收判斷公司的真實獲利呢？老實說，很難百分百了解。

不過我們可以嘗試從其他管道獲取資訊，例如有些公司會參加法人說明會（以下簡稱法說會），投資人就可以從公開資訊觀測站下載法說會簡報資料一探究竟（公開資訊觀測站首頁（mops.twse.com.tw/mops/web/index）

──德麥（1264）營業收入、營業毛利與營業利益

毛利（元）	毛利年增率（%）	營業利益（元）	營業利益年增率（%）
3億4,389萬5,000	—	1億4,364萬4,000	—
3億2,993萬1,000	—	1億2,533萬9,000	—
3億3,971萬1,000	—	1億2,499萬8,000	—
3億7,819萬3,000	—	1億5,575萬5,000	—
13億9,173萬	—	5億4,973萬6,000	—
3億5,401萬6,000	2.94	1億5,925萬7,000	10.87
3億3,419萬4,000	1.29	1億4,540萬4,000	16.01
3億4,867萬8,000	2.64	1億6,172萬3,000	29.38
3億9,655萬1,000	4.85	1億8,272萬5,000	17.32
14億3,343萬9,000	3.00	6億1,910萬9,000	12.62
3億3,405萬1,000	-5.64	1億6,973萬6,000	6.58
3億2,950萬6,000	-1.40	1億4,915萬6,000	2.58

→「常用報表」→「法人說明會一覽表」，輸入相關條件後，即可查詢公司是否會參加法說會）。

另外，公司也會接受媒體採訪，我們可以用關鍵字搜尋公司的新聞，以獲知最新動態。例如在2016年初，我就查到德麥的以下資訊：德麥在中國的轉投資公司為「德麥無錫芝蘭雅」，原本芝蘭雅的主導權並不在德麥，而是

由新麥（1580）的總經理呂國宏兼任，直到 2016 年開始，德麥總經理吳文欽才正式接掌芝蘭雅，並提出「調結構、穩增長、高利潤」經營策略，打掉賠錢據點，不以衝營收為目標，而是要能創造真正的獲利。知道公司的經營策略後，接下來還是要等財報公布，檢視公司的目標有沒有達成。

跟德麥相反的例子是大榮（2608），2015 年～ 2016 年上半年，營收、毛利、營業利益全都呈現年成長，我也持續買進此檔股票。但是 2016 年第 3、4 季營收成長幅度減弱，毛利與營業利益更出現衰退；2017 年第 1 季，毛利與營業利益衰退幅度明顯擴大，我因此決定出清（詳見 5-2）。

稅前淨利、稅後淨利》公司賺取的最終利潤

公司在本業經營之外，很可能會有轉投資的事業或是金融投資，這類不屬於本業經營的收入與支出就稱為「業外損益」，也就是綜合損益表當中的「營業外收入及支出」項目。

將營業利益加上「營業外收入及支出」，所得到的金額就是「稅前淨利」。也就是說，如果業外有賺錢，稅前淨利就會比營業利益高；若業外賠錢，稅前淨利就會比營業利益更低。當然，如果一家公司沒有什麼業外的投資，營業利益就會與稅前淨利相當。最後，稅前淨利扣掉公司所得稅（或加上所得

圖4 **稅前淨利扣除營業所得稅後，才是公司真正獲利**
——稅前淨利、稅後淨利與每股稅後盈餘計算公式

稅前淨利 ＝ 營業淨利 ＋ 業外損益

稅後淨利 ＝ 稅前淨利 － 所得稅

每股稅後盈餘 ＝ 稅後淨利 ／ 普通股流通股數

稅利益），即為「稅後淨利」，也是這家公司的最終利潤（詳見圖4）。

依規定，在實施兩稅合一制度下，政府會對公司的未分配盈餘加徵 10% 的營利事業所得稅，而每年第 2 季就必須認列此一費用。所以一般來講，公司在每年第 2 季的所得稅，通常都比其他季度要高出許多。除非像某些淡旺季明顯的電子股，因為第 3 季的獲利較高，則會在當季出現較高的所得稅（詳見註 1）

註 1：
有關未分配盈餘的計算方式，詳見財政部稅務網站或相關法規：《所得稅法》第 66 條之 9、「所得稅法施行細則」第 48 條之 10。

　　稅後淨利代表著公司經營的最終成效，也是公司分派股利的基礎，因此我很看重稅後淨利的「一致性」和「持續穩定成長」；獲利大起大落、時好時壞的公司，應該盡量避免長期持有，會有損長期複利效果。

　　正常來說，公司的本業獲利才是最重要的，因為那才是公司的核心競爭力所在，如果發展轉投資事業，能為公司帶來更好的經營綜效，就值得肯定；然而，若是轉投資不熟悉的事業而失敗，那麼本業賺得再多，也會被業外損失拖累。像是燦坤（2430）本業是 3C 通路商，卻四處投資餐飲業，經營績效就比不上專心經營本業的同業全國電（6281，詳見 4-6）。

一次性獲利非經常性收入，不宜用本益比估算股價

　　另外要注意的是，有時公司因為一次性收入造成單季獲利暴增，若非經常性的來自公司本業營運收入，要如何評估對股價的影響才合理呢？我們以統一超在 2014 年處分日本無印良品與 2017 年處分上海星巴克事件為例：

　　統一超在 2014 年第 1 季處分日本無印良品 51% 股權，獲利約 10 億 5,000 萬元，加計其他業外獲利總計約 13 億 7,500 萬元，列在綜合損益表中「營業外收入及支出」項目一欄（詳見表 2）。但就無印良品業外獲利挹注部分，以統一超股本 103 億 9,600 萬元計算，處分利益為每股稅後盈餘

表2 統一超2014年Q1有大筆業外收入
——統一超（2912）2014年單季損益表重要會計項目

會計項目	2014.Q1	2014.Q2	2014.Q3	2014.Q4
營業收入合計（千元）	49,787,544	51,652,948	54,609,078	51,939,451
營業成本合計（千元）	34,054,819	34,861,759	36,890,516	35,243,759
營業毛利（千元）	15,732,725	16,791,189	17,718,562	16,695,692
營業費用（千元）	13,391,946	13,977,911	14,646,388	14,324,643
營業利益（千元）	2,340,779	2,813,278	3,072,174	2,371,049
營業外收入及支出（千元）	**1,375,764**	321,992	365,425	-50,685
稅前淨利（千元）	3,716,543	3,135,270	3,437,599	2,320,364
所得稅費用（利益）（千元）	508,396	644,293	640,357	573,975
稅後淨利（千元）	2,969,808	2,195,076	2,481,301	1,439,830
每股稅後盈餘（EPS）（元）	2.86	2.11	2.39	1.39

資料來源：公開資訊觀測站、XQ全球贏家

約1.01元。假設統一超本益比25倍，不能用「1.01元×25倍」去計算股價應該要上漲25元（如果是本業的成長帶動EPS增加1.01元，股價是可以上漲25元的），既然是一次性業外獲利貢獻EPS 1.01元，那股價就只能增加1元，以反映公司每股淨值增加1元。

相同的道理，統一超在2017年宣布出售上海星巴克30%股權於美國星

巴克,獲利 200 億 6,500 萬元,相當於 EPS 貢獻 19.3 元,對統一超的影響就是公司淨值每股增加了 19.3 元,此乃一次性獲利,因此單就這筆獲利貢獻而言,股價也只能增加 19.3 元。但若反映未來上海星巴克減少獲利貢獻,EPS 每年若減少 1 元,用本益比 25 倍來算,股價將會減少 25 元,要是本益比被市場下修,股價恐怕減少更多。

結論就是,一次性的損益若不影響公司的營運,股價就能反映公司淨值的增減,不能用本益比去評價。

依母公司對子公司營運控制權,轉投資認列方式可分3種

大部分的上市櫃公司都會有很多業外投資或者轉投資,財報上的被投資公司(子公司)如何認列到母公司的帳上呢?以長期股權投資為目的之轉投資,有分 3 種認列方式,說明如下:

1. 權益法:母公司對子公司營運有控制權,必須將子公司損益一同編進合併綜合損益表。

2. 成本衡量:母公司對子公司營運沒有控制權或重大影響力,母公司必須認列子公司損益。

表3 統一超轉投資事業以權益法認列為最多

——統一超（2912）2016年度轉投資事業

會計原則	轉投資事業	持股比率（%）	持股張數（張）	帳面價值（千元）
權益法	英屬維京群島統一超商維京控股	100.00	140,384	5,061,474
	統一生活事業（康是美藥妝店）	100.00	40,000	1,127,712
	統一蘭陽藝文	100.00	20,000	235,904
	愛金卡	100.00	50,000	351,094
	大智通文化行銷	100.00	10,847	407,600
	統一超食代	90.00	48,520	430,202
	安源資訊	86.76	24,383	358,160
	統一資訊	86.00	25,714	554,693
	統一精工	80.87	55,859	706,263
	統一藥品	73.74	22,122	714,187
	統一速達	70.00	103,496	1,544,816
	統一百華	70.00	28,000	519,409
	統昶行銷	60.00	23,605	664,353
	樂清服務	51.00	10,200	206,166
	博客來數位科技	50.03	10,000	438,782
	統一星巴克	30.00	10,691	513,731
	捷盟行銷	25.00	6,430	178,760
	統一開發	20.00	72,000	824,424
	家福	19.50	130,801	5,224,536
	統正開發	19.00	263,388	1,940,247
	統一國際開發	3.33	44,100	468,625
	統一多拿滋等	0.00	N/A	560,943
成本衡量	高雄捷運	N/A	N/A	25,721
備供出售	統一綜合證券	2.75	36,716	491,075
	日本Duskin樂清服務株式會社	0.54	300	197,615
	統一證券投資信託	N/A	N/A	64,577

資料來源：公開資訊觀測站

　　3. 備供出售：母公司對子公司營運沒有控制權或重大影響力，子公司的損益不必認列進母公司的綜合損益表。但是母公司賣出子公司時，則須按照賣出價格與當初投資成本計算其損益，並認列在母公司損益表當中的業外損益。

　　統一超絕大多數子公司採「權益法」認列在財報裡面，所以像統一速達、統一星巴克、博客來、愛金卡等子公司的損益都算在母公司裡。這些子公司的經營績效，無論是賺錢或虧錢都要直接算在統一超的帳上，所以長期追蹤子公司的損益狀況也是必須的。常聽到「母以子貴」，有時候子公司的成長幅度驚人，但股票並未公開發行，此時手握金雞母的母公司反而成為投資人可以選擇的標的，像統一超持有的家福、星巴克、統一速達等子公司，均是成長幅度相當不錯的轉投資事業。至於高雄捷運則列在統一超「成本衡量」的科目，因為統一超並未參與高雄捷運的經營，但是高雄捷運的損益必須列在統一超的綜合損益表中。

　　列入統一超「備供出售」的項目有日本樂清和統一綜合證券，這 2 家公司本身的損益不列入母公司財報中，只有當統一超要將日本樂清和統一綜合證券的股票賣出時，扣除當初買進時的成本價格，才需要將損益列入統一超財報中（詳見表 3）。簡單來說，備供出售的股票就是「做價差」的意思，不管公司的經營績效，只要賣掉的價格比當初買進時的價格高，公司就賺錢了，很多上市櫃公司持有不少股票、基金或債券，都會列在備供出售的項目。

3-3 現金流量表》觀察現金流向 衡量虧損倒閉風險

綜合損益表當中的紀錄，不等同於實際現金的流出或流入，因此在某個季度的綜合損益表呈現稅後虧損，但是仍持有許多現金或有現金流入公司，足以支應公司的營運，那麼還不至於倒閉、破產；然而綜合損益表顯示獲利很高的公司，若手上沒有現金，一旦發生跳票，無法償債而使公司難以正常營運，這家公司就很有可能破產。因此，衡量公司的現金狀態也是很重要的，在財務報表當中，「現金流量表」就是用來說明公司在某一特定期間內的現金流入與流出情形。

現金流量表當中共分為 3 大項目：

1. **營業活動現金流量**：公司透過營業活動所造成的現金流入或流出。

2. **投資活動現金流量**：公司的投資活動（例如購買廠房、設備等資本支出

或是金融投資）所造成的現金流入或流出。

3. 融資活動現金流量：公司借貸、償債以及發放股利等活動所造成的現金流入或流出。

其中，營業活動現金流量是以本期的稅前淨利為基礎，加入各調整項目後，所呈現的公司現金流動狀況，營業活動現金流量最好能與稅前淨利金額相當，代表公司賺的錢真的有現金入帳。

在調整項目當中，可以發現「折舊費用」是屬於現金流入。例如公司購買機器，往後每會計年度都要將機器的折舊費用計入綜合損益表當中的「營業費用」；實際上，公司只有在第 1 年買進時繳付金額，往後各會計年度都沒有現金流出，因此在現金流量表上，就可以將各期綜合損益表認列的折舊費用加回來。

營業活動現金流量與稅前淨利相當為佳

1. 營業活動現金流量＝稅前淨利──以中華食（4205）為例

以中華食（4205）近兩年的現金流量表做說明，中華食在 2016 年度的稅前淨利約為 2 億 7,300 萬元，加上折舊費用約 1,700 萬元和其他調整項

圖1 中華食稅前淨利與營業現金流入金額相當
——中華食（4205）2016年度現金流量表

民國105年度[ ]12月31日

單位：新台幣仟元

	附註	105 年 度	104 年 度
營業活動之現金流量			
本期稅前淨利		$ 273,794	$ 221,968
調整項目			
收益費損項目			
透過損益按公允價值衡量之金融資產淨利益	六(二)	(890)	(679)
呆帳費用	六(三)	100	-
折舊費用	六(六)(十三)	17,845	17,603
應付票據		7,057	2,765
應付帳款		(2,633)	
其[ ]		6,346	[ ],356
[ ]動負[ ]		[ ]	341
營運產生之現金流入		325,993	215,051
收取之利息		735	864
支付之利息		(1,474)	(1,398)
支付之所得稅		(43,868)	(26,775)
營業活動之淨現金流入		281,386	187,742

註：單位為千元　　資料來源：公開資訊觀測站

目後，得到淨營運現金流量約為2億8,100萬元，約與稅前淨利金額相當（詳見圖1）。

另外，中華食來自投資活動約有1,400萬元現金流出，籌資活動（包含發放現金股利1億4,500萬元）共流出約1億4,200萬元，總計2016年度

圖2　中華食2016年度現金資產約6億3,800萬元

——中華食（4205）2016年度流動資產

	資　　產	附註	105 年 12 月 31 日 金　額	%	104 年 12 月 31 日 金　額	%
	流動資產					
1100	現金	六(一)	$　638,762	40	$　514,348	34
1110	透過損益按公允價值衡量之金	六(二)				
	融資產－流動		81,795	5	106,795	7
1150	應收票據淨額		34,814	2	32,712	2

中華食品實業股份有限公司
民國一○五年○○月31日
單位：新台幣仟元

註：1. 各項目顯示「金額」及「%（百分比）」，「%」皆為該項目金額占「總資產」金額比重；2. 單位為千元

資料來源：公開資訊觀測站

總現金淨流入約 1 億 2,400 萬元。將 2016 年度總現金淨流入 1 億 2,400 萬元，加上期初（2015 年底）公司帳上的現金 5 億 1,400 萬元，截至 2016 年底，公司手上約有 6 億 3,800 萬元的約當現金部位（詳見圖 2），這個金額也等於中華食 2016 年度資產負債表中「流動資產」的「現金及約當現金」金額。

2.營業活動現金流量＜稅前淨利——以潤泰全（2915）為例

公司的獲利並不能用來決定償債或配息的能力，因為獲利基礎不見得都是

圖3 潤泰全2016年營業現金流出逾3億6000萬元
——潤泰全（2915）2016年度合併現金流量表

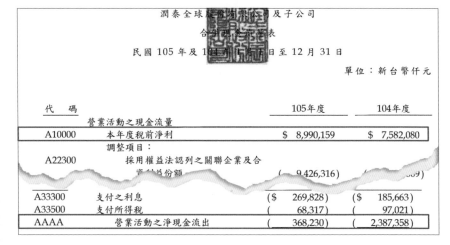

代　碼		105年度	104年度
	營業活動之現金流量		
A10000	本年度稅前淨利	$ 8,990,159	$ 7,582,080
	調整項目：		
A22300	採用權益法認列之關聯企業及合資之損益份額	(9,426,316)	(⋯⋯⋯9)
A33300	支付之利息	($ 269,828)	($ 185,663)
A33500	支付所得稅	(68,317)	(97,021)
AAAA	營業活動之淨現金流出	(368,230)	(2,387,358)

註：單位為千元　資料來源：公開資訊觀測站

現金流入，有可能僅是綜合損益表認列的帳面獲利。例如潤泰全（2915），在 2015 年度認列南山人壽轉投資收益，稅前淨利高達 75 億 8,200 萬元，稅後淨利則為 76 億 700 萬元，但實際上並無來自營運的現金流入，反而現金流出 3 億 6,800 萬元（詳見圖 3）。

雖然每股稅後盈餘（EPS）高達 8.57 元，但僅能配息 1.6 元；觀察其

2016 年度現金流量表，潤泰全向銀行舉債了 30 億 9,580 萬元，卻也只發出了 14 億 6,500 萬元的現金（現金股利於 2016 年度發放，記錄在 2016 年度現金流量表）。

2017 年就更誇張了，原本公司董事會通過 2016 年度不配息，經過股東大會的翻案才通過配息 0.79 元現金股利，相當於要發放現金約 7 億元。事實上，潤泰全在 2016 年度帳上的稅前淨利近 90 億元，稅後淨利達 74 億 5,500 萬元，卻只發 7 億元（本來還不發），原因就是公司的現金不夠，要發更多的現金股利也只能向銀行借錢了。

3. 營業活動現金流量＞稅前淨利──以中保（9917）為例

反之，帳面虧損的公司也不一定有現金流出，如中保（9917）在 2016 年度的稅前淨利 10 億 3,300 萬元，稅後淨利僅 6 億 1,500 萬元，EPS 為 1.4 元，相較於 2014、2015 年的稅後淨利皆有 20 億元，呈現大幅衰退。

然而公司卻通過配發 3.5 元現金股利（相當於要發放 15 億 8,000 萬元的現金），原因就是中保帳面上雖然認列興航（已下市）資產減損，但並無實際現金流出（不需要再拿錢出來）。就好比我多年前買進興航股票，後來興航下市的時候，我只需認賠當年的投資，我並不需要再拿現金出來，所以此時並無現金再流出。

圖4 2016年中保獲利衰退，但營業現金流豐沛
——中保（9917）2016年度合併現金流量表

中興保全股份有限公司及子公司
合併現金流量表
民國一〇五年及一〇四年一月一日至十二月三十一日

項 目	一〇五年度 金額	一〇四年度 金額	項
營業活動之現金流量：			投資活動之現金流量：
繼續營業單位稅前淨利	$1,033,107	$2,592,204	取得備供出售金融資產
本期稅前淨利	1,033,107	2,592,204	處分備供出售金融資產
調整項目：			備供出售金融資產減資
收益費損項目：			處分無活絡市場之債務
呆帳費用	15,573	9,852	持有至到期日金融資產
折舊費用	1,113,974	1,018,113	取得以成本衡量之金融
攤銷費用	75,786	104,178	處分以成本衡量之金融
利息費用	36,485	26,020	以成本衡量之金融資產
利息收入	(9,965)	(217,458)	以成本衡量之金融資產
股利收入	(19,529)	(26,961)	採用權益法之投資
透過損益按公允價值衡量金融資產之淨損失	1,301	57	取得子公司(扣除所得
	(24,851)	(1,013)	處分子公司
淨確定福利負債	(32,021)	4,246	善資活動之淨現金流
營運產生之現金流入	4,121,617	3,620,029	匯率變動對現金及約當現
收取之利息	9,924	217,458	本期現金及約當現金增加
支付之利息	(36,473)	(26,283)	期初現金及約當現金餘額
支付之所得稅	(507,599)	(493,066)	期末現金及約當現金餘額
營業活動之淨現金流入	3,587,469	3,318,138	

註：單位為千元 資料來源：公開資訊觀測站

事實上，中保在 2016 年度來自營運的現金流入達到 35 億 8,700 萬元（詳見圖4），所以對於發放 15 億 8,000 萬元現金股利並沒有什麼問題（此筆現金股利於 2017 年度發放，將會記錄在 2017 年度現金流量表）。

財務比率》評估數據趨勢
作為個股買賣依據

　　要進行財報分析，有時候看單一公司、單一季度的絕對數字意義相對不大，就好比 100 元對幼稚園的小朋友是很大的數目，但對大人來說是小數目。所以這些財務數字要和同業相比，也要看財務數據的趨勢是成長或衰退，才能進一步判斷投資的方向。

　　我們不需要像會計師一樣精通所有會計項目，但有些重要的會計項目是我會定期追蹤的，作為股票買進、加碼、持有或賣出的依據。我把它分成 2 大類：獲利能力指標、流動性指標。

1. 獲利能力指標：

❶毛利率（Gross Profit Margin）≧ 15%

❷營業利益率（Operating Income Margin）≧ 10%

❸股東權益報酬率（Return On Equity，ROE）≧ 15%

2.流動性指標（變現能力比率，Liquidity Ratios）：

❶流動比＞1.5

❷速動比＞1

❸利息保障倍數＞5

❹長期負債／稅後淨利＜2

獲利能力指標》毛利率、營業利益率穩定向上為佳

不管用什麼財務數字去評估，很重要的是「一致性」和「趨勢性」，我們可藉此擬定投資策略。如果公司的各項財務指標的趨勢向上，表示基本面正逐漸強勁；反之，指標趨勢連續向下，表示公司的基本面正在衰退；如果數字高低起伏不定、忽好忽壞，則不容易掌握公司的基本面。

1.毛利率、營業利益率：數值愈高，競爭優勢愈大

毛利率15%以上，就代表公司每做100元的生意就會產生15元以上的毛利；毛利率愈高的公司，通常有較高的市占率或具有壟斷優勢，產業的競爭者較少、公司的自由定價能力較強，同時也代表公司控制成本的能力較佳。

毛利扣除管銷、研發等營業費用即為營業利益，營業利益占營收的比率即為「營業利益率」（以下簡稱營益率，詳見圖1）。若營益率10%以上，代

圖1 觀察毛利率與營益率，可看出公司獲利是否穩定
——毛利率、營益率、稅後淨利率與股東權益報酬率計算公式

毛利率 ＝ 營業毛利 ／ 營業收入 ×100%

營業利益率 ＝ 營業利益 ／ 營業收入 ×100%

稅後淨利率 ＝ 稅後淨利 ／ 營業收入 ×100%

股東權益報酬率 ＝ 稅後淨利 ／ 股東權益 ×100%

表公司每做 100 元的生意，本業獲利即為 10 元以上。毛利率和營益率最好要維持穩定，例如中華食（4205）2016 年第 1 季～ 2017 年第 2 季，單季毛利率與營益率跟前一年同期相比，都連續呈現年成長（詳見表 1）。

同業相比更可看出公司之間的差異。國內 2 大保全公司中保（9917）和新保（9925），龍頭公司中保擁有較高的市占率和定價權；除此之外，為因應國內保全人力成本不斷提高，中保解約利潤不高的案場，並逐步縮減保全人力，專注高毛利的無線電子保全系統，因此毛利率和營益率略高於新保（詳見表 2）。

表1 **中華食單季毛利率與營益率逐年成長**
——中華食（4205）歷年毛利率與營業利益率

季度	2015年		2016年		2017年	
	毛利率（%）	營業利益率（%）	毛利率（%）	營業利益率（%）	毛利率（%）	營業利益率（%）
Q1	31.26	13.32	33.04	16.95	35.89	19.58
Q2	36.06	16.39	37.27	19.32	38.10	21.65
Q3	35.96	20.42	38.56	20.95	N/A	N/A
Q4	33.13	16.00	36.18	19.91	N/A	N/A

資料來源：公開資訊觀測站、XQ全球贏家

而同為筆電代工大廠的廣達（2382）和仁寶（2324），廣達擁有較高的毛利率和營益率；國內紡織代工大廠儒鴻（1476）和聚陽（1477）也是類似的狀況，儒鴻的毛利率和營益率均高出聚陽甚多，因此市場給予廣達和儒鴻較高的本益比。

其實各產業的龍頭公司，不論是因為技術領先或者業務量大，只要產業地位穩固，都能取得較低的成本優勢，相對都有優異的毛利率和營益率表現。但若以投資的角度來看，產業龍頭公司的本益比較高，現金股利殖利率就相對較低；而市占率落後的公司本益比低、現金股利殖利率高。如果看好某個

163

表2 **中保毛利率和營益率略高於新保**

季度	中保（9917）					
	2015年		2016年		2017年	
	毛利率（%）	營業利益率（%）	毛利率（%）	營業利益率（%）	毛利率（%）	營業利益率（%）
Q1	36.15	18.59	38.99	21.12	36.96	15.27
Q2	34.14	16.68	37.11	19.38	35.23	17.82
Q3	37.97	19.71	37.42	19.68	N／A	N／A
Q4	35.78	17.62	34.45	17.93	N／A	N／A

資料來源：公開資訊觀測站、XQ全球贏家

產業的未來發展，為了讓股票資產兼顧成長性和穩定性、股息收益性，以我的習慣是都會持有，但是龍頭公司或較具成長性的公司持有比重略高（可視個人偏好而定）。

稅後淨利占營收的比重就稱為「稅後淨利率」（詳見圖1），我們可以發現零售業，例如統一超（2912）的稅後淨利率跟其他產業相比是偏低的，2007年不到3%，2010年後逐漸從3%以上增長至2016年的5%左右（詳見表3）。因為零售業有「薄利」特性，因此這類公司必須盡可能擴大營業規模，達到「薄利多銷」，才能創造出優勢。

——中保（9917）vs.新保（9925）歷年單季毛利率與營業利益率

新保（9925）					
2015年		2016年		2017年	
毛利率（％）	營業利益率（％）	毛利率（％）	營業利益率（％）	毛利率（％）	營業利益率（％）
38.29	15.21	35.83	13.67	33.50	11.36
37.23	14.13	35.10	12.44	33.18	11.58
36.14	15.37	34.28	12.04	N／A	N／A
35.62	12.50	35.31	13.63	N／A	N／A

　　稅後淨利率最好也能維持穩定或是穩定上升的趨勢，若有一季突然暴增，細究原因發現是來自一次性的業外獲利挹注，而不是公司日常營運的獲利，那只是短暫激勵股價，切勿追高；若稅後淨利率突然大幅減少，也要去了解原因，若是無損公司長期基本面發展，那麼因這個利空造成的短暫股價修正，反而是買點。

　　因此在追蹤一家公司長期基本面的發展時，不只要看稅後淨利率，更應該重視的還是「毛利率」和「營業利益率」，因為這2個指標最能看出公司本業的獲利能力。

表3 近年來統一超毛利率、營益率維持穩定
——統一超（2912）歷年毛利率、營業利益率與稅後淨利率

年度	毛利率（%）	營業利益率（%）	稅後淨利率（%）
2007	30.75	3.56	2.68
2008	31.94	3.91	2.47
2009	32.47	4.12	2.97
2010	31.75	4.50	3.75
2011	31.90	4.71	3.78
2012	30.36	4.19	3.66
2013	31.61	5.08	4.61
2014	31.26	4.74	5.11
2015	32.26	4.68	4.60
2016	32.79	4.83	5.17

資料來源：公開資訊觀測站、XQ全球贏家

2.股東權益報酬率：比率愈高，經營績效愈好

　　前面說明的毛利率和營業利益率，是以公司的銷貨成本或管銷成本作為基礎，而「股東權益報酬率（ROE）」則是將成本基礎改成「股東權益」，用以衡量平均每1元股東權益所能賺得的稅後淨利。股神華倫‧巴菲特（Warren Buffett）常用股東權益報酬率來判斷一家公司的經營績效，比率愈高，代表公司的經營績效愈好。一般來講，如果年度的股東權益報酬率超過

表4 台灣大歷年股東權益報酬率優於中華電
——4產業代表個股的股東權益報酬率

| 年度 | 股東權益報酬率（%） | | | | | | | |
| | 電信業 | | 晶圓代工產業 | | 鏡頭模組產業 | | 電子代工產業 | |
	中華電 （2412）	台灣大 （3045）	聯　電 （2303）	台積電 （2330）	大立光 （3008）	玉晶光 （3406）	仁　寶 （2324）	廣　達 （2382）
2011	12.97	26.99	3.87	22.21	28.72	19.43	9.43	19.35
2012	11.05	29.58	2.82	24.45	26.02	11.71	6.32	18.37
2013	11.15	27.66	5.81	23.94	35.95	-4.71	2.70	14.77
2014	10.66	25.01	5.25	27.85	50.72	-8.55	7.32	14.19
2015	11.74	24.54	5.66	27.02	44.09	-15.48	8.35	12.67
2016	11.07	24.23	1.73	25.59	32.42	-2.59	8.08	11.02

資料來源：公開資訊觀測站、XQ全球贏家

15%，就代表公司有相當不錯的經營績效，投資高股東權益報酬率的公司，可預期將來會有較佳的投資報酬率。

在以股東權益報酬率評估公司獲利能力的時候，最好也能用相同產業來比較，才可以看出公司在產業中的相對表現。比如說，電信產業的台灣大（3045）和中華電（2412），台灣大的經營效率明顯優於半官股的中華電（詳見表4），所以我們可以藉此預期，台灣大在未來的經營績效勝過中華

電的機率比較高；當這兩家公司的股價擁有相同本益比時，我會比較優先考慮買進台灣大。

流動性指標》流動比、速動比數值愈高，變現能力愈強

公司的財務報表上一定會有債務的存在，有高比重的長期負債是最不好的；而經營事業時多多少少會有一些短期的債務，有些是短期借款，有些則是該給上游供應商應付而未付的貨款。而所謂的流動性指標，簡單來說，就是從公司資產的流動性去評估是否有足夠的償債能力。最重要的有以下 4 個指標：

1.流動比：展現短期資產變現能力

公司如何維持短期償債能力是很重要的，這裡將「流動資產」換算為現金，此項指標用以衡量公司是否具備短期資產變現能力。

一般來講，流動比必須要大於 1.5，才代表公司有足夠的流動資產，可在短期內變現以償還短期債務；流動比小於 1，就比較不樂觀了，要是公司無法償還即將到期的票據，就可能發生跳票、倒帳的風險。

2.速動比：數值愈高，表示愈容易變現

與流動比的意義類似，但速動比又更強調「變現」的容易度，因此會扣除

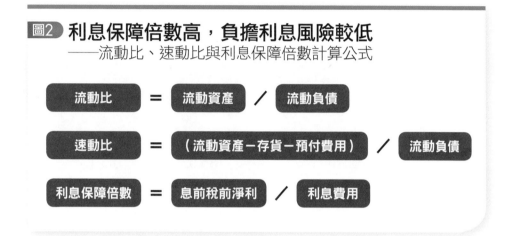

圖2 **利息保障倍數高，負擔利息風險較低**
——流動比、速動比與利息保障倍數計算公式

流動比 ＝ 流動資產 ／ 流動負債

速動比 ＝ （流動資產－存貨－預付費用） ／ 流動負債

利息保障倍數 ＝ 息前稅前淨利 ／ 利息費用

變現度較差的「存貨」以及已經現金流出的預付費用。公司持有存貨的目的是擔心缺貨，但是在不景氣時，存貨無法出清，資金就無法回收變現。因此評估企業短期償債能力時，比起流動比，速動比是較好的衡量指標，一般而言，速動比大於 1 倍為佳。

3.利息保障倍數：衡量公司償還借款利息的能力

用來衡量公司償還借款利息的能力，利息保障倍數高，代表公司負擔利息的風險較低，債權人較有保障；若公司能按時付息，當債務到期時，由於公司債務信用良好，因可將本金部分再度展延融資，就不會產生跳票無法清償債務的問題，而且由於債信良好，借款利率也較低。一般來說，利息保障倍

表5 華航、慧洋-KY、玉晶光現金流動性較不足

比較項目	雙贏股							
	大統益 （1232）	德　麥 （1264）	一零四 （3130）	中華食 （4205）	崑　鼎 （6803）	日　友 （8341）	山林水 （8473）	
流動比（倍）	3.00	4.57	2.81	4.06	2.74	1.80	3.51	
速動比（倍）	1.51	3.43	2.80	3.86	2.33	1.67	2.09	
利息保障倍數（倍）	270.26	127.64	N/A	186.62	285.75	183.12	7.76	

註：1. 資料統計至 2016.12.31；2. 一零四（3130）無任何利息費用

數最好能大於 5 倍。

　　以我持有的幾檔持股為例，如大統益（1232）、德麥（1264）、一零四（3130）、中華食（4205）、崑鼎（6803）、日友（8341）以及山林水（8473）等等，2016 年度的流動比、速動比與利息保障倍數都符合標準；其中，一零四沒有任何利息費用，亦無須評估利息保障倍數。

　　而比較容易有舉債需求的景氣循環股，如華航（2610）、慧洋-KY（2637）、玉晶光（3406）等，2016 年度的流動比、速動比和利息保障倍數這 3 項指標表現，都顯示出公司現金流動性略嫌不足（詳見表 5）。其中，玉晶光在 2016 年度的營業利益約 1 億 5,900 萬元，但全年的利息支出就高

──2016年度流動比、速動比與利息保障倍數

景氣循環股						
亞　泥 （1102）	中　鋼 （2002）	友　達 （2409）	華　航 （2610）	慧洋-KY （2637）	玉晶光 （3406）	潤泰新 （9945）
1.03	1.14	1.39	0.69	0.25	0.81	1.22
0.83	0.30	1.09	0.50	0.12	0.60	0.20
4.93	6.42	4.44	**2.10**	**2.12**	**-0.01**	16.88

資料來源：公開資訊觀測站、XQ 全球贏家

達 1 億 4,800 萬元，由於本身已經連年虧損，確實產生不小的資金壓力。流動性不足的公司，一旦面臨景氣反轉，傷害程度是非常大的，存股族不得不慎。

4.長期負債／稅後淨利：負債過高，將有損股東利益

　我在前 2 本書中說明過的「長期負債／稅後淨利」，也是用來評估公司流動性風險的指標，此項數值小於 2，代表公司只要利用 2 年的稅後淨利就能還清長期負債。如果公司負債累累，不斷現金增資、不斷發債，賺來的錢要花在高額資本支出上，要是不努力研發，不努力將設備升級，公司就有被對手超越的風險。

　這種公司也許短期會當上武林盟主，但是長期來看，公司的競爭優勢不明

顯，因為這些產業瞬息萬變，一旦技術落後、產品過時或者是高階經理人被挖角，公司將面臨嚴重的打擊。存到這種股票，在公司競爭力下滑之前，若不能及時出脫持股，勢必面臨股價劇烈的修正，公司更有可能永遠無法重返榮耀。

　　例如面板、太陽能、發光二極體等高競爭產業的長期負債就相當高（詳見表6，長期負債／稅後淨利＞2），這些股票長期存股下來的報酬率不佳，甚至會讓投資人虧損。若公司在景氣高峰時大幅舉債來籌措資金，企圖擴充產能；一旦景氣反轉，產能過剩，股東的風險會非常大。

　　巴菲特也指出，高度財務槓桿的公司，在經濟衰退時會變得非常脆弱，提高了風險，有些公司還會以提高負債比來提高股東權益報酬率，但巴菲特並不欣賞這種行為。

　　民生必需型產業當中，通常不需要太多資本支出來維持競爭力，也不需要花大錢研發新產品，因此不需要負擔高額負債和利息支出；而這類產業當中市占率高、壟斷性強的公司，通常沒有什麼競爭對手，或者說競爭對手不強，所以通常是該產業龍頭。它們每一天、每一年都能賺取豐厚的現金，靠自己賺來的錢，就可以拓展新業務或收購新公司，也不會因為景氣衰退影響公司的正常運作。

表6 「長期負債／稅後淨利」極小的公司財務風險較低
——2016年度長期負債與稅後淨利

比較項目	長期負債＞2年稅後淨利之個股（股號）						
	亞泥 （1102）	中鋼 （2002）	友達 （2409）	華航 （2610）	慧洋-KY （2637）	玉晶光 （3406）	山林水 （8473）
長期負債（億元）	469.37	2,019.93	1,061.88	801.46	454.87	4.58	25.79
稅後淨利（億元）	39.46	160.38	78.19	5.72	14.00	-1.54	4.88
長期負債／ 稅後淨利（倍）	11.9	12.6	13.6	140.1	32.5	-3.0	5.3
比較項目	長期負債＜2年稅後淨利之個股（股號）						
	大統益 （1232）	德麥 （1264）	一零四 （3130）	中華食 （4205）	崑鼎 （6803）	日友 （8341）	可寧衛 （8422）
長期負債（億元）	0	0.17	0.00	0	1.80	0.34	0
稅後淨利（億元）	8.92	4.46	3.98	2.25	8.48	6.14	14.41
長期負債／ 稅後淨利（倍）	0	0.038	0	0	0.212	0.055	0

資料來源：公開資訊觀測站、XQ全球贏家

　　以我部分的持股為例，像是大統益、一零四、中華食、可寧衛（8422）甚至完全沒有長期負債；德麥、崑鼎、日友雖有少許長期負債，但是「長期負債／稅後淨利」極小，自然不足為懼。

　　最好的公司是花很少錢就能賺很多錢的公司（如果花了很多錢能賺錢還不

表7 自2015年後，山林水利息支出逐漸降低
──山林水（8473）歷年長期負債與利息支出

項目	年度					
	2012	2013	2014	2015	2016	2017.Q2
長期負債（億元）	32.44	30.26	31.26	28.14	25.79	24.63
利息支出（億元）	0.01	1.21	1.10	1.12	0.96	0.47

資料來源：公開資訊觀測站、XQ全球贏家

錯，最怕是花了很多錢還賺不到錢的公司），以前的電信股和有線電視股票也有類似的概念，基地台或者線路架設好就可以一直收錢了；但是現在電信公司面臨到4G、5G龐大的基地台建設支出、有線電視也面臨多元的娛樂平台競爭，獲利無法像早期那樣不斷的快速成長。

　有線電視線路接到你家，如果你不想看可以解約；但如果汙水管接到你家，你可能就無法解約了，每2個月都必須繳交汙水處理費，這是含在自來水費一併徵收的，所以汙水廠公司只要一開始花錢投入設備、接好汙水管，以後只需要負責收錢就好了。這邊舉個不受景氣影響的例子，山林水（8473）公司擁有東山林、綠山林2家子公司，是國內最早的民間徵求參與興建暨營運BOT（Build-Operate-Transfer）案。汙水廠興建之初需要大筆資金投入，因

此長期負債偏高，但自從 2009 年進入營運期開始，至 2041 年都有來自政府穩定的現金流入，汙水處理也不會因為不景氣而產生供需失衡的狀況，因此風險相對低，公司也慢慢清償長期負債，利息支出也愈來愈少（詳見表 7）。

本益比》預估回本年數
判斷當前股價是否合理

3-5

常見的本益比（Price-to-Earnings Ratio，P／E 或 PER）計算方式，是用公司目前的「股價」除以「近 4 季的每股稅後盈餘（EPS）加總」（詳見圖 1）。以大統益（1232）為例，2017 年 8 月 15 日的收盤價為 88.3 元，近 4 季 EPS 加總為 5.12 元（2016 年第 3、4 季和 2017 年第 1、2 季已公告，EPS 分別是 1.19 元、1.61 元、1.06 元、1.26 元），本益比即為 17.25 倍（＝股價 88.3 元／近 4 季 EPS 加總 5.12 元）。

本益比通常用來判斷目前股價相對公司的獲利是貴還是便宜，進而決定是否該買進股票，從計算公式來看，股價在分子，因此若股價數字愈來愈小而 EPS 不變，則本益比愈低；EPS 在分母，這個數字愈大，代表公司獲利愈好，若股價不變、EPS 提升，算得的本益比也會愈小。

有時候會看到某些公司出現很不合理的本益比。例如本益比太低，可能是

圖1 本益比須以近4季EPS加總計算
—— 本益比計算公式

本益比 **=** **股價** **／** **近4季的每股稅後盈餘加總**

因為公司有業外非經常性的收益；本益比高得離譜，可能是公司認列一筆非經常性的減損；本益比無限大（或者沒有本益比），可能是新創公司還沒有出現盈餘或盈餘極低，像 2000 年網路泡沫以前的網路股和近幾年很熱門的生技股。

多年連續成長不易，面對高本益比股宜謹慎看待

如何判斷合理的本益比也是非常重要的功課。本益比可以看成「公司幫你賺回一開始投入本金所需要回本的年數」。比如說，一家公司的股價是 50 元，近 4 季 EPS 加總是 10 元，本益比是 5 倍（50 元／ 10 元），這代表公司 5 年後就可以賺回你所投入的 50 元。

假設大統益未來每年都不會成長，也不會衰退，每年 EPS 都是 5.12 元的

情況下，若以 88.3 元買進大統益股票，那就要 17.25 年之後才能回本。

　　為什麼有些股票本益比低到 5 倍，而有些股票的本益比卻可以高達 20 倍，甚至 30 倍以上？姑且不論是否有炒作之嫌，純粹就基本面來說，高本益比股票代表了投資人對該公司未來盈餘成長的期待；反之，低本益比股票就代表市場對於該公司未來的盈餘表示懷疑。通常有穩定獲利的公司、市占率高的公司、快速成長的公司擁有較高本益比；反之，獲利不穩定、市占率小、前景不佳的公司股票本益比較低。

　　如果對產業不夠了解，盡可能不要買進高本益比的股票，市場有時候期待某公司在未來能大幅成長，因此給予很高的本益比，但要維持連年的大成長不容易，公司一旦成長不如預期或衰退，股價將受到嚴厲的修正。

　　以王品（2727）為例，王品在 2012 年 3 月股票掛牌上市，股價曾衝到 500 元以上，當年度的 EPS 為 12.7 元，換算本益比高達 39.37 倍。假設王品每年固定都賺 12.7 元，也要經過 39.37 年漫長的等待才能回本。

　　以當時王品在兩岸驚人的成長幅度來看，也許不需要 39.37 年，若保守估計王品每年獲利成長 15%，大概第 14 個年度就可以回本了（買進成本為股價 500 元），也可以說王品的本益比為 14 倍（詳見表 1）。但很遺憾，王

表1 以買進價500元試算王品本益比

狀況1：王品（2727）每年EPS固定為12.7元，本益比為39.37倍

年度	累積年度	EPS（元）	累積EPS（元）
2011	1	12.70	12.7
2012	2	12.70	25.4
2013	3	12.70	38.1
2014	4	12.70	50.8
2015	5	12.70	63.5
⋮	⋮	⋮	⋮
2048	38	12.70	482.6
2049	39	12.70	495.3
2050	40	12.70	508.0

狀況2：王品（2727）每年獲利成長15%，本益比為14倍

年度	累積年度	EPS（元）	累積EPS（元）
2011	1	12.70	12.70
2012	2	14.61	27.31
2013	3	16.80	44.10
2014	4	19.32	63.42
2015	5	22.21	85.63
⋮	⋮	⋮	⋮
2022	12	59.09	368.32
2023	13	67.95	436.27
2024	14	78.14	514.41

資料來源：公開資訊觀測站、XQ全球贏家

品不但每年獲利沒有以 15% 的成長幅度躍進，2015 年的 EPS 反而衰退到 0.45 元，股價持續破底暴跌，2016 年 5 月股價跌至 106 元的歷史最低點。

高本益比的股票確實有其風險，像前幾年很流行的新藥生技股，這些股票早在企業開始獲利之前，股價就飆翻天，本益比百倍、千倍，甚至無限大的都有。浩鼎（4174）掛牌上市之後，股價最高飆到 755 元，爾後新藥解盲結果不如預期、大股東深陷內線交易疑雲，股價最低跌落到 161 元；中裕（4147）從最高 303 元跌到 156.5 元；台微體（4152）最高 440 元跌到 84 元；基亞（3176）最高 468 元跌到 42.7 元；醣聯（4168）從 169 元跌到 23.9 元，再再顯示出投資人「冒險犯難」、「勇於追夢」的精神，如果你曾經因為追逐「本夢比」而受傷，應該就知道市場的狂熱往往會導致毀滅，當夢醒時分也就是肝腸寸斷的時候。

參考過去平均本益比，評估合理買進點

股價上漲的原因，一方面是因為公司獲利的不斷提升；如果是獨占、壟斷性強的公司，尤其是產業地位龍頭第 1 名的公司，本益比亦有可能被提高（相對殖利率就較低），就好比德國公債殖利率 0.1%，因為未來的確定性高，倒債風險低，因此投資人為了保本，仍然願意買；但是歐豬五國之一希臘的國債殖利率即使超過 10%，也沒人敢買，因為希臘無法償債的風險較大。

因此我在評估買進點時，會參考該股票過去的平均本益比作為合理價格的判斷。公司價值最重要的就是「未來的賺錢能力」，因此可以用公司歷年來的平均本益比再乘上公司最近 4 季 EPS 總和來評估，但前提是公司要有穩定的歷史獲利紀錄；如果公司獲利起伏不定，甚至有些年度還出現虧損，那本益比對存股者而言就是毫無意義的數字了。

比如說大統益在過去一年中（2016 年第 3 季～ 2017 年第 2 季）最高本益比是 17.8 倍，最低本益比是 13.67 倍，我會用近 4 季累積 EPS 5.12 元，分別乘上 17.8 倍和 13.67 倍，得到最近一年的昂貴價和便宜價，得到結果是 91.1 元和 70 元，也就是愈接近 91.1 元愈貴，愈接近 70 元就愈便宜。

但也不能完全依賴這些數據，因為公司的獲利是變動的，若公司的獲利繼續成長，當然計算出來的價錢也就愈來愈高；反之，公司呈現衰退，計算出來的股價也會變低（詳見表 2）。

當股本變動影響EPS，須重新計算本益比

本益比和 EPS 是影響股價的因素，我們在買進、賣出股票時，也就要盤算清楚，用適當的本益比去衡量股價是否合理，檢查 EPS 時要特別注意，除了公司的獲利是固定的，比較沒有問題之外，其實股本是很重要的因素。

表2　用近4季EPS計算個股昂貴價與便宜價
——以大統益（1232）為例

	2016.Q3	2016.Q4	2017.Q1	2017.Q2
單季EPS（元）	1.19	1.61	1.06	1.26
合計（元）	5.12			

昂貴價＝近4季EPS×近一年最高本益比＝5.12元×17.8倍＝91.1元

便宜價＝近4季EPS×近一年最低本益比＝5.12元×13.67倍＝70元

資料來源：公開資訊觀測站、台灣證券交易所

　　在綜合損益表中會看到 2 個項目：「基本每股盈餘」、「稀釋每股盈餘」，前者是以目前流通在外普通股股本計算之 EPS；後者則代表將來會變成股本的 EPS，像是公司發行可轉換公司債、員工的認股權證等，將來都有可能轉換成普通股，會進一步使股本膨脹，因此 EPS 會被稀釋。來年公司進行股息分派時，也會以未來的股本去計算，因此在評估本益比計算合理股價時，應該採用稀釋後的 EPS 為佳。

　　另外，公司若辦理現金增資，增資後的股本會膨脹，但綜合損益表上的 EPS 並不是以增資後的最新股本呈現，而是按該年度或該季股本的加權比重去計算。舉例來説，山林水（8473）於 2016 年 9 月 8 日掛牌上市，上市

前為達到股權分散的規定，因此辦理現金增資，現金增資基準日為 2016 年 9 月 6 日，共新增發行 1,302 萬 5,000 股，股本從原來的 11 億 9,200 萬元膨脹到 13 億 2,200 萬元（每股面額 10 元，即股數從 1 億 1,920 萬股膨脹到 1 億 3,220 萬股）。

山林水 2016 年上半年度稅後淨利約 2 億 4,700 萬元，財報上的 EPS 為 2.07 元（2 億 4,700 萬元／1 億 1,920 萬股），實際上公司的股本已是 13 億 2,200 萬元了，所以比較正確的 EPS 應該是 1.87 元（2 億 4,700 萬元／1 億 3,220 萬股），如果在山林水上市時用 EPS 2.07 元去評估本益比的話，那就失真了。

2016 年 11 月中旬，山林水公布當年前 3 季財報，公告的加權平均股本為 12 億 600 萬元，前 3 季稅後淨利為 3 億 5,500 萬元，EPS 為 2.94 元（3 億 5,500 萬元／1 億 2,060 萬股），這 12 億 600 萬元股本是如何計算出來的呢？

由於山林水 1～8 月的股本都是 11 億 9,200 萬元，9 月才是 13 億 2,200 萬元，所以加權平均股本為「11 億 9,200 萬元 ×8/9 ＋ 13 億 2,200 萬元 ×1/9 ＝ 12 億 600 萬元」，實際上，山林水的股本在現增後已是 13 億 2,200 萬元，應用現增後股本去評估 EPS 較準確，計算方式為「3 億 5,500

表3 **若有辦理現金增資，應重新估算現增後的EPS**
——以山林水（8473）為例

	項目	2016.Q1	2016.Q2	2016.Q3	2016.Q4	2016全年
以加權股本計算	稅後淨利（元）	1億3,370萬	1億1,306萬	1億796萬	1億3,376萬	4億8,848萬
	加權平均股本（元）	11億9,200萬	11億9,200萬	12億3,500萬	12億3,500萬	12億3,500萬
	普通股股數（股）	1億1,920萬	1億1,920萬	1億2,350萬	1億2,350萬	1億2,350萬
	公告EPS（元）	1.12	0.95	0.87	1.08	3.95
以現增後股本計算	實際股本（元）	13億2,200萬	13億2,200萬	13億2,200萬	13億2,200萬	13億2,200萬
	普通股股數（股）	1億3,220萬	1億3,220萬	1億3,220萬	1億3,220萬	1億3,220萬
	重新計算EPS（元）	1.01	0.86	0.82	1.01	3.70

資料來源：公開資訊觀測站、XQ全球贏家

萬元／1億3,220萬股＝2.685元」。

　　2017年3月底公布年報，山林水2016年全年稅後淨利為4億8,848萬元，加權平均股本12億3,500萬元，EPS 3.95元，加權平均股本為「11

億 9,200 萬元 ×8/12 ＋ 13 億 2,200 萬元 ×4/12 ＝ 12 億 3,500 萬元」。

以期末股本 13 億 2,200 萬元計算，可計算出山林水實際 EPS 為 3.7 元（4

億 8,848 萬元 /1 億 3,220 萬股），採取這個 EPS 計算本益比才適當（詳

見表 3）。

Chapter 4

診斷產業前景
挑對體質強健標的

釐清6種股票屬性才能安心長抱

4-1

存股要挑選哪一類股票？股票的分類，我們可以先參考知名基金操盤人彼得·林區（Peter Lynch）的分類，分別是：1.緩慢成長股、2.穩定成長股、3.快速成長股、4.景氣循環股、5.資產股、6.轉機股，概述如下：

1.緩慢成長股

公司稅後淨利年成長率和國家 GDP（Gross Domestic Product，國內生產總值）年成長率差不多為 1%～3%，且每年股息配發穩定。台股當中以電信股、油電燃氣股為代表。這類股票由於缺乏成長性，因此買進時切忌追高，盡可能在歷年平均本益比之下買進為佳，長期持有，投資報酬率應高過定存。

2.穩定成長股

公司稅後淨利年成長率約 4%～6%，這類股票長期股價均呈現緩步上揚格局，市場占有率高。

台股當中以保全股、部分食品股、環保股、2大超商統一超（2912）和全家（5903）為代表。投資人應逐月、逐季追蹤公司財報，因為當公司遇重大業務調整時，成長率不如預期，股價也會修正，待公司的營收獲利趨勢往正向發展時再買進為宜。

3.快速成長股

公司稅後淨利年成長率動輒超過20%，甚至30%以上，這類股票本益比高，所以風險也相對高；因為沒有公司可以永遠維持這麼高的成長率，一旦成長不如預期，股價將面臨嚴厲的修正，2014年兩岸業績大幅衰退的王品（2727）就是明顯的例子。

連鎖美妝生活用品寶雅（5904）這兩年展店速度驚人，營收與獲利均大幅成長，從2012年～2016年，稅後淨利年成長率都高達20%以上。2012年初寶雅股價不到40元，2016年8月最高已漲到448元，上漲了10倍！投資人如果長期持有這檔股票，就能參與它的高度成長，但是也要密切注意其成長動能是否持續。

若投資在本益比高的快速成長股，當公司前景看好，市場仍大的情況下，有時候股價跟著大盤修正20%幅度時可介入；只是需要注意公司的護城河優勢是否能維持強勢，若營收獲利趨勢開始向下，則應選擇出場。

4.景氣循環股

這類股票在景氣不好、公司獲利少,甚至是虧錢的時候,本益比通常都很高;反而在景氣好轉、生意興隆、公司獲利步步升高的時候,股價愈漲,本益比反而愈低。要特別注意,不要誤以為本益比低、殖利率高就大膽買進,一旦景氣衰退,股價將會面臨大幅修正,想要解套,恐怕又是若干年後的事情了。

對於鋼鐵股、水泥股、營建股、航運股、紡織股、科技股等大型績優權值股,投資人常誤以為是穩定成長股,像台泥(1101)、台塑(1301)、遠東新(1402)、中鋼(2002)、裕民(2606)與長虹(5534)等,其實這些產業與景氣高度相關,是標準的景氣循環股。若能知道產業景氣即將復甦,買在景氣循環股的低點,也許能獲得巨大的報酬,但前提是你必須知道景氣循環的底部和高峰在哪裡。

5.資產股

這類股票多半是歷史悠久的老牌公司,早年以便宜的價格取得龐大土地,如今土地市價上漲,就被視為擁有龐大的資產,如台股當中的士紙(1903)、泰豐(2102)、農林(2913)與台火(9902)等。

每隔一段時間,資產股就會被媒體拿出來吹捧一下,但如果沒有真正開發,創造長遠的獲利,那麼就只是紙上談兵、炒作題材而已;就算出售土地換現金,

也僅僅是一次性獲利。因此投資人必須特別注意，資產股並不適合長期存股。

6.轉機股

這類股票指的是經營慘澹，甚至瀕臨倒閉，股價跌無可跌的公司，由於有新的經營者加入以進行企業改造，或是轉而發展新業務，看似有所轉機。若是真的壓對寶，股價就不只是以翻倍計算。

不過別忘了股神華倫・巴菲特（Warren Buffett）曾説：「一些所謂有轉機的企業，最後很少有成功的案例。」轉機要成功何其困難！存股族不應該投資這種無法預測未來的公司，當我們從新聞看到某公司有轉機題材時，還是看看就好，少碰為妙。

成長型股票若成長速度放緩，投資人勿過度追高

景氣循環股、資產股、轉機股，都是我認為存股應避免持有的類型。「緩慢成長股」應該讓人最為安心，因為獲利與股價不會有明顯波動，不易影響心情；如果對公司有足夠了解，長期持有「穩定成長股」，可以有效的提高投資績效。

「快速成長股」當然又更好，只不過需要更密切留意公司的成長動能是否

放緩或反轉，因為隨著公司的成長，規模變大，成長力道不若以往，就會從快速成長股變成穩定成長股。

　　舉例來說，統一超 7-Eleven 最早從 1995 年的 1,000 家門市，到 1999 年的 2,000 家門市，僅 4 年時間店數就翻倍；但接下來花了 6 年時間，直到 2005 年才翻倍，成長到 4,000 家門市；然後到 2014 年，店數才成長至 5,000 家門市，這中間竟然過了 9 年時間。在沒有更明顯的獲利動能出現之前，建議不要過度追高，以免被套在高點。

　　投資成長型股票，別忘了我一再提到的核心重點——「公司是否有壟斷特質、擁有強大護城河、與不景氣絕緣」？對於那些需要留意到「景氣春燕何時會來？」、「訂單能見度到幾個月？」的公司，我絕不敢存股，因為連公司都看不到未來的訂單，我們投資人如何能得知呢？

　　高科技股就是典型代表，由於產品生命週期短，一有新技術出現，將會享受一段高成長，但隨著大家競相加入，就會進入價格戰，最後只剩下少數前幾名的公司會賺到錢，無法提升競爭力的公司便會遭到淘汰。

　　2002 年～ 2006 年左右，被政府定為「兩兆雙星」的重點產業，如面板股友達（2409）、奇美（3481，後更名為群創），LED 股億光（2393）、

晶電（2448），還有益通（3452）、茂迪（6244）所屬的太陽能產業等，當時前景都備受看好，被認為是合乎世界發展趨勢，股價也衝到高點。但是因為各國都競相發展相同的產業，如美國奇異（General Electric，GE）、日本東芝（Toshiba）、夏普（Sharp）、韓國三星（Samsung），還有中國紅色供應鏈紛紛搶進，競爭對手無所不在，這些公司從快速成長變成快速衰退，在高點搶進的投資人也損失慘重。

比較好的成長型股票，不必擔心「訂單能見度」問題，也就是不管景氣好壞都能有穩健的業績。例如，處在民生必需型產業、不起眼的冷門產業或利基型市場，且身為該產業的龍頭老大，其獲利成長原因是公司本身的業務擴張、提升市占率，或是因為有定價能力而調漲產品價格。

因為產業本身的成長性不高，而龍頭公司擁有相對顯著的規模，仍然可以創造巨大的護城河，享有近乎獨占的領導地位。同時因為整體產業規模不大，無法支撐太多的業者共存，使得其他業者沒有耗費鉅資進入該市場的動機；業者若試圖搶占市場，必須要花費相當大的資源，最後又不見得能成功，因此冷門產業的龍頭業者多半能長期維持其護城河優勢。巴菲特所描述「偉大公司的定義就是這家公司可以繼續偉大 25 ～ 30 年」，大概就是指這樣的公司了，而我認為國內的盒裝豆腐市場、食用油產業就是如此。

發揮觀察力
從日常生活挖好股

4-2

好股票要如何發掘呢？美國有史以來最偉大的基金操盤人非彼得‧林區（Peter Lynch）莫屬，在 1977 年～ 1990 年之間，他掌管的富達麥哲倫基金（Magellan Fund）的投資績效名列世界第 1，基金資產規模從 2,000 萬美元暴增至 140 億美元，基金的年報酬率高達 29.2%，甚至比股神華倫‧巴菲特（Warren Buffett）的波克夏海瑟威公司（Berkshire Hathaway）60 年來的年報酬率還要高，投資功力由此可見。他強調可從日常生活中選股，從大賣場、購物中心、街道馬路看到哪些公司正在欣欣向榮。

具備成長潛力，股價上漲1倍仍值得買進

彼得‧林區在著作《彼得林區選股戰略》（One Upon Wall Street）一書中提到假日飯店（Holiday Inn）、聯合旅館（United Inns）、拉昆特汽車旅館（La Quinta Motor Inns）等例子，他看到這些上市公司不斷展店、新設分

點，而且都生意興隆。

舉例來說，拉昆特是一家連鎖的汽車旅館，從德州發跡並且擴展到阿肯色州以及路易士安那州等等，隨著旅館家數持續增加，公司的獲利也不斷的成長；彼得‧林區判斷拉昆特已經找到自己的競爭利基，而且還有很大的發展空間，因此他在這檔股票漲了 1 倍之後買進，持有時間達 10 年，結果大賺了 11 倍。

日常生活中，到處都存在著寶藏，多發揮觀察力，人人都有機會找到優秀的投資標的。台股當中，我以美食 -KY（2723，即 85 度 C）為例：

85 度 C 從台灣發跡，2004 年在新北市永和成立第 1 家門市，2006 年進軍澳洲市場，2007 年在中國上海開了第 1 家門市；2008 年則進軍美國市場，在南加州爾灣市（Irvine）開了第 1 家門市，緊接著在哈岡市（Hacienda Heights）開第 2 家門市，從 YouTube 影片中看到其大排長龍的景象，就知道 85 度 C 在美國受歡迎的程度。

我的弟弟定居在南加州洛杉磯，他說每次經過 85 度 C 都是看到長長的人龍，不明白這來自台灣的麵包和咖啡到底有什麼過人之處，但是受到美國人熱愛是事實。

　　我心想，85 度 C 剛搶下南加州市場，未來還有 49 個州可供其發展，在美國應該還有相當大的成長空間；雖然當時美食 -KY 因中國人事與店租成本增加，獲利已出現衰退（2012 年中國市場占美食 -KY 營收比重近 7 成），我仍在 2013 年 4 月時，以 150 元少量買進美食 -KY。

　　而 85 度 C 在美國持續擴點，於 2013 年底進軍北加州舊金山的紐華克（Newark），並挖角統一超（2912）前營運長謝健南任總經理，美食 -KY 的股價在 2014 年中漲到 250 元左右，此時我並沒有賣出。

　　接下來，美國的展店速度出現了停滯，中國市場的費用問題讓美食 -KY 獲利繼續惡化，除了本業的營業利益率持續下探外，稅後淨利也連續數季出現衰退（詳見表 1）。謝健南於 2015 年初去總經理職轉任顧問（而後於 2016 年初轉任全聯執行長），85 度 C 的股價也開始出現修正，我就在 2015 年初以 160 元左右賣出手中持股，爾後股價在 2015 年 4 月最低下跌至 121 元。

　　我犯下的錯誤就是沒有繼續追蹤這檔股票。其實公司為了改善獲利下滑問題，2013 年起開始興建大型中央廚房，關閉虧損的店面，且將獲利較佳的店面翻新成「二代店」──除了更改招牌 logo，麵包、蛋糕等產品項目也大幅增加，售價也調漲，並為外食族提供簡餐，但仍保有平價的咖啡，店內並

表1 2011年~2014年美食-KY營業利益率明顯下滑
——美食-KY（2723）歷年毛利率、營業利益率與稅後淨利率

年度	營業毛利率（%）	營業利益率（%）	稅後淨利率（%）
2009	50.50	16.60	12.07
2010	52.84	13.07	10.03
2011	53.53	**12.25**	9.93
2012	55.24	**9.65**	7.46
2013	55.54	**6.23**	4.00
2014	56.27	**4.73**	3.03
2015	56.65	8.21	5.70
2016	58.18	10.72	8.09

資料來源：公開資訊觀測站、XQ全球贏家

提供無線網路和USB插座等環境。

　　隨著中國和美國的中央廚房完工，85度C產能大爆發，並且重新在中國、美國繼續展店，2014年第4季起，單季稅後淨利重返年成長（詳見表2），2017年2月更殺進美國的中高價位咖啡品牌——星巴克的大本營西雅圖成立分店。截至2017年9月底，85度C在美國已經有34家分店，全球店數則高達1,000家以上，挾著獲利創新高的氣勢，股價又回到300元以上

表2 美食-KY稅後淨利曾衰退，2014.Q4起恢復成長

——美食-KY（2723）歷年單季稅後淨利

年度	稅後淨利（億元）			
	Q1	Q2	Q3	Q4
2009	1.70	2.04	1.78	1.90
2010	1.93	1.92	2.37	2.05
2011	2.71	2.02	3.10	3.38
2012	3.23	2.38	2.49	1.66
2013	1.85	1.40	1.58	0.92
2014	1.83	0.09	1.24	**2.12**
2015	1.89	1.86	4.14	3.50
2016	3.69	3.73	4.95	5.04
2017	4.78	4.76	N／A	N／A

資料來源：公開資訊觀測站、XQ全球贏家

（詳見圖1）。

　　從市場面來看，85度C在美國主打平價、多元口味的新鮮麵包烘焙，而美國的麵包口感比較硬、種類也比較少，因此85度C憑著明顯具有差異化的麵包產品，以及口味特殊的明星商品「海鹽咖啡」，成功收服美國人，建立起競爭優勢。

圖1 自2015年起，美食-KY股價大幅上漲
──美食-KY（2723）週線圖

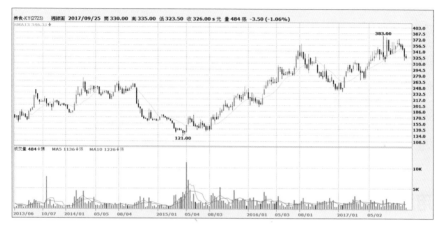

註：資料日期為2017.09.25　　資料來源：XQ全球贏家

再加上美國幅員廣闊，85度C持續展店，每在一個地區開了新店，就會吸引很多消費者前來。2017年的9月，85度C在美國仍處於快速成長階段，就連星巴克都無法阻止。

因為屬於快速成長股，美食-KY的本益比在2017年時一度高達32倍，持有這檔股票的投資人，正在享受其業績成長帶來的股價上漲，未來則要留意何時會停止成長，例如，當85度C停止展店時，成長速度就會放緩；依

照彼得‧林區的說法，當絕大多數地方都開了拉昆特汽車旅館，總不可能再開到月球上去吧？

另一方面，餐飲業轉換成本低，當 85 度 C 的口味或商業策略被模仿、複製之後（將來一定會有的），競爭者大量加入，如果 85 度 C 不能再以更低成本、創新產品來吸引消費者，就是 85 度 C 開始要衰退的時候。如果獲利成長不再，甚至衰退，本益比也會迅速下修，使得股價崩跌，這則是投資成長股必須要注意的。

善用網路社群，與存股同好資訊互通有無

在我的前 2 本書有提到，我從日常生活中發現了佳格（1227）、大統益（1232）、統一超（2912）、中華食（4205）、日友（8341）、中保（9917）等股票，長期持有都讓我賺到數以倍計的獲利；另外，2015 年～2016 年買進的德麥（1264）、山林水（8473）則是我從臉書（Facebook）社團中發現的，我要謝謝這些朋友。

現在網路股票研究社團非常普遍，常常有朋友問我，某檔股票適不適合存股？老實說我無法一一回答出來。我們不可能認識上市櫃 1,000 多檔股票，但是經由朋友們的分享，可以讓我們事半功倍的去認識到一些好股票，因為

這些股票可能是朋友們精心研究過後的潛力股。

　但也要注意，在網路資訊爆炸的時代，投資人每天接受數以百計的資訊，萬萬不能照單全收，還是要經過自己的分析判斷，否則有可能會受到傷害。以我來說，我對大多數的股票通常沒興趣，我會把目標限制在自己能夠理解範圍內的股票；如果我無法理解，我是不會買進存股的。通常我會先了解這家公司的經營狀況、護城河是否夠強大，通常看了 10 分鐘就能知道有沒有符合我的存股原則；如果符合才會進一步研究，並且考慮是否買進。

　股市擾攘喧譁，除了網路社群之外，現在的雜誌書籍、電視媒體、財經分析師及市場策略專家也不時提出建言，提供五花八門的投資訊息。我建議投資人還是要先了解自己的投資屬性，要學習如何在龐大的資訊量當中，抓住最核心、最重要的資訊，如此才能將這些資訊化為助力。

4-3 6種存股族關注產業
受景氣影響愈少愈好

　　自從 2015 年出版第 1 本書《流浪教師存零股　存到 3000 萬》，並且在臉書（Facebook）粉絲專頁分享投資心得以來，我幾乎每天都會收到讀者或網友的提問。最多人問的問題就是「某檔股票適不適合存？」

　　因為我很難在網路上一一回答這些提問，在此整理了 6 類詢問度比較高的產業，分別是：塑化紡織股、金融股、油電燃氣股、電信股、食品股、環保股，以下就是我對這些產業的看法：

塑化紡織股》景氣影響獲利穩定性，避免在高點買進

　　傳統產業當中的塑膠、化學、紡織等股票，產品價格與原料成本價格高度相關，因此公司的獲利表現，或多或少都受到國際原物料報價的影響；而銷售狀況也會受到景氣所牽動，景氣不好時，就會有訂單能見度不明朗的問題，

表1 隨景氣變化，塑化紡纖股獲利起伏大
——8檔塑化紡纖股歷年稅後淨利

年度	稅後淨利（百萬元）							
	塑膠石化業		化學產業				紡織產業	
	台塑 （1301）	台化 （1326）	東鹼 （1708）	長興 （1717）	中碳 （1723）	花仙子 （1730）	儒鴻 （1476）	聚陽 （1477）
2008	19,709	6,098	558	1,512	1,444	36	193	290
2009	27,533	29,440	245	3,156	1,298	74	377	881
2010	45,546	47,275	417	2,458	1,914	92	764	918
2011	35,724	32,971	493	1,217	2,247	96	1,183	1,111
2012	14,663	7,094	455	1,262	1,974	85	1,791	1,175
2013	20,716	24,864	434	1,930	2,210	199	2,738	1,341
2014	17,875	10,528	650	2,307	2,187	114	3,004	1,705
2015	30,877	27,578	453	2,872	1,239	146	4,174	2,159
2016	39,393	43,833	572	2,626	1,031	171	3,660	1,523

資料來源：公開資訊觀測站、XQ全球贏家

這些變數都會影響獲利穩定性。

　　如果你是身處在塑化紡纖業中的業內人士，或許比較能夠掌握整個產業的景氣，甚至是特定公司的產品報價及獲利狀況，幫助你找到相對較好的投資時點。但是對於外行人來說，因為缺乏資訊的優勢，我一般不建議投資。

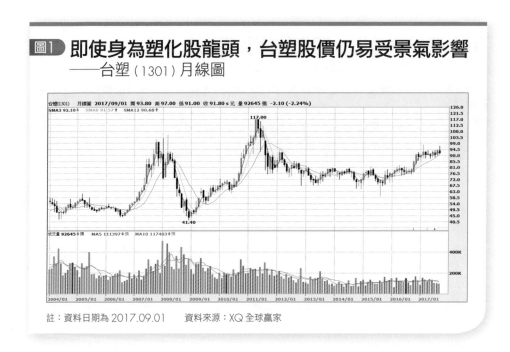

圖1 即使身為塑化股龍頭，台塑股價仍易受景氣影響
——台塑（1301）月線圖

註：資料日期為 2017.09.01 資料來源：XQ 全球贏家

　　如果真的一定要買這類股票，建議選擇龍頭股，並且避免在高點時介入，畢竟這類產業受景氣影響甚鉅，當獲利大幅衰退時，投資人就必須忍受股價大幅修正。

金融股》難有高成長，泛公股銀行有穩定配息特色

　　先從波克夏海瑟威（Berkshire Hathaway）公司的保險王國談起。股神華

倫·巴菲特（Warren Buffett）在 1962 年首度買進波克夏紡織廠的股票，進而在 1965 年吃下 100% 股權。當時波克夏有 14 家紡織廠，雇用 1 萬 2,000 名員工，是業界龍頭，但其奮鬥目標也僅為存活下去而已。

因為當時美國紡織業競爭者眾，很多業者為尋求低成本，先是將工廠從成本較高的美國北部移到成本低的南部，接下來更是將工廠移至海外更低成本的市場。巴菲特為了降低成本，不斷花大錢更新機器設備，但是別家紡織廠也這麼做，因此始終無法凸顯公司的競爭優勢。

波克夏紡織廠連年虧損，到了 1985 年，巴菲特終於決定結束公司的紡織業務，他認為唯有將波克夏全面轉型為投資控股公司，才能創造公司和股東的最大利益，這也就是現在（截至 2017 年 9 月底）股價高達 27 萬美元的波克夏（BRK-A）。

在波克夏紡織業務持續惡化的時候，1967 年，波克夏斥資 860 萬美元買下全國產物保險（National Indemnity Company，NICO）和全國水火險公司（National Fire & Marine Insurance Company，NFMIC），開始進軍保險業。保險公司收取保費，在保戶出險申請理賠之前，保費都是閒置的資金，稱之為浮存金（Float），巴菲特就用這種免息的資金去獲得更多優異的投資機會。

1970 年，巴菲特開始買進「政府雇員保險公司」（Government Employees Insurance Company，GEICO）的股票，又簡稱蓋可保險，並且跨入銀行業，買下伊利諾國民銀行（Illinois National Bank and Trust Company）；1990 年，巴菲特開始買進富國銀行（Wells Fargo）股票。

保險股：難確認保險公司投資功力

1999 年的股東年報中，巴菲特指出：「如果想要了解波克夏，你必須了解如何評估保險業。」他儼然把波克夏當成一家保險公司；2017 年，波克夏旗下的保險、再保險子公司（波克夏 100% 持股）就超過 10 家。

巴菲特運用龐大的資金，在取得保險公司的股權之後，還能再用保險公司拿到的現金，繼續投資他看上的投資標的。但我們這些小散戶，就算買了幾張富邦金（2881）、國泰金（2882）等股票，也無法決定它們的浮存金用途，若公司不小心投資到地雷商品，可能就會蒙受損失。

比如說 2016 年初，國內各大銀行承作 TRF（Target Redemption Forward，目標可贖回遠期契約），因人民幣大貶，導致銀行必須認列高額損失。當時金融股股王富邦金也因為認列 TRF 的損失，稅後淨利從 2015 年的 636 億元，衰退到 2016 年的 485 億元；股價從 2015 年高點 69 元，最低腰斬至 2016 年初的 34.7 元（詳見圖 2）。

圖2 2016年富邦金股價一度腰斬
—富邦金（2881）月線圖

註：資料日期為 2017.09.01　　資料來源：XQ 全球贏家

銀行股：須留意管理不當與呆帳風險

　　除了保險公司，波克夏也持有不少銀行股，包括富國銀行、美國合眾銀行
（US Bancorp）、紐約梅隆銀行（New York Mellon）與 M&T 銀行等，從
巴菲特對於銀行業的評論，可留意到以下風險：

　　1. 管理不當風險：金融業的經營重點是資產管理，巴菲特早年買進富國銀
行股票，除了是以極便宜的價格買進，同時也是看上富國銀行經營層的優秀

表2 泛公股銀行及民營金控龍頭，多數獲利狀況穩定

年度	稅後淨利（百萬元）					
	泛公股銀行				民營金控	
	華南金 （2880）	兆豐金 （2886）	第一金 （2892）	合庫金 （5880）	富邦金 （2881）	國泰金 （2882）
2011	8,544	17,680	7,602	263	30,543	11,129
2012	8,871	21,533	10,174	7,561	28,983	17,002
2013	10,051	22,495	10,889	8,497	38,514	37,816
2014	13,131	30,279	14,085	10,237	60,244	49,369
2015	14,081	29,417	16,006	13,079	63,593	57,514
2016	14,087	22,456	17,356	13,765	48,421	47,619

資料來源：公開資訊觀測站、XQ 全球贏家

管理能力。不過，銀行一旦管理不當，就有可能遭殃。

　　巴菲特說：「富國銀行當然不是可口可樂（Coca-Cola），在大多數的情況下，很難想像可口可樂會有失敗的一天。但是銀行不一樣，銀行會倒閉，而且已經發生過多次了，銀行會破產，多半是因為不當的投資和放款，這是理性的銀行不會做的事。」

　　2. 呆帳風險：富國銀行是美國最大的房貸放款銀行，巴菲特也曾說，持有

──12檔泛公股銀行、民營金控與保險公司個股歷年稅後淨利

玉山金 （2884）	中信金 （2891）	保險公司			
		台　產 （2832）	新　產 （2850）	中再保 （2851）	第一保 （2852）
3,484	18,290	939	565	158	422
7,058	21,182	701	753	679	631
8,416	21,503	821	972	732	706
10,538	39,437	658	1,036	871	416
12,816	35,402	1,092	1,256	766	195
13,135	27,929	490	1,057	766	480

富國銀行並不是毫無風險，有 3 種狀況會讓銀行出現呆帳，銀行是否能度過呆帳考驗是個問題：

❶金融業對於景氣的敏感度較高，在極度不景氣時，高負債的公司遇到業務萎縮，有形成呆帳的可能。

❷遇到房地產市況不佳時，不動產業者也可能無法還款。

❸美國加州位於地震帶，如果地震對貸款人的資產造成重創，也有可能會形成呆帳。

　　金融業的風險很難掌握，因此我並沒有持有任何一檔金融股。從客觀的角度來說，金融業是特許事業，多數的銀行、壽險、保險公司，只要穩當經營，一般都有高殖利率、股價穩健的特性；將部分資金放在金融股具有穩定配息的效果，但重點還是要選擇資產管理良好的金融業。

　　以台股而言，除非遇上全球系統性的不景氣，或個別公司投資失誤（如新光金（2888）自 2006 年以來投資宏達電（2498）造成鉅額虧損），否則一些保守穩健放款的泛公股銀行（如華南金（2880）、兆豐金（2886）、第一金（2892）、合庫金（5880））、民營金控龍頭（如富邦金、國泰金、玉山金（2884）、中信金（2891））或保險公司（如台產（2832）、新產（2850）、中再保（2851）），都算是稱職的金融股。只要平均買進成本不要太高，就可以享受不錯的殖利率，但由於金融股的股本都很龐大，要再大幅成長實屬不易。

油電燃氣股》幾乎不受景氣影響，殖利率穩定

　　台股中有一類股幾乎完全不受景氣影響，殖利率又很穩定，適合完全沒有研究股票的投資人做定期定額投資，那就是「油電燃氣股」。因為此類股幾乎完全沒有成長性，對於較保守或者資金部位很大的投資人來說，不失為一個資金放置的好地方。

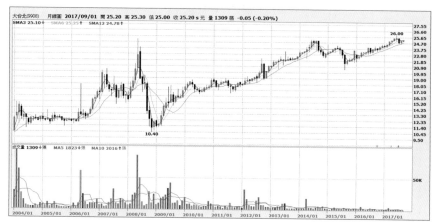

圖3 **2009年以來，大台北股價穩步上漲**
——大台北（9908）月線圖

註：資料日期為 2017.09.01　　資料來源：XQ 全球贏家

　　但還是有一個重中之重的重點必須要提醒，對長期存股者而言，投資前仍要看一下公司的歷史經營績效。

　　因為這類事業的顧客需求穩定，會影響獲利的主因就是成本和費用的控制：如果歷年的獲利穩定，甚至能夠有小幅成長，代表公司成本控制得當，經營效率比較好（詳見圖3）；反之，如果公司獲利起伏太大，不確定因素就大了點，也許就是公司營運績效表現欠佳的象徵，對於股東來說並非好事（詳

表3 投資油電燃氣股,公司獲利起伏不宜太大
——8檔油電燃氣股歷年稅後淨利

年度	稅後淨利(百萬元)							
	石油業		電力事業	天然氣事業				
	台塑化 (6505)	全國 (9937)	台汽電 (8926)	欣泰 (8917)	大台北 (9908)	欣天然 (9918)	新海 (9926)	欣高 (9931)
2011	203	452	1,038	228	589	256	274	140
2012	273	689	529	212	605	303	304	187
2013	249	375	768	148	624	215	215	224
2014	226	329	1,728	139	657	183	266	161
2015	212	493	1,062	152	605	245	319	162
2016	355	706	949	172	710	222	305	186

資料來源:公開資訊觀測站、XQ全球贏家

見表3)。

電信股》進入4G時代,高昂成本拖累獲利成長性

　　電信三雄在台灣原本是非常賺錢的公司,尤其是從 2G 到 3G 時代,中華電(2412)、台灣大(3045)、遠傳(4904)都經歷大幅成長;但自從進入 4G 時代,龐大的 4G 設備支出加上昂貴的頻譜標金,拖累了電信公司

的成長，亞太電（3682）、台灣之星（3157，公開發行公司）雖無法撼動三雄的市占率，但不時的低價搶市，為電信市場帶來不少壓力。同時，電信資費也受到政府某種程度的管制，自由定價能力不強，也壓抑了電信公司的獲利潛力。

市場預測，4G下一代的5G通訊標準於2018年出爐，2019年～2020年左右將進入5G時代，屆時仍有鉅額頻譜標金和基地台建置費用支出，要等待4G、5G獲利，恐怕還要好幾年的時間。因此電信三雄紛紛開始發展其他市場，憑藉擁有龐大客戶群大數據的優勢，大動作發展影音、電子商務、行動支付、智慧城市、大數據、雲端資料庫、健康照顧、物聯網與金融科技（FinTech）等業務，以求彌補在4G、5G的虧損。

往好處想，這麼高成本的基礎建設，不易再有競爭對手介入，觀察4家電信股的近年稅後淨利，電信三雄獲利相對穩健，但後進者亞太電，似乎還沒找到獲利方程式，2014年～2016年都是虧損狀態（詳見表4）。

若要挑選電信股存股標的，電信三雄仍是首選；其中，純民營的台灣大和遠傳比中華電更具優勢，而以近10年的還原報酬率來看，持有台灣大的投資人可獲得最佳的報酬（詳見圖4），只是短期成長動能不佳，這是存股族需要留意的。

表4　電信三雄獲利穩健，亞太電連續3年虧損

——4檔電信股歷年稅後淨利

年度	稅後淨利（百萬元）			
	中華電（2412）	台灣大（3045）	遠　傳（4904）	亞太電（3682）
2011	40,609	13,469	8,881	10,664
2012	47,068	14,692	10,600	3,300
2013	39,716	15,583	11,829	1,843
2014	38,612	15,006	11,483	**-8,412**
2015	42,806	15,686	11,486	**-1,601**
2016	40,067	15,320	11,391	**-5,129**

資料來源：公開資訊觀測站、XQ全球贏家

食品股》需求永遠存在，精挑龍頭與壟斷優勢好股

巴菲特喜歡簡單易懂、不斷成長的公司，除了銀行、保險股之外，在眾多股票中，他也特別喜歡食品股。早在1972年，巴菲特透過100%持股子公司藍籌印花公司（Blue Chip Stamps）收購了時思糖果（See's Candy）。

時思糖果是一家巧克力製造公司，擁有強大的品牌護城河、極高的市占率；

圖4 電信三雄近10年還原報酬率,以台灣大居冠
──中華電(2412)vs.台灣大(3045)vs.遠傳(4904)還原報酬率

註:資料統計期間為 2006.12.29 ~ 2017.09.29　　資料來源:Google Finance

每逢耶誕節、復活節、情人節等重要節日,時思糖果可說是美國消費者的第一選擇。

重點是,這家公司不需要很大的資本支出,就能夠創造源源不絕的現金,而且即便是遇到通貨膨脹,公司也都能以漲價因應,自由定價能力極高。1987 年,巴菲特就將時思糖果列為波克夏所投資公司當中 7 大最會賺錢公司之一。

食品飲料股是波克夏公司的重點持股

1988 年，巴菲特開始大量收購可口可樂公司（Coca-Cola）股票，這是全球最大的碳酸飲料製造商，也是巴菲特本人最愛的飲料，他自稱，即便是他花費鉅資，找了全世界最厲害的 CEO 也無法打敗可口可樂，他說：「一生當中，能發掘出永不消逝的永恆，應該很少吧！」很少有公司能永遠存在，可口可樂在巴菲特心目中應該就是一例。他還宣稱，可口可樂是他永遠持有的股票，不管市場如何高估可口可樂的股價，他都不會賣出。

1995 年，巴菲特又認為自己發現了「永不消逝的永恆」，這是全世界最大的連鎖速食餐廳——麥當勞（McDonald's）。這家公司和可口可樂類似，它們都有「獨門祕方」，其他品牌的汽水或者是漢堡，就是比不上可口可樂和麥當勞的口味。這種想法一直深植在消費者的心中，這就是市場上的特許權；而且這 2 家公司也同樣都不需要高額的設備投資，就能夠源源不斷的賺取現金。

1998 年，波克夏收購了冰雪皇后乳品（Dairy Queen），這是一家連鎖速食餐廳，供應各式霜淇淋和點心，1940 年在美國開設第 1 家店，如今在美國、加拿大等世界各國擁有約 6,800 家分店（截至 2016 年底）。

2007 年，巴菲特開始投資全球第 2 大的綜合食品公司卡夫食品（Kraft

Foods Inc.）；2015年3月，波克夏與巴西3G資本公司（3G Capital）合作，推動全球番茄醬製造商龍頭亨氏公司（Heinz）與卡夫食品合併，成為卡夫亨氏公司（Kraft Heinz Group Inc.），波克夏是最大股東。

觀察波克夏的持股，截至2017年第2季，占比最高的前4大持股就有2檔是食品飲料股（另外2檔是富國銀行、蘋果公司（Apple）），卡夫亨氏公司占比17.19%居冠，可口可樂占比11.06%位居第4，兩者加起來的比重達28%，可見巴菲特對於食品事業的鍾愛。

民以食為天，食品是永遠不會退流行的事業，而且營業額年年成長。根據經濟部從2006年～2016年的統計資料，台灣餐飲業營業額每年都比前一年度更高，2006年營業額約3,000億元，2016年將近4,400億元，年複合成長率達3.8%（詳見圖5）；至於食品飲料與菸草零售業，2006年營業額約為3,500億元，2016年將近4,800億元，年複合成長率也約有3.3%。

再來看看聯合信用卡中心的大數據資料庫（詳見圖6），消費刷卡類別共分為「食」、「衣」、「住」、「行」、「文教康樂」、「百貨」、「電子商務」以及「其他」等8項，國人最愛使用信用卡支付的消費類別前2名是「行」（占24%）和「食」（占22%）。2016年全台灣信用卡消費筆數

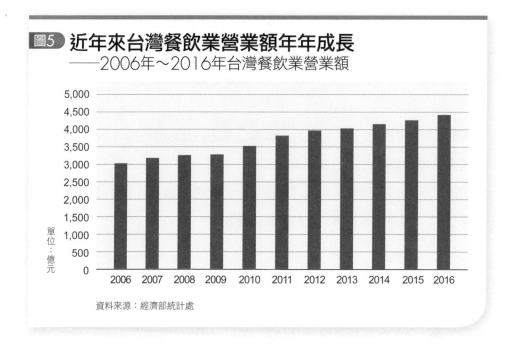

圖5 **近年來台灣餐飲業營業額年年成長**
——2006年～2016年台灣餐飲業營業額

資料來源：經濟部統計處

高達 5 億 9,400 萬筆，其中，食的部分共有 1 億 3,000 萬筆，交易金額達 1,856 億元。

　　在台股當中有眾多食品股，長期投資都要留意是否具備以下特點：「龍頭股」、「市占率高或有壟斷優勢」、「獲利和配息逐年成長」，像是最大食用油製造商大統益（1232）、盒裝豆腐龍頭中華食（4205）、進口烘焙原料龍頭德麥（1264）都是我長期投資的個股。

圖6 2016年台灣刷卡消費筆數，食品餐飲居次
——信用卡中心處理筆數占比（按消費產業分類）

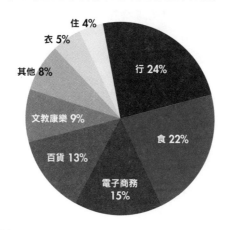

住 4%

衣 5%

其他 8%

行 24%

文教康樂 9%

食 22%

百貨 13%

電子商務 15%

資料來源：聯合信用卡中心

環保股》首選技術成熟且有焚化爐的公司

當國家人民愈來愈富裕，生活水準愈來愈高的時候，當然會希望有更好的生活環境。中國「十三五規畫」（中華人民共和國國民經濟和社會發展第 13 個 5 年規畫綱要）也將環保列入重要改善目標。不論在水、空氣、土壤的改善或者是廢棄物處理、資源循環再利用，都有明確的目標；再加上要節能減碳，又要減少核能電力，因此生質能、太陽能以及風能等綠能也正在逐漸的發展

表5 食品股應挑選獲利穩健的產業龍頭為宜
——8檔食品股歷年稅後淨利

年度	稅後淨利（百萬元）							
	卜 蜂 （1215）	統 一 （1216）	佳 格 （1227）	聯 華 （1229）	聯華食 （1231）	大統益 （1232）	德 麥 （1264）	中華食 （4205）
2011	136	9,448	2,458	1,529	359	587	221	114
2012	309	12,407	2,238	1,576	367	444	236	115
2013	453	12,764	1,860	1,334	343	707	281	135
2014	783	11,126	2,076	1,719	223	987	320	138
2015	688	14,108	2,731	1,416	357	912	399	182
2016	1,262	14,527	2,607	2,154	470	892	446	225

資料來源：公開資訊觀測站、XQ全球贏家

和普及。

　　環保綠能產業較不受景氣循環影響，因此環保股一直在我投資組合中占有很大比重。但由於台灣環保法規不完整，也會有不肖廠商接單，卻任意棄置廢棄物或焚化爐底渣，造成環境二次汙染，政府又未能有效的處罰嚇阻，因此違法事件時有所聞。

　　另外，環保團體和在地居民的抗爭，也使得國內再增設焚化爐和掩埋場是

表6 環保股獲利不易受到景氣循環影響
──7檔環保股歷年稅後淨利

年度	稅後淨利（百萬元）						
	鋼聯 （6581）	崑鼎 （6803）	日友 （8341）	可寧衛 （8422）	鉅邁 （8435）	山林水 （8473）	台境 （8476）
2011	N/A	547	84	1,317	84	42	N/A
2012	N/A	619	89	1,456	96	63	3
2013	N/A	620	264	1,248	109	227	6
2014	454	679	304	1,026	101	301	21
2015	321	710	514	1,232	98	344	31
2016	513	848	614	1,441	95	488	46

資料來源：公開資訊觀測站、XQ全球贏家

非常困難的事情。因此我在挑選存股標的時，會選擇龍頭地位、技術最好、已經擁有焚化爐或掩埋場的公司，若能跨足中國市場，更可搭上其未來環保成長的列車。

4-4 存股組合貴精不貴多 專注10檔為佳

　　存股，要單壓 1 ～ 2 檔股票？還是為了分散風險買進 100 檔個股？風險和報酬之間有什麼關聯性嗎？很多人說高風險才會擁有高報酬，真的是這樣嗎？是不是一定要賭像俄羅斯輪盤那樣追求高風險才能獲取高報酬呢？

　　2016 年底復興航空（已下市）宣布停飛、解散公司，當時股價每天無量跌停。跌了幾天之後，傳聞有人要接手，興航股價隨即從跌停板拉升到漲停板，要是你在當天跌停板買進，漲停板賣出，一天就可以賺 20%。賭對了，並且重壓，幾個小時就可以讓你獲利豐厚，但是在買進的當下，你沒辦法把握接下來會發生什麼事，那麼這就是賭博、是投機，並不是投資。

不重壓單一股票，避免黑天鵝事件重擊

　　我認為「高風險來自於無知」，如果你真的對投資標的研究清楚，就能控

制風險。而低風險的投資，長期下來也可能享有高報酬，比如說我在 2005 年以 16.2 元買進簡單的盒裝豆腐公司中華食（4205，2013 年前股名為恆義），持有至今（截至 2017 年 9 月 26 日），含股利的還原股價也漲了 8 倍。

長期存股，就要持續把注意力放在優質的公司，穩定的歷史、可預測的未來、長線遠景看好與不致因科技變化而落伍，都是必備條件。你要考慮的不是幾分鐘、幾天、幾個月，而是 5 年、10 年、20 年。

有時候，即使經過仔細研究盤算，還是會發生意想不到的事情。統一超（2912）是我持有多年的重要持股之一，不僅有全國市占率第 1 的 7-Eleven 門市，轉投資公司當中還有台灣星巴克、上海星巴克等金雞母。不過就在 2017 年 7 月 26 日傍晚，統一（1216）、統一超 2 家公司申請隔日暫停交易 1 天；隔日，統一集團宣布，將出售旗下最大金雞母——上海星巴克 50% 持股（統一 20%、統一超 30%）給美國星巴克總公司，換取台灣星巴克 100% 經營權。

用上海星巴克換台灣星巴克，明眼人一看就知道是美國星巴克看好中國的咖啡市場，要收回市場前景較佳的上海星巴克。消息一出，下一個交易日（2017 年 7 月 28 日）恢復交易的統一和統一超股價雙雙重挫，統一超在接下來的 2 個交易日累積下跌了 32.5 元，跌幅高達 11.27%；統一的跌幅

較小，下跌了 2.7 元，跌幅 4.47%，這兩天統一集團市值就少了近 500 億元。

同樣在 2017 年 7 月底，美國食品暨藥物管理局（Food and Drug Administration，FDA）突然宣布，計畫限制香菸裡尼古丁的含量，香菸品牌萬寶路（Marlboro）所屬的菲利普莫里斯（Philip Morris）公司，當天股價最大跌幅達 7.5%。

有時候會因為軍事、經濟、政府政策或其他不確定因素，造成公司短線或中長線基本面的變化，這叫做「黑天鵝效應」，意味著不可預測的事情、衝擊力非常大的事情和極不可能發生的事情，結果卻真的發生了。

以統一集團而言，雖然統一和統一超的股價很快就恢復穩定，但是未來是否能夠在失去上海星巴克之後，繼續開發其他獲利成長來源，也是投資人需要密切觀察的。

既然我們很難預測黑天鵝事件，那麼做好投資組合的分配就很重要了，也就是避免重壓單一股票。其實有時候這是心態的問題，如果因為看好 5 年、10 年後的未來而重壓一檔股票，但短中期遇到突發利空導致股價連續重挫，投資人的心理是非常煎熬的，若無法撐到撥雲見日的那天，很可能會帶著虧損出場。

投資組合隱含的風險，不應該超出自己可以承受的範圍，比如說統一超占我整體投資組合比重不到 10%，即使 2 日累積股價跌幅達 11.27%，在我帳面資產減損的幅度也只有 1% 左右，是我可以忍受的範圍；相信對一般投資人來說，這種程度的減損，一點也不會影響心情，同時幫助我們能理性的分析，避免一時驚慌失措而做出錯誤決定。

持股不過度分散，可精心研究最優的10檔股票

成長股價值投資之父費雪（Philip Fisher）說，情願持有幾家他懂的好公司，而不是一堆表現平均，但他不了解的公司，或一大堆平庸的公司。股神華倫‧巴菲特（Warren Buffett）則堅信，他要投資的公司，其未來收益都是可以預測的，就像買債券，可以明確知道未來的收益。如果公司獲利能力長期一貫而穩定，而且業務簡單易懂，巴菲特要能明確算出這家公司未來的收益才會考慮投資，也就是在能力範圍內挑選股票。

因此，重點是你夠了解公司的基本面，而不是強調過度分散。投資組合中最好有幾檔股票呢？一個人的知識和經驗肯定是有限的，真正有充分信心、可以掌握的公司，很少超過 10 家。我通常建議大家，只要用心了解這些公司長期的競爭優勢，那麼只要投資 10 家股價合理的公司就可以了，如果有市場上最好的前 10 名股票，又何必去買第 20 名或第 30 名的股票呢？如果

一定要投資超過 10 家公司，最好不要超過 15 檔。

只專注於研究特定幾家公司，你就會對它們了解得格外透徹，也就有辦法知道這些公司未來的發展；對於不熟的公司，你就無法解釋新發展可能造成的影響。太過於分散對你毫無意義，如果你同時關注太多股票，並持有過多股票，結果有可能你對每一檔股票都不甚了解。

那麼以持股比重來說，要怎麼分配比較好？如果預計持有 10 檔股票，買進時可平均分配，每檔占 10%。但如果想要得到較佳的報酬率，就應該投入超過 1/10 以上的資金在你認為前景最看好的股票上；因為就是有些股票比較優秀、有較佳的成長性，這樣的股票應該占較大的比重。

投資組合在 10 家～ 15 家你深入了解的公司，好過你投資 100 家只知道皮毛的公司；回顧巴菲特的投資生涯，就是幾個重要的投資，創造出不凡的成績。查理‧蒙格（Charlie Munger）則說：「人的一生只要 3 檔股票就足以讓人致富。」當然，前提是你要有能力找到這些優秀的公司。

按個人需求與可承受風險程度，配置個股比重

每個人的個性不盡相同，能忍受的風險程度也不一樣，但是上帝給我們大

家的時間是差不多的，一生當中要做幾百個高明的決定，很難、非常難，所以我們寧可只要做對幾次明智的決定，布局約 10 檔最穩定、最有把握的股票，兼具殖利率與成長性，嚴格執行買進、賣出時機，長期來看應該會有不錯的投資績效。

不同年紀對於報酬的預期不一樣，每個投資人的個性、喜好也不盡相同，如果你是退休族，喜歡過著遊山玩水、閒雲野鶴般的生活，對於現金殖利率的要求較高，也許可以選擇成長性較弱但殖利率高的股票，像金融官股銀行的股票、油電燃氣股，或者不受景氣影響的食品龍頭股和環保股。如果你稍微年輕一點，每個月還有工作收入，就可在投資組合中搭配成長性較高的股票，但通常高成長伴隨著較低的殖利率。

究竟如何設計一個投資組合呢？其實真的沒有一定的規則，重點是你能了解的股票，能讓你每天吃得下飯、睡得著覺的股票，就算美國和北韓真的要打仗也嚇不倒你的股票。投資最忌諱的是標新立異、隨波逐流，你不需要在每一檔股票都賺到錢，只要在你買進的股票上賺錢就好了，「弱水三千，只取一瓢飲」。

大家應當明白，天下沒有不勞而獲的事情，再穩再好的績優股、藍籌股都有可能會衰敗，道瓊成分股奇異（General Electric Company，GE）就是個

例子。這家百年老店是發明大王愛迪生（Thomas Alva Edison）在 1876 年創辦的公司，2017 年美國道瓊指數頻頻創高之際，而奇異卻因為獲利連續衰退，股價從年初的 30 元高點逆勢下跌到 24 元，還遭到巴菲特賣出。

不要以為自己買了萬無一失的股票就不管了，投資簡單化是我們的目標，愈簡單的股票愈容易判斷，但適時的追蹤持股還是投資人必須要做的功課。

無暇研究個股，可定期定額投資ETF

巴菲特曾多次提到，對於大多數投資人無法專心研究個股的基本面或者公司的財務，有時候買個股反而是危險的。如果投資人沒有耐心，沒有堅定的信念，常常很難堅持長期存股，這時候定期定額投資追蹤大盤的「ETF」（Exchange Traded Funds，指數股票型基金）也是不錯的選擇，什麼事都不懂的投資者，也能擊敗多數理財專家的績效。

追蹤一國股市表現的 ETF，報酬率大致與大盤同步，不太可能大幅超越大盤；將資金放入 ETF 也不失為是一個穩定配息的方式，同時又可共享國家經濟發展的紅利。

巴菲特建議投資人的是追蹤美國 S&P 500 指數的 ETF，而以台股來說，最

表1 2005年起每年持續買進0050，報酬率近80%
——以每年投入10萬元買入元大台灣50（0050）試算

年度	股價（元）	投入本金（元）	可買資金（元）	買進股數（股）	累積股數（股）	配息（元）	總配息（元）
2006	51.25	10萬	10萬	1,951	1,951	4.00	7,804
2007	57.75	10萬	10萬7,804	1,866	3,817	2.50	9,543
2008	61.45	10萬	10萬9,543	1,782	5,599	2.00	1萬1,198
2009	32.87	10萬	11萬1,198	3,382	8,981	1.00	8,981
2010	56.45	10萬	10萬8,981	1,930	1萬911	2.20	2萬4,004
2011	61.40	10萬	12萬4,004	2,019	1萬2,930	1.95	2萬5,214
2012	49.81	10萬	12萬5,214	2,513	1萬5,443	1.85	2萬8,570
2013	53.80	10萬	12萬8,570	2,389	1萬7,832	1.35	2萬4,073
2014	58.70	10萬	12萬4,073	2,113	1萬9,945	1.55	3萬915
2015	66.85	10萬	13萬915	1,958	2萬1,903	2.00	4萬3,806
2016	60.75	10萬	14萬3,806	2,367	2萬4,270	0.85	2萬630
2017	71.80	10萬	12萬630	1,680	2萬5,950	2.40	6萬2,280

2017.08.31收盤價（元）	82.95	累積總市值（元）	215萬2,553
總投入本金（元）	120萬	獲利金額（元）	95萬2,553
報酬率（%）	**79.38**		

註：1. 本表年度為股利發放年度，2016 年配發的股利於 2017.08.31 發放；2.2006 年度～ 2016 年度股價為各前一年度最後交易日收盤價，2017 年股價為 2017.08.31 收盤價；3. 暫不考慮交易及配發股利產生的手續費、證券交易稅及健保補充費；4. 累積總市值、獲利金額、報酬率以 2017.08.31 收盤價計算

有代表性的就是元大台灣 50（0050，以下以股號敘述）。0050 只挑台灣市值前 50 大的股票當作成分股，每季會審核調整一次，但遇到特殊重大事件，成分股亦可能有所變動。0050 的成分股代表著台灣規模最大的 50 家公司，買進這檔 ETF，等於投資台灣的經濟；再加上 0050 每年穩定的配息，對於忙碌的上班族而言，也不失為一個存股的好標的。只是殖利率相對較低，就以 0050 而言，2017 年可領到的配息每股只有 2.4 元，對應 80 元左右的股價，殖利率僅 3%。

因為我喜歡持有容易掌握的公司，當個別公司的股東，對於 0050 中的成分股無法全力研究，所以就沒有納入投資組合，茲就近年來定期定額投資 0050 的績效供大家參考。

在表 1 中，從 2005 年開始，假設每年最後一個交易日投資 10 萬元買進 0050，並且將配息再滾入，截至 2017 年 8 月 31 日，以總市值與投入本金相較，10 年又 8 個月之後，總投資報酬率為 79.38%（暫不考慮相關稅費），如果你長期投資的績效未及這個成績，也許可以考慮直接投資這檔 ETF。

4-5 新創產業難長保競爭優勢 不宜當作存股標的

產業的進步是促進經濟發展的基礎，在投資時，我們也必須了解能賺錢的產業及公司的變化。敏銳的經營者以及投資者，都在不斷尋找新的可能，建立可以滿足需求，甚至創造需求的事業，讓人類生活更進步。

回顧過去，在 17 世紀之前，生產方式主要來自人力，在運輸方面，人們利用馬車作為交通代步的工具，大家必須駕著馬車在田野和森林裡面穿梭；接著開鑿運河、搭建橋梁、公路，讓人車行駛更順暢。

18 世紀中葉，發生了機器取代人力的第一次工業革命，英國工程師詹姆斯·瓦特（James Watt）發明了蒸汽機之後，展開一連串的技術革命，並且從英國擴展到美國；19 世紀初，美國工程師羅伯特·富爾頓（Robert Fulton）發明了動力來自蒸汽機的輪船，連結了美國南北，讓人們從此有更快速的渡河方式。

同樣在 19 世紀初，英國工程師喬治・史帝文生（George Stephenson）所發明的蒸汽火車和鐵路，是現代鐵路的先河；1825 年，連結英國達靈頓（Darlington）與史塔克頓（Stockton）的鐵路成功啟用，可以載運人和貨物；但是真正用於商業用途的公用鐵路則出現在 1830 年，連接英國 2 大城市利物浦（Liverpool）和曼徹斯特（Manchester），自此進入蓬勃發展的鐵路運輸時代。想當然耳，鐵路公司的股價可以用直達天際來形容。

大家應該都聽過「網路泡沫」，其實，鐵路也曾發生過泡沫，這和 17 世紀中葉發生在荷蘭的「鬱金香泡沫」，以及 18 世紀初期英國的「南海泡沫」一樣，都讓投資人血本無歸。

1844 年，在美國有 16 條鐵路已經設置完成，1845 年已經有超過 450 家的鐵路公司了，原來獨占市場的高科技變成了稀鬆平常的事業，鐵路股的暴跌揭開了華爾街（Wall Street）股市崩盤的序幕，這和 2000 年的網路泡沫是不是很像？

近百年來科技進展迅速，徹底改變人類生活型態

1903 年，美國奧維爾・萊特（Orville Wright）和威爾伯・萊特（Wilbur Wright）兄弟發明了飛機，這比鐵路的發明更具有創造力，是人類交通史上

的大躍進；人們不再只能在地面上活動，而是可以和飛鳥一樣安全，且更快速的翱翔天空，這是任誰都沒有想過的事情。工業革命使人類的生產力大幅提升，生活更加便利，加速社會經濟發展。

1870 年代，電話問世了，這項當時的「高科技」，在數十年後才逐漸普及，以台灣而言，是到了 1970 年代才有較健全的電信網絡。在我小學 2 年級的時候，家中出現了電話，還有錄音機可以錄音、放音，那個時候真覺得這是很不可思議的東西。

不只如此，當時我生活周遭也出現了各種新奇科技產品，長輩會用拍立得（Polaroid）幫我們拍照；放學後我會和同學偷偷到電動玩具店打「小精靈」遊戲，一次 5 元的樣子，我記得闖關公式，所以可以玩很久。不過當時計程車還不普及，到遠地要叫三輪車，而電腦也還沒有出現。

進入個人化電腦時代之後，科技產業的變化彷彿按下了快轉鍵，新產品更快速的出現在我們的生活中。如果我說：「微軟作業系統 Windows 多麼人性化！」現在的年輕人不見得會認同，但在 1980 年代之前出生的朋友們，肯定點頭如搗蒜。

我大學 1 年級時開始接觸個人電腦，學校有一堂必修課叫做「計算機概

論」，當時使用的電腦作業系統，是美國微軟公司和IBM公司開發的「DOS」系統，操作電腦必須要背上百個指令，比如說複製就要輸入「copy」或「discopy」，檢查目錄當中的檔案則要輸入「dir」等；使用的文書處理軟體叫做「PE2」（IBM Personal Editor II）；電腦螢幕是黑白的，開機時要插入軟式磁碟片（現在已經被淘汰了），儲存容量極小（因為當時的應用軟體都很簡單，不需要很大的儲存空間）。

到了 1996 年，「Internet（網際網路）」這個名詞紅遍了全世界，同學們不再寫信交筆友，每天晚上都在學校計算中心玩 BBS（Bulletin Board System，電子布告欄系統）認識網友；電腦螢幕變成彩色，不過和電視機一樣，顯示器都還是使用體積龐大的 CRT（陰極射線管）。

讓人高興的是，電腦作業系統變成 Windows 3.1，採用圖像化介面、還可以支援中文，終於不用再背電腦指令了；文書處理變成了蓮花公司（Lotus）的 AmiPro，工學院學生還必須學習程式語言 Fortran，上網搜尋資料用的是蕃薯藤（yam）。

在那個沒有手機的年代，為了和朋友方便通訊，大家都會申裝一台呼叫器（BB Call），如果朋友要找我，使用的步驟就是，按下一連串的數字（朋友的電話號碼）和「＃」字鍵、「＊」字鍵，之後訊息就會傳到 BB Call；當我

看到訊息後，再去找一台公共電話，並回撥那個電話號碼，這樣朋友就可以聯絡到我了，對當年的我們來說，這也是一項「高科技」。

全新通訊時代來臨，手機已從奢侈品變成必需品

退伍後，我辦了第一支手機，品牌是當時最紅的諾基亞（Nokia），搭配台灣大哥大門號，月租費要上千元；其實我沒做什麼大事業，只是看很多人都有手機，就追求時髦。不過，當時手機只有通話功能，通話費和簡訊費都非常貴，所以不常使用，這個時候已經沒有人在使用 BB Call 了。

不知道過了多久，大家開始認識雅虎（Yahoo!）以及 Google，它們提供了免費的電子信箱，不過那時候電子信箱裡通常是空空的。不像現在，電子信箱裡每天都有大量廣告信，就連正式的公文往來也是使用電子郵件（E-mail）。

不久之後，顯示器又有突破的發展，從傳統的 CRT 變成了 TFT-LCD（thin-film transistor liquid-crystal display，薄膜電晶體液晶顯示器），這又是一項「高科技」。新的科技、新的產品剛問世，總是要價不菲，直到大家看到這是好賺的生意後才會競相投入生產，包括韓國三星（Samsung）、LG、台灣友達（2409）、群創（3481）、日本夏普（Sharp）等。

在資本主義社會有個好處，商人嗅到賺錢的生意，就會開始搶進，不斷研發新的製程、新的技術，讓產品更好，售價更低廉。（這和幾百家鐵路公司搶進市場有沒有很像？）

有了更好的硬體，軟體也不能少，微軟作業系統 Windows 不斷推陳出新，需要的容量愈來愈大，人們愈來愈依賴電腦，上網的時間與日俱增，連買東西都在網路上就可以辦到。電子商務公司（簡稱電商）也如雨後春筍般愈開愈多，它們號稱「什麼都有賣，什麼都不奇怪」。

人與人之間的聯絡愈來愈方便，MSN、即時通、網路電話 Skype 等，徹底改變人們的通訊行為，甚至逐漸取代了大眾講電話的習慣。

這當然不是「高科技」的極限，2009 年智慧型手機進入高速發展階段，各式各樣免費的手機 App，讓人們生活更便利。記得以前買股票都要打電話給營業員，儘管後來可以使用網路下單，但一般上班族仍不方便在辦公室裡明目張膽的使用，不過自從有了智慧型手機，只要使用手機就能下單，十分便利。

智慧型手機和愈來愈快的行動網路，讓大家能隨時拍照、拍影片，上傳臉書（Facebook）打卡；「LINE」幾乎取代了電話的功能，我們無時無刻都會

聽到「叮咚叮咚」的鈴聲，出國旅行也不怕聯絡不到家人。只要向電信商申裝行動網路吃到飽方案，更可以任意的打網路電話、傳訊息、聽音樂、看短片。

現在，人手一支智慧型手機，出門在外如果沒有手機，就會非常沒有安全感。未來，我們可能即將迎來「物聯網」時代，科技業者擘畫的遠景是——一支手機就能遙控各種電子產品、機器人完全取代人力生產、無人車與無人機上路……。這些概念，也許我們有生之年就能親眼目睹。

新興產業雖帶來無窮希望，獲利卻經常跟不上股價

2001 年，大導演史蒂芬・史匹柏（Steven Spielberg）拍了一部很未來的電影《AI 人工智慧》（A.I. Artificial Intelligence），這是一部以機器人為主題的電影，機器人外表與人類男孩無異，甚至能擁有人類的思想、感情，是多麼不可思議！

2016 年，Google 開發出來的人工智慧軟體 Alpha Go 擊敗了世界棋王，振奮了科技業，這證明了大數據的人工智慧是可行的；AI 不再是個童話，而是會進入我們的生活，人們是該害怕，還是該鼓掌叫好呢？

電動車大廠特斯拉（Tesla）執行長伊隆・馬斯克（Elon Musk）認為，未

來人類會被人工智慧主宰，臉書執行長祖克柏（Mark Zuckerberg）則認為這樣悲觀的態度非常不負責任。先不管他們的想法是誰對誰錯，總之，科技永遠是向前走的，你不做，自然有人會做。近年掀起熱潮的還有「擴增實境」（Augmented Reality，AR）、虛擬實境（Virtual Reality，VR）等，推陳出新的技術令人眼花撩亂，「高科技」的發展也將無窮無盡發展下去。

　　現在，每當一個重要發明問世，我們都會覺得震驚，感到不可思議，就如同前面説過的，蒸汽機、鐵路、火車、輪船、飛機、電腦、網際網路、智慧型手機……，這些新發明都徹底改變了當時人類的生活，現在卻覺得它們如同空氣和水一般平凡。而生產這些產品的公司，都曾經是股票發行公司，也曾被炒到天價。思科（Cisco）前執行長約翰‧錢伯斯（John Chambers）説「未來 40% 的科技都會死掉」；股神華倫‧巴菲特（Warren Buffett）則説：「高科技可以改變人類生活，卻不能幫股東創造獲利。」

　　每個世代都有不同的明星股票，但是當「高科技」的光環褪去，流行迅速退位，這會讓投資人損失慘重，鐵路股、汽車股、電視面板股、太陽能股、網路股、手機股、3D 列印股等都曾是如此。未來還會發生這些事情嗎？我跟你打賭，這種事情永遠會在股市中上演。

　　未來的未來，還有更多「高科技」概念股會讓投資人驚豔，並且不斷吸引

投資人的目光和想像力，然而贏家畢竟是少數，如果將來再碰上，我們是不是應該保持理智，冷靜的在場外觀望呢？（上網搜尋一下，最近又有哪些高科技足以改變世界了？）

巴菲特絕不投資革命性的新興產業，因為它們極少建立起任何競爭優勢，從萌芽到高速發展階段，往往會面臨激烈競爭，進而陷入削價競爭的惡性循環，因此他都不碰科技股，就是因為科技推陳出新，難以維持長久的獲利。

但為什麼他在 2016 年、2017 年開始買進蘋果公司（Apple）股票呢？這大概是因為，智慧型手機已經邁入成熟階段，他也不再把 Apple 當作是高科技製造公司，而是當成民生必需消費公司，畢竟人們已經離不開 iPhone，以及 Apple 所提供的各種產品和服務了。

革命性的新產業有改變社會的潛力，要是成功壓對了一檔，可以在短時間內獲取翻倍再翻倍的報酬率，令許多夢想短期致富的投資人醉心不已。只是公司獲利水準若無法跟上被追捧的股價，就會被打回原形；可怕的是，當多數投資人發現這一點時，股價早已殺到見骨。因此，若沒有敏銳精準觀察力，沒有把握可以掌握下一波改變人類生活的趨勢，那麼對於推陳出新的科技股，或是具有類似性質的新創產業，還是避開為妙吧！

留意轉投資經營績效
小心「多角化」變「多慘化」

4-6

談到購併，大家第一個想到的就是鴻海（2317），董事長郭台銘從連接器、模具起家到全球規模最大的 EMS（Electronic Manufacturing Services，電子製造服務）代工廠，其中最令人稱道的就是不斷購併國內外的優秀企業，現在的鴻海集團已經跨足消費電子、資訊整合、網路通訊，甚至通路、半導體等事業，這叫做「多角化經營」。

多方投資非關本業的事業，當心反拖垮獲利
──以燦坤（2430）為例

多角化經營的公司值得讚許，但「多慘化經營」的公司就要避免。過去是國內 3C 賣場龍頭的燦坤（2430）就曾經陷入多慘化經營的麻煩。

燦坤在 2003 年成立燦星旅遊（2719）跨足觀光事業；2009 年將家電

表1 **燦坤獲利從2013年開始一度下滑**
──燦坤（2430）歷年獲利結構

年度	營業收入（億元）	營業利益（億元）	稅後淨利（億元）	EPS（元）
2010	278.15	11.17	9.69	6.50
2011	293.80	13.18	10.76	6.43
2012	287.11	9.88	7.23	4.32
2013	256.87	6.40	5.21	3.11
2014	233.84	4.97	1.11	0.66
2015	229.80	5.12	3.00	1.79
2016	221.67	7.20	4.78	2.88

註：本表四捨五入至小數點後第 2 位　　資料來源：公開資訊觀測站、XQ 全球贏家

部門分割為燦星網通（4930），從事家電製造；2011 年在廈門設立湖里文創園區，企圖進軍 3C 文創、酒店、餐飲等事業；同年還成立「快 8 網路商城」揮軍網購事業，意思是 8 小時之內訂單一定可以到貨，但到了 2014 年又將「快 8 網路商城」改成「快 3 網路商城」，標榜全台 3 小時到貨。

2013 年開始，燦坤也大動作進軍餐飲業，賣日式甜點的日法坊、賣日式豬排的富士印、賣水餃的五花馬、賣咖啡和麵包的金鑛咖啡、賣義大利麵的

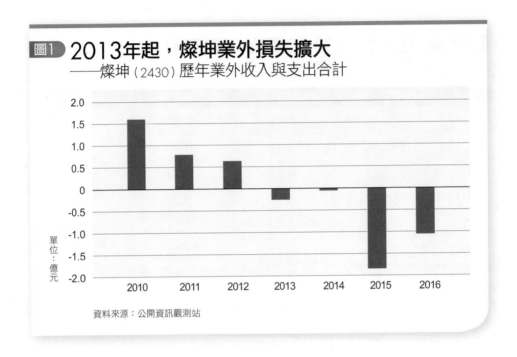

圖1 **2013年起，燦坤業外損失擴大**
——燦坤（2430）歷年業外收入與支出合計

單位：億元

資料來源：公開資訊觀測站

樂義、賣火鍋和牛排的純焠餐飲（這家我吃過）、賣烏龍麵的五食五心……。
燦坤購併或入股的這些事業，長期的營運績效不佳，反而拖累了燦坤的獲利
（詳見表1、圖1）。

　　2016年燦坤承認失敗，結束日法坊、富士印、樂義、純焠餐飲及五食五
心等事業；反觀燦坤的對手全國電子（6281）專注本業，多年來都能維持穩
定的營運績效（詳見表2）。

圖2 計入股利後，燦坤還原股價呈下滑趨勢
——燦坤（2430）還原月線圖

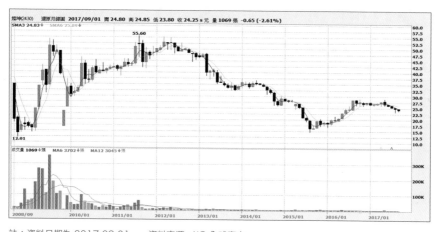

註：資料日期為 2017.09.01　　資料來源：XQ 全球贏家

購併不等於獲利，應持續追蹤轉投資公司營運狀況

許多優秀的企業家，都認為他們可以跨入另一個產業，相信自己能經營得像原來的本業一樣好，但事實上並不是如此，因為不是所有公司都能從癩蛤蟆變成青蛙王子。

即使是一家有超額利潤的公司，也不該資助一個不斷虧損的事業。我們投

表2 全國電子專注本業，歷年獲利穩健
——全國電（6281）歷年獲利結構

年度	營業收入（億元）	營業利益（億元）	稅後淨利（億元）	EPS（元）
2010	120.25	4.96	4.32	4.35
2011	126.79	5.23	4.58	4.62
2012	149.80	6.09	5.38	5.42
2013	147.31	4.67	4.16	4.19
2014	159.38	4.77	4.27	4.30
2015	165.02	4.90	4.34	4.37
2016	168.12	5.76	4.94	4.98

註：本表四捨五入至小數點後第 2 位
資料來源：公開資訊觀測站、XQ 全球贏家

資股票要停損，也要注意企業轉投資子公司的營運狀況，子公司若是虧損，虧損幅度有變小？還是愈來愈惡化？母公司是否有採取相應的措施？像是中保（9917）收掉復興航空、台灣視訊；王品（2727）結束曼咖啡；統一超（2912）結束日本茶飲品牌 Afternoon Tea 的代理；台積電（2330）退出太陽能、固態照明事業……，這些行動對公司營運都是正面的。

再來看更早之前股神華倫・巴菲特（Warren Buffett）的例子。1965 年巴

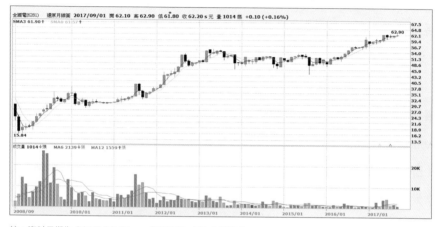

圖3 計入股利後，全國電還原股價呈上升趨勢
——全國電（6281）還原月線圖

註：資料日期為 2017.09.01　　資料來源：XQ 全球贏家

菲特掌控當時還是紡織廠的波克夏海瑟威公司（Berkshire Hathaway，以下簡稱波克夏），巴菲特領悟到紡織業是個高資本支出的行業，而且很難與競爭對手區隔；在看不到前景的狀態下，巴菲特決定不擴張紡織事業，而是專注於投資事業；1985 年 7 月巴菲特正式結束波克夏紡織部門，轉型為控股公司，造就今天你我熟知的波克夏。

巴菲特早期最重要的持股可口可樂（Coca-Cola），在 1970 年代也有驚

人創舉，當時的執行長是保羅・奧斯丁（Paul Austin），他投入了水、酒和養蝦等事業，拖垮了可口可樂的獲利，很明顯，養蝦並不在可口可樂的能力圈（Circle of Competence）之內。於是奧斯丁在 1990 年遭到罷免，新執行長羅伯托・高祖塔（Roberto C. Goizueta）把公司事業回歸到單一產品——可口可樂飲料的經營。

當時數家大型飲料公司都忙著轉投資副業。啤酒製造商安海斯布希（Anheuser Busch）把啤酒賺來的錢投資在主題公園；酒品製造經銷商百富門（Brown Forman）投資陶瓷、水晶和行李箱生意的回報率也沒有特別好；加拿大施格蘭公司（Seagram's）主業是全球葡萄酒與烈酒生意，但這家公司買下了環球影城。

高祖塔採取的策略和整個產業的做法背道而馳，他專注於公司最大、最重要的產品，重新把公司的資源用於最賺錢的事業上。

巴菲特說：「聲譽卓越的經理人，如果碰上經濟條件惡劣的事業，結果總是依然如故。」就像巴菲特放棄產業條件惡劣的紡織業，專注於投資，中華食（4205）只賣豆腐、豆花，大統益（1232）只賣黃豆加工產品和沙拉油，這兩家公司用心專注本業，也能維持高獲利。如果讓製造豆腐和沙拉油的公司去蓋房子、賣汽車或是購併遊樂園，失敗的機率應該相當高。

　　下次我們看到某公司要進軍和本業無關的領域，或者說有購併案發生，一定要持續追蹤該公司後續的經營績效，長期觀察公司對於所賺得現金的處理方式，大概就能知道經營者的個性了。有些經營者穩中求勝、穩定成長；有些公司卻一再碰壁，購併非但沒有綜效，反而拖累本業。對於這些公司，聰明的投資人，應該知道要怎麼做了。

貿然搶進高殖利率股
恐落入2陷阱

4-7

　　每年大約 3 ～ 4 月，公司開完董事會後，會確認前一年度的財報，並且公告股利分配的情況，而這也是存股族最開心的時刻。公司忙了一整年，終於可以將賺來的錢分配給股東，而投資人也樂於計算當年可以收到多少現金股利、可以領多少被動收入；接下來公司就是召開股東會，確認財報和股利政策，並公布除權息日期。

　　這時候我們會看到很多關於高殖利率股票的分析報導，從殖利率最高的開始排序，第 1 名的股票殖利率也許會高達 8%、9% 以上。不曉得大家有沒有這樣的經驗，買進高殖利率的股票後，第 1 年領到偏高的股利，但是到了第 2 年、第 3 年，股利卻愈配愈少，而且股價也跟著走跌。

　　很多投資人當然不願意在股票套牢時停損賣出，但有時候股價一走空就是好幾年。當初貪圖高殖利率的下場就是讓自己的資產減損，不但達不到長期

存股複利增值的效果，還賠了本金。

選擇錯誤的股票存股，那倒還不如把錢拿去銀行定存，假設將 10 萬元定存，以固定年利率 1.2% 計算，1 年可以領到 1,200 元利息，隔年又可以繼續領到 1,200 元利息。2 年後我需要用錢，於是將定存解約，拿回來的本金還是 10 萬元。

但如果我選擇買進殖利率 8% 的股票，股價 100 元，那就是 10 萬元的本金，也許幾個月後就領到 8,000 元的股息；但 1 年後，股價變成 80 元，股息剩下 5,000 元。又過了 1 年，我需要用錢，所以把股票賣掉，結果當時股價剩下 50 元，拿回來的本金只剩下 5 萬元，也就是「賺了股息，賠了價差」。

長期獲利穩健的公司，多會維持一貫、穩定成長的股利政策。不過，這並不代表高殖利率的公司，就一定值得買進存股。以下是 2 種常見的高殖利率股陷阱：

陷阱1》景氣高峰時景氣循環股獲利佳，股利相對亮眼
真相：遇到景氣下滑，容易賺股息、賠價差

景氣循環股的特色，就是在景氣高峰時獲利極好，大量的需求推升公司獲

利，所以也能配發相對高的股利；一旦景氣反轉，變成供給大於需求，供需失衡將使整個產業大幅衰退。

舉例來說，裕民航運（2606）是國內規模最大、船型最齊全的散裝航運公司，主要經營大宗物資運輸，以鐵礦砂和煤炭為主，市場遍布全球各地，而散裝航運業務受全球景氣影響甚鉅，是標準的景氣循環股。

2007 年時，全球景氣達到高峰，裕民的獲利大幅成長，每股稅後盈餘（EPS）從 2006 年的 5.64 元成長到 2007 年的 10.55 元，股價從 2007 年初約 45 元，同年 10 月最高漲至 123.5 元；但隨著景氣反轉，2008 年第 4 季開始，EPS 明顯衰退，獲利不振，自然連帶股價、配息也連番下降（詳見表 1）。

若在 2007 年底以 88.6 元買入裕民，隔年可領到配息 8.5 元，殖利率將近 9.6%，但如果繼續長期持有 10 年至今，計入股利後還是虧損，從還原股價走勢圖就可以看得很清楚（詳見圖 1）。

例如結算至 2017 年 9 月 26 日，收盤價 35.15 元，每股股價就損失了 53.45 元，就算計入持有這 10 年的現金股利共 35.95 元，也無法彌補本金的損失，這就是貪圖高殖利率，「賺了股息，賠了價差」的例子。

表1 遇景氣反轉，2008年起裕民股價與配息逐年下滑
——裕民（2606）歷年最高股價、EPS、現金股利與現金殖利率

年度	最高股價（元）	EPS（元）	現金股利（元）	現金殖利率（%）
2005	57.40	7.01	5.00	8.71
2006	44.45	5.64	5.00	11.25
2007	123.50	10.55	8.50	6.88
2008	118.50	12.16	6.00	5.06
2009	73.60	6.60	5.00	6.79
2010	71.50	7.78	5.00	6.99
2011	63.60	3.18	3.00	4.72
2012	52.50	2.10	2.50	4.76
2013	55.20	1.83	2.00	3.62
2014	53.80	2.43	2.20	4.09
2015	49.90	0.96	1.00	2.00
2016	30.45	-1.04	0.75	2.46

註：1.本表年度為股利所屬年度，股利皆於隔年發放；2.數值四捨五入至小數點後第2位；3.現金殖利率計算方式：
「現金股利／當年最高股價 ×100%」
資料來源：台灣證券交易所、公開資訊觀測站、XQ全球贏家

陷阱2》一次性獲利用來發放股利，殖利率飆高
真相：並非每年有相同水準獲利，在股價相對高點買進不見得有賺頭

有時候公司會有一次性的業外獲利，若將其以現金股利發放，會造成當年度的殖利率飆高，眾人追捧的結果也會帶動股價迅速上漲。如果投資人因為

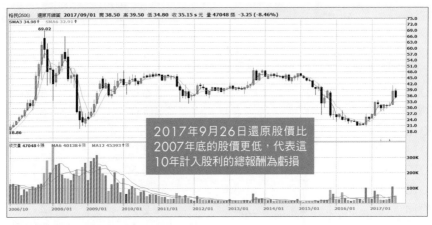

圖1 **2007年底買進裕民，持有10年還原報酬欠佳**
──裕民（2606）還原月線圖

> 2017年9月26日還原股價比
> 2007年底的股價更低，代表這
> 10年計入股利的總報酬為虧損

註：資料期間為 2006.10.02 ～ 2017.09.26　　資料來源：XQ 全球贏家

貪圖一時的高殖利率，而在股價相對高點搶進，遇到下一年度公司獲利回歸基本面、股價打回原形時，當初買在相對高點的投資人，整體報酬率往往不理想。

比如說潤泰新（9945）在 2013 年出售子公司「潤泰旭展」10% 的股權給日本地產龍頭三菱地所株式會社（Mitsubishi Estate），潤泰新因此獲利新台幣 7 億 1,151 萬元，並將此獲利全部用來發放現金股利，使得 2014 年

表2 2013年潤泰新收取一次性獲利，而後回歸基本面
——潤泰新（9945）歷年EPS、現金股利與股票股利

年度	EPS（元）	現金股利（元）	股票股利（元）
2005	0.39	0.80	0.00
2006	2.10	1.90	0.00
2007	1.54	1.30	0.00
2008	0.85	0.40	0.00
2009	0.68	0.95	0.00
2010	1.39	1.00	0.00
2011	3.44	1.80	0.00
2012	3.46	2.91	0.00
2013	**29.03**	**4.40**	**0.00**
2014	5.69	4.00	0.00
2015	6.46	0.00	0.00
2016	5.90	0.00	2.00

註：本表年度為股利所屬年度，股利四捨五入至小數點後第 2 位
資料來源：公開資訊觀測站、XQ 全球贏家

發放現金股利時，從原訂的 3.8 元提高到 4.4 元。2014 年 7 月潤泰新除息之前，股價約 54 元～ 55 元，若以 55 元計，當年可享有的殖利率高達 8%，次年可再領到每股 4 元的現金股利；然而到了 2016 年，潤泰新卻公布當年度不發放股利，股價大跌至 33 元左右；2017 年則配發 2 元的股票股利（詳見表 2）。

圖2 **2017年，潤泰新還原股價僅剩約28元**
──潤泰新（9945）還原週線圖

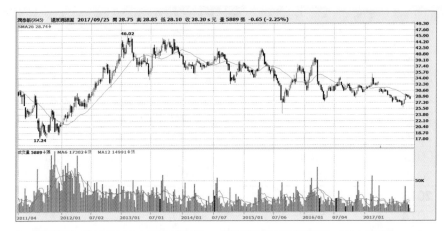

註：資料期間為 2011.04.11～2017.09.26　　資料來源：公開資訊觀測站、XQ 全球贏家

　　結算至 2017 年 9 月 26 日，潤泰新收盤價 28.2 元，計入股利後，跟 2014 年的買進價 55 元相比，報酬率仍是負值。從潤泰新的還原股價走勢圖就能看到，2017 年 9 月 26 日股價比 2014 年 7 月還要低（詳見圖 2），這也是「賺了股息，賠了價差」。

　　全國（9937）在 2010 年底的時候，出售位於新北市板橋中山路 2,113 坪的土地給馥華集團，進帳了 26 億元。過去全國從 2005 年～ 2009 年，

表3 2010年度全國因有一次性業外獲利拉高配息

——全國（9937）歷年EPS、現金股利與股票股利

年度	EPS（元）	現金股利（元）	股票股利（元）
2005	1.46	1.10	0.00
2006	2.23	1.80	0.00
2007	2.08	1.60	0.00
2008	1.25	1.00	0.00
2009	1.44	1.60	0.00
2010	**6.69**	**4.00**	**0.00**
2011	**1.51**	**3.00**	**0.00**
2012	1.34	1.30	0.00
2013	1.21	1.20	0.00
2014	1.06	1.20	0.00
2015	1.59	1.40	0.00
2016	2.28	2.00	0.00

註：本表年度為股利所屬年度，股利四捨五入至小數點後第 2 位
資料來源：公開資訊觀測站、XQ 全球贏家

配息都在 1 元～ 1.8 元之間，因為此筆出售土地的業外收益，讓全國連續在 2010 年、2011 年配息分別高達 4 元和 3 元（詳見表 3），也造成原本 30 多元的股價，短暫上漲逾 40 元。但是股價最後回到基本面，並且做了修正，於 2013 年最低跌至 25.8 元，所幸 2014 年起獲利提升，股價又逐漸上漲。

由於近幾年全國的獲利相對穩定，若從 2010 年底以 37.65 元買進，持有至今（以 2017 年 9 月 26 日收盤價 38.75 元計算），股價大約持平，計入這幾年領到的現金股利，合計每股 14.1 元，還原報酬還算是有不錯表現。存股族在評估標的時，就可以簡單判斷這家公司的獲利，是一次性的流入或是持續性的流入？簡單來説，可以用 2 個名詞來思考：「賣斷」與「租賃」。

比如説 2017 年政府推動「前瞻基礎建設計畫」，其中有多項軌道建設必須要用到水泥、鋼鐵，而營造股也會有很多工程可以承包，因此對於營建股、水泥股、鋼鐵股、機器設備股來説，軌道工程建設就屬於一次性收入，建設完畢後就沒有持續性的現金流入，是屬於「賣斷」性質的事業。這種性質的公司，獲利、配息及股價波動相對較大，投資人不易評估未來的營運狀況，建議保守以對。

另一方面，軌道建設完畢之後的歲修維護、汙水廠的操作營運，對於負責的工程公司、汙水廠而言，即為重複、持續、穩定、可預期的收入，也就是「租賃」性質的事業，具有這種特質的公司才適合存股。

公司營運穩定成長，才能長期擁有理想殖利率

選存股標的正確的心態，還是要回到核心──營運基本面。公司的營運不

表4 大統益歷年殖利率均多有5%水準
──大統益（1232）歷年最高股價、EPS、現金股利與現金殖利率

年度	最高股價（元）	EPS（元）	現金股利（元）	現金殖利率（%）
2007	34.00	3.21	2.60	**7.65**
2008	48.35	2.93	2.40	**4.96**
2009	40.40	3.68	3.00	**7.43**
2010	55.70	4.19	3.50	**6.28**
2011	56.10	3.67	3.00	**5.35**
2012	52.80	2.77	2.80	**5.30**
2013	69.00	4.42	3.80	**5.51**
2014	83.50	6.17	5.00	**5.99**
2015	81.00	5.70	5.00	**6.17**
2016	88.50	5.58	5.00	**5.65**

註：1.本表年度為股利所屬年度，股利皆於隔年發放；2.數值四捨五入至小數點後第2位；3.現金殖利率計算方式：「現金股利／當年最高股價×100%」
資料來源：台灣證券交易所、公開資訊觀測站、XQ全球贏家

斷精進，獲利穩定成長，股息自然就愈領愈多，股價也跟著水漲船高。當你長期持有之後，到了想賣出股票拿回本金時，股價往往會比當初買進的價錢還高，這叫做「賺了股息，又賺了價差」，長期持有這類股票才會達到存股複利的效果。

國內最大的黃豆進口和食用油製造商大統益（1232），其生產的桶裝

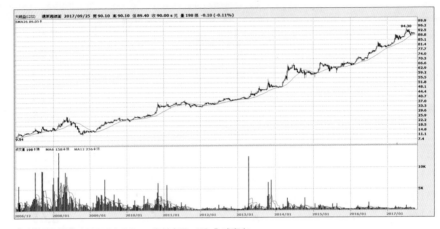

圖3 **大統益還原股價呈上升走勢**
——大統益（1232）還原週線圖

註：資料日期為 2017.09.25　　資料來源：XQ 全球贏家

食用油遍及各大餐飲通路，除以「美食家」自有品牌銷售之外，並為大成（1210）、統一（1216）等廠商代工。由於國內外食人口增加，餐飲業的食用油需求較不受景氣影響，皆能維持穩定的出貨量；若國際黃豆價格上漲造成製造成本增加，大統益也都能以漲價因應，2017 年初，大統益生產的沙拉油從每桶 530 元上漲至 630 元就是一例。

　　長期投資大統益，殖利率相對穩定，即使買在當年的最高價，殖利率大約

都有 5%（詳見表 4）；而隨著公司獲利提高、股息變高、股價上漲，投資人的股票價值也能穩穩增加（詳見圖 3）。

　　高殖利率只能當作短線的題材，存股者還是要選擇長期發展穩健成長的公司，萬萬不能看到高殖利率就貿然買進股票，這往往是見樹不見林。短暫的題材會刺激股價，但若因此套牢，損失的不只是複利效果，甚至會連本金都賠進去了，投資人不得不慎。

買進低殖利率的卓越公司
4-8
強化資產成長力道

常有朋友問我：「為什麼你會買進像日友（8341）、統一超（2912）殖利率這麼低的股票呢？存股的人不是應該買殖利率愈高的股票愈好嗎？」

多數人喜歡的，還是獲利較不具成長性、股價與股利都沒有什麼波動的股票，像是電信股、金融股、油電燃氣股等，這類公司因為產業處於穩定期，每年賺的錢不太需要用於投入擴充產線、購買廠房等資本支出，因此會將大部分獲利配發給股東。

只是，一味選擇高殖利率而缺乏成長性的股票，對於長期的複利效果而言，會打一些折扣。如果要讓資產有較明顯的成長力道，還是必須在投資組合當中，配置一些成長性較佳的股票，這時候可能會短暫的犧牲殖利率。因為具備成長性的公司，需要把一定的獲利保留下來，以作為接下來營運繼續成長的基礎。

去買殖利率低、本益比高、但前景頗佳的成長股,不是一般存股族會做的事,然而逆勢操作需要勇氣,企圖獲得優於平均的報酬率,你必須偏離群眾的看法。我們來看看成長股價值投資之父費雪(Philip Fisher),和波克夏海瑟威(Berkshire Hathaway)2大掌門人查理·蒙格(Charlie Munger)和華倫·巴菲特(Warren Buffett)是怎麼說的?

欲獲得理想的長期報酬,應配置成長性較佳的股票

費雪認為,投資人要獲得超高利益,只要能投資具有高於平均潛力的公司,公司的獲利可年年成長,如果公司獲利不能隨銷售(營收)成長,就不適合投資。

查理·蒙格則告訴巴菲特:「與其用非常便宜的價格購買爛企業,還不如以合理的價格投資卓越的公司。」所以巴菲特用高於帳面價值數倍的價格,投資可口可樂(Coca-Cola)和時思糖果(See's Candy)。在波克夏1997年的年會上,查理·蒙格追憶:「我們首次為品質而買。」巴菲特也表示:「如果我們沒買時思,就不會買可口可樂。」

用一個最極端的例子來說明,那就是波克夏公司,雖然該公司長期獲利成長驚人,但卻從來不配息,股息殖利率是「零」,同時巴菲特也拒絕分割波

克夏原始股票（詳見註 1），高股價常使部分投資人卻步，同時也嚇退短線投資客，但波克夏卻是全世界最有價值的股票之一。

　　巴菲特保留公司賺來的錢不發放的原因，就是他認為他能用這些錢，靠著自己精準的投資，為股東賺更多的錢。2008 年金融海嘯時，波克夏 A 股（BRK.A）股價曾跌到 1 股近 7 萬美元（約合新台幣 231 萬元），到了 2017 年 9 月中旬，股價已經攀升到 1 股約 27 萬美元（約合新台幣 810 萬元，詳見圖 1），波克夏 B 股（BRK.B）則為每股 180 美元（約合新台幣 5,400 元）。巴菲特表示，持有波克夏的股票愈久愈值錢，但如果股東需要錢的話，就可以賣一點波克夏的股票。

　　說了這麼多，我想強調的是，與其買進殖利率高的平庸企業，不如買進殖利率較低、長期價值持續增長的卓越企業。這類公司的營收與獲利因為在成長軌道上，配息也能逐年增加，我們就可用短期的低殖利率去造就未來的高殖利率。

註 1：
美股當中有 2 檔波克夏的普通股：波克夏 A 股（BRK.A）與波克夏 B 股（BRK.B）。1965 年巴菲特接掌波克夏，1988 年原始的波克夏股票開始在紐約證券交易所（New York Stock Exchange，NYSE）掛牌上市。因為股價太高，為防止有心人炒作股票，並且能讓更多投資人負擔得起，波克夏於 1996 年將部分原始股票分割為 B 股，原始股票則為 A 股，B 股股價為 A 股的 1/30。2010 年波克夏為收購伯靈頓北方聖太菲鐵路公司（BNSF），再度將波克夏 B 股分割為 1/50，此後截至 2017 年 9 月底都未再分割，B 股價格為 A 股的 1/1,500，且不得轉換為 A 股（但 A 股可轉換為 B 股）。

圖1 2017年9月波克夏A股每股已攀升至27萬美元
—— 波克夏A股（BRK.A）月線圖

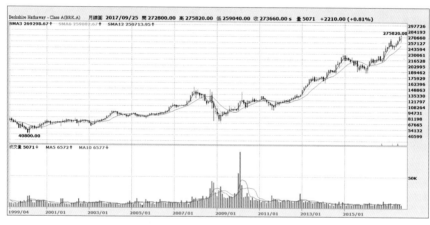

註：1. 資料日期為 2017.09.25；2. 單位為美元　資料來源：XQ 全球贏家

若從2014年持有日友至今，股息年年成長

卓越的公司為什麼會愈來愈有價值？因為它的營收獲利不斷創新高，配息能逐年增加。以日友環保公司為例，日友為國內最大的醫療廢棄物處理公司，並跨足兩岸事業廢棄物處理，在中國的布局集中在河北、江蘇、山西一帶，若環評順利，市場預料，新廠會從 2018 年下半年開始貢獻營收獲利，2019 年、2020 年將會進入營收大成長的階段。

表1 買進低殖利率成長股，長期持有可共享繁榮
──日友（8341）vs.遠傳（4904）配息與殖利率

個股 （股號）	比較項目	2012年	2013年	2014年	2015年	2016年
日友 （8341）	每股配息（元）	－	2.00	2.20	3.50	4.50
	殖利率（%） （買進成本以52元計）	－	3.85	4.23	6.73	8.65
遠傳 （4904）	每股配息（元）	3.50	3.75	3.75	3.75	3.75
	殖利率（%） （買進成本以70元計）	5.00	5.35	5.35	5.35	5.35

註：1. 本表年度為股利所屬年度，當年度股利於隔年分派；2. 日友2014年興櫃，故僅提供2014年後資料；3. 殖利率公式為「現金股利／買進成本 ×100%」
資料來源：公開資訊觀測站

　　我在2014年日友甫登錄興櫃時就開始慢慢買進，買進價格約46元～52元，當年配息2元，殖利率僅僅3.85%（2元／52元 ×100%）、2015年配息2.2元、2016年配息3.5元，到了2017年配息4.5元（詳見表1）；若以買進價52元計算，殖利率高達8.65%（4.5元／52元 ×100%），所以當年犧牲了短期的低殖利率3.85%，卻造就了後來的高殖利率8.65%。若公司成長態勢不變，可以期待2018年、2019年的配息會繼續增加。

　　再拿個對照組來説明，在2012年底以70元價錢買進遠傳（4904），當

年遠傳配息3.5元，殖利率高達5%（3.5元／70元×100%），在2013年～2016年都是配息3.75元；以2016年度股息而言，若以買進成本70元計算，殖利率仍舊是5.35%。但由於公司缺乏成長性，因此配息要再增加的機會不高，假設股息、股價都沒有什麼變動，則股息殖利率大約都會維持在5.35%左右，當然這已經比銀行定存要優秀很多。

如果想要跟我一樣靠「雙贏股」讓整體資產持續增加，最好能在投資組合中納入一些成長型的公司，並且確保這些公司都有護城河，以享受價值與股息的成長。

靠現金增資發股利
4-9
當心公司創造現金能力不足

　　公司願意投入資本市場，將股票公開發行並進一步上市櫃，就是為了籌措營運資金。很多具有高度競爭力的公司，通常只在剛開始發行股票時增資1次（也就是向股東要1次錢），這種公司自己就能創造高現金流，既不發行債券、不向銀行借貸過多的資金，也不向股東要錢，靠自己創造的現金，就能讓公司不斷的成長、茁壯。如果我們長期投資這種公司，只要耐得住性子，將來公司的價值會遠遠超過我們買進的價錢。

　　有些公司為了發展所需，因此需要大量資金，這時候就會辦理「現金增資」，也就是多增加發行股票以獲取資金（印股票換鈔票）。公司拿了錢之後，就可以蓋新工廠、開新店鋪、增加產能、賣更多的產品、擴大市占率等等，如果能夠因此賺更多錢，這家公司的股票就會變得愈來愈有價值，讓股東跟著享福；相反的，如果公司的發展不利，那麼就會降低股票價值，讓股東蒙受損失。

公司若有重大投資案，保留現金無可厚非，但若公司資產淨值的成長，不是靠販售公司產品和服務，而是頻頻出售股票、擴張股本，身為股東，我就會質疑這家公司自我創造現金的能力。

因此在挑選股票的時候，最好能看看公司過去辦理現金增資的紀錄，如果三不五時就辦理現金增資，公司營運狀況卻沒有良好的成長，多半都不適合長期持有。

頻繁現金增資，公司營運狀況可能出問題

以航運股慧洋-KY（2637）為例，2010 年～ 2017 年總共發給股東現金股利 63 億 900 萬元，但左手發錢出去，右手又透過現金增資向股東要回58 億 5,600 萬元，也就是說，股東領到股利要繳稅之外，還要把領到的錢再還給公司。不只如此，公司除了向股東要錢，為了公司營運所需，這 7 年下來，公司還發了約 61 億 5,300 萬元的公司債（詳見表 1）。

這種狀況，就是公司自我創造現金的能力不足。既然公司缺少現金，又何必配息呢？反而讓投資人增加稅負負擔，更有甚者，讓投資人以為是高殖利率股而買進套牢。對於長期負債偏高的公司，不論是向銀行借錢，或向股東要錢再發放股利的公司，長期存股宛如不定時炸彈。

表1 **近年來慧洋現增與發債金額遠高於現金股利**

——慧洋-KY（2637）歷年現金股利、現金增資與發公司債金額

年度	現金股利（億元）	現金增資（億元）	發公司債（億元）
2010	3.96	24.15	0.00
2011	4.79	8.32	0.00
2012	5.43	0.00	5.94
2013	6.92	11.72	17.88
2014	9.02	0.00	0.00
2015	14.54	0.00	25.71
2016	12.86	11.17	0.00
2017	5.57	3.20	12.00
合計	63.09	58.56	61.53
		120.09	

註：2017 年為預估資料　資料來源：公開資訊觀測站

再以潤泰新（9945）為例，潤泰新的本業為地產投資，2011 年～2015 年共發放股利約 158 億元給股東，但這 5 年之間，卻也向股東募集資金近 205 億元，2016 年、2017 年現金股利則均掛零（詳見表 2）。

從股本形成方式，觀察公司淨值成長來源

我們再來觀察股票的「股本形成」方式，可以了解公司淨值成長到底是透

表2 2016年與2017年潤泰新均未配息

──潤泰新（9945）歷年現金股利與現金增資金額

年度	現金股利（億元）	現金增資（億元）
2010	10.54	0.00
2011	9.15	61.77
2012	18.80	0.00
2013	29.82	65.93
2014	52.45	0.00
2015	47.68	77.63
2016	**0.00**	**0.00**
2017	**0.00**	**0.00**
合計	168.44	205.33

資料來源：公開資訊觀測站

過何種方式，是靠公司自我創造現金？還是向股東要錢？

　慧洋-KY於2000年設立，2008年於英國開曼群島註冊投資控股公司，2009年8月登錄興櫃，總股本（實收資本額）新台幣22億元，2010年12月上市。截至2017年9月底的資料，總股本增加到61億6,700萬元，可以看到現金增資占股本比重，幾乎都在70%以上（詳見表3）。由於股本膨脹，獲利沒有同步增長，使得每股稅後盈餘（EPS）逐年下降，從2012年～

表3 **慧洋-KY興櫃以來，股本幾乎逾7成來自現增**
—— 慧洋-KY（2637）歷年股本形成

年度	總股本（億元）	當年度股本形成結構					
		現金增資		盈餘轉增資		公積及其他	
		金額（億元）	比重（%）	金額（億元）	比重（%）	金額（億元）	比重（%）
2009	22.000	**20.000**	**90.91**	0.000	0.00	2.000	9.09
2010	30.500	**26.000**	**85.25**	2.500	8.20	2.000	6.56
2011	35.800	**28.250**	**78.91**	2.500	6.98	5.050	14.11
2012	39.412	**28.282**	**71.76**	2.500	6.34	8.630	21.90
2013	45.111	**32.005**	**70.95**	2.500	5.54	10.606	23.51
2014	47.051	**32.818**	**69.75**	2.500	5.31	11.734	24.94
2015	51.424	**37.190**	**72.32**	2.500	4.86	11.734	22.82
2016	55.497	**41.264**	**74.35**	2.500	4.50	11.734	21.14
2017	61.671	**44.653**	**72.40**	2.500	4.05	14.518	23.54

註：1. 資料統計日期為 2017.09.30；2. 金額以四捨五入至小數點後第 3 位，比重以四捨五入至小數點後第 2 位
資料來源：公開資訊觀測站、XQ 全球贏家

2016 年，分別是 5.33 元、3.43 元、3.81 元、4.53 元、2.69 元，股價
也呈下跌趨勢（詳見圖1）。

　　潤泰新 1977 年成立，在 1989 年公開發行股票，當年總股本 10 億元，

圖1 近年來慧洋-KY股價呈下滑趨勢
—— 慧洋-KY（2637）週線圖

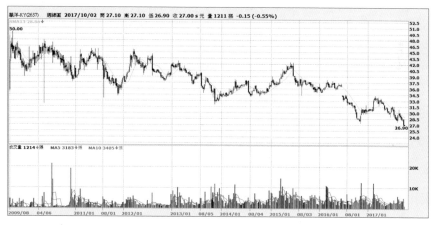

註：資料日期為 2017.10.02　　資料來源：XQ 全球贏家

截至 2017 年 9 月底的資料，潤泰新 28 年來多次辦理現金增資，也可以看到現金增資占股本比重愈來愈高，2015 年度的現金增資比重甚至高達 80%（詳見表 4）。雖然潤泰新靠著轉投資南山人壽和高鑫零售挹注獲利，2013 年～ 2016 年的 EPS 分別是 29.03 元、5.69 元、6.46 元、5.9 元，長期股價亦是下滑趨勢（詳見圖 2）。

　反觀統一超（2912），1987 年成立時的總股本是 1 億元，2009 年總

表4 潤泰新的股本多半來自現金增資
——潤泰新（9945）股本形成

年度	總股本（億元）	當年度股本形成結構					
		現金增資		盈餘轉增資		公積及其他	
		金額（億元）	比重（%）	金額（億元）	比重（%）	金額（億元）	比重（%）
1977	0.150	**0.150**	**100.00**	0.000	0.00	0.000	0.00
1989	10.000	**9.855**	**98.55**	0.145	1.45	0.000	0.00
1995	40.549	**18.055**	**44.53**	22.494	55.47	0.000	0.00
1997	57.549	**35.055**	**60.91**	22.494	39.09	0.000	0.00
1998	78.304	**50.055**	**63.92**	22.494	28.73	5.755	7.35
2006	75.932	**48.538**	**63.92**	21.813	28.73	5.581	7.35
2011	97.932	**70.538**	**72.03**	21.813	22.27	5.581	5.70
2012	99.963	**72.569**	**72.60**	21.813	21.82	5.581	5.58
2013	119.198	**91.804**	**77.02**	21.813	18.30	5.581	4.68
2014	119.256	**91.863**	**77.03**	21.813	18.29	5.581	4.68
2015	139.341	**111.947**	**80.34**	21.813	15.65	5.581	4.00
2017	167.209	**111.947**	**66.95**	49.681	29.71	5.581	3.34

註：1. 資料統計日期為 2017.09.30；2. 金額以四捨五入至小數點後第 3 位，比重以四捨五入至小數點後第 2 位；
　　3. 本表僅列出潤泰新成立年度 1977 年、公開發行年度 1989 年、最新年度 2017 年及自 1989 年以來有辦
　　　理現金增資當年度股本形成資料
資料來源：公開資訊觀測站、XQ 全球贏家

圖2 自2009年以來，潤泰新股價已將近腰斬
──潤泰新（9945）週線圖

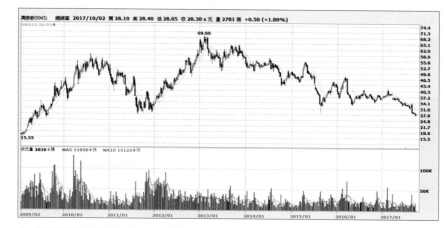

註：資料日期為 2017.10.02　　資料來源：XQ 全球贏家

股本成長至將近 104 億元後，總股本就不再膨脹（詳見表 5）。實際上統一超成立以來都沒有辦理過現金增資，主要都是來自盈餘轉增資（也就是發放股票股利），可以看出這幾家公司自我創造現金能力的差別，股價走勢也有天壤之別（詳見圖 3）。

　　就我長期的觀察，每當公司要辦理現金增資，股價均會回落。對原本就持有股票的投資人來說，看似可以套利，賣掉高價的舊股，然後買進較便宜的

表5 統一超成立以來，股本膨脹皆來自盈餘轉增資
——統一超（2912）股本形成

年度	總股本（億元）	當年度股本形成結構					
		現金增資		盈餘轉增資		公積及其他	
		金額（億元）	比重（%）	金額（億元）	比重（%）	金額（億元）	比重（%）
1987	1.000	1.000	100.00	**0.000**	**0.00**	0.000	0.00
1997	35.408	1.000	2.82	**34.408**	**97.18**	0.000	0.00
2009	103.962	1.000	0.96	**102.962**	**99.04**	0.000	0.00
2017	103.962	1.000	0.96	**102.962**	**99.04**	0.000	0.00

註：1. 資料統計日期為 2017.09.30；2. 金額以四捨五入至小數點後第 3 位，比重以四捨五入至小數點後第 2 位；
　　3. 本表僅列出統一超成立年度 1987 年、公開發行年度 1997 年、股本開始停止膨脹的 2009 年度及最新年度 2017 年股本形成資料
資料來源：公開資訊觀測站、XQ 全球贏家

增資股，其實股價早就預先反映了公司的股本膨脹、EPS 減少，所以通常股價都會先行下跌，股東的股票淨值也會減少。短期看似賺到了價差，但長期而言，股東並不會占到便宜。

　　有些較成熟、成長力道不強的公司，也許沒有重大投資案等鉅額資本支出，所以不需要太多現金，股神華倫·巴菲特（Warren Buffett）通常希望這種公司多配息給股東，讓股東自己決定如何運用這筆錢；或者公司買回庫藏股註銷，讓股本減少，這樣可提高每股淨值和 EPS，股價也會因此上漲。

圖3 統一超創造現金能力強，股價呈上漲趨勢
—— 統一超（2912）週線圖

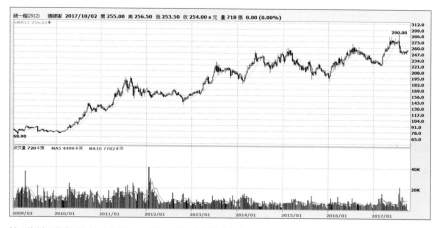

註：資料日期為 2017.10.02　　資料來源：XQ 全球贏家

另外，辦理現金減資也是不錯的選擇，也就是將公司過多的現金退還給股東，2017 年就有多家上市櫃公司辦理現金減資，如年興（1451）、震旦行（2373）、敦陽科（2480）、禾伸堂（3026）等，股價都有不錯的表現。雖說現金減資可能是產業欠缺成長性，但也可以正面解讀為公司財務健全，對股東負責的一種表現。

至於現金減資的公司適不適合投資？這又是另一個題目了，暫不在本書討

論範圍。

查理·蒙格（Charlie Munger）在 2003 年波克夏年會中指出：「有 2 家公司，第 1 家公司賺了 12%，年底就可以拿到錢；第 2 家公司也賺 12%，但所有賺的現金必須重新投資——沒有任何現金剩餘，我們討厭這種公司。」

只有在企業的投資不斷增加報酬時才對投資人有益，需要持續增加資金的低報酬企業，對投資人來說是有害的。如果你發現公司不斷發行公司債、發行特別股、辦理現金增資，就要提高警覺！

Chapter 5

堅持投資紀律
輸少贏多放大獲利

嚴格遵守2原則
只挑最有把握時機才出手

5-1

　　暢銷投資經典書籍《非常潛力股》（Common Stocks and Uncommon Profits and Other Writings ？）作者菲利普・費雪（Philip Fisher）向來以投資成長股著稱，他喜歡的公司，產品必須有充分的市場潛力，能夠持續成長。人的一生中要買到大漲數倍的股票不容易，如果你挑中了雙贏股，可要好好抱緊，不要因為股價短期上漲，就忍不住想要獲利了結，因為這就失去了長期存好股、複利增值的概念了。

　　不論下象棋或圍棋，如果我們能比對手早看出 2 步、3 步，勝算就會比較高（Google 開發的人工智慧軟體「Alpha Go」顯然能做到這一點）；開車的時候，除了要保持安全距離之外，我們不只看前面那輛車的動態，還要看前面 2、3 輛車的動態，以防前車緊急煞車，來不及反應。

　　賭梭哈（Five-card stud）的時候，要等對手把牌一張一張亮出來，我們

才下賭注，不是一開始就「Show Hand」（亮底牌）。股神華倫‧巴菲特（Warren Buffett）說：「如果玩了30分鐘撲克牌，然後你還不知道誰是笨蛋，那也許你就是那個笨蛋了。」許多人盲目投資，就像是通宵打牌，卻從未認真看清自己手上的牌。

橋牌（撲克牌玩法的一種）是一種很好的益智遊戲，我自幼就愛打，當我拿到一副牌，可說是在近乎不可知的狀態下，不斷評估所有的可能性。在每一場牌局中，我必須做出幾百次決定，每一輪所有人出的牌都有意義，我必須算出對手會打出什麼牌的機率，並決定自己要如何出牌。

麻將也是類似的情況（麻將也是我的專長之一），我常建議朋友要投資股票之前，先去練習打橋牌和麻將。因為投資就是一種研究、推測，然後執行買出、賣出、等待（場外觀望或繼續持有）的歷程；公司每個月公布營收，每一季公布獲利、毛利率、營業利益率等財報數字，我們要據此預測未來可能發生的狀況，至少趨勢是大概可以掌握的。

原則1》個股體質變差或有更好標的出現再考慮換股

1998年10月，巴菲特在佛羅里達商學院的演講中說道：「華爾街是靠『動』來賺錢，而你是靠『不動』來賺錢，如果這間屋子的每一個人，每天

都和另外一個人交換持股，到最後大家都會破產，錢會落到中間人手裡；如果你們都持有一組股票，然後接下來 50 年都只坐在這裡不動，到最後你會很有錢，而股票經紀商會破產。」如果你認為每天沒有買進或賣出的動作，就是沒有進步，那你就錯了。以存股者的角度而言，我們非常願意長期持有獲利穩健成長的公司，並伺機加碼買進。如果問巴菲特心目中最佳的抱股時間，他會說「永遠」，因為只要公司獲利持續成長，也許它就是一家超級公司，那麼最不該做的就是賣掉持股。

其實在沒有充分的證據或數字顯示所投資公司的基本面轉差，或是有更優秀投資標的出現以前，我是不會輕易換股的，因為有時候多做多錯，既然是以長期投資績優股為大方向，就萬萬不可迷失於短線進出之中。就像在高速公路上開車，當內車道車速慢，發現外車道的車流較小、速度較快時，我們會變換到外車道；但一切換車道，卻變成外車道車流變多，內車道反而暢通無比，這是大家都有的經驗。

投資股票也是如此，看見 A 股票上漲，賣掉不動的 B 股票去追 A 股票，換股之後卻朝預期之外的走勢前進；頻繁買進、賣出的結果，不但價差沒賺到，還徒增交易成本，用一句俗話來形容，就是「抓龜走鱉」。

預測好股票漲多後可能下跌，於是選擇賣出，這並不是我所謂的「存股」（當

然巴菲特也不會這樣做），那我究竟是怎麼「存股」呢？2005年4月18日，我用16.2元買了1張恆義（4205，2013年已更名為中華食），這是我人生第1次買進此檔股票。之後我也在股價20幾元、30幾元的時候買進，到了2017年2月，又以49.7元買進2張，這是本書截稿前（截至2017年9月底）我最後一次買進此檔股票（如果公司未來營運維持成長，當然仍會伺機再加碼買進）。

在這12年的過程當中，中華食的股價有漲有跌，但由於公司的獲利穩健成長，股價長期維持多頭走勢，當股價上漲的時候，可能有人預期它漲多應該會拉回修正，所以就把它賣掉，想等下跌的時候再買回來。但我碰到很多朋友的狀況是，賣掉之後，就買不回來了，因為股價持續上漲，並沒有跌回更低的價位，在無法克服追高的心理障礙下，再也不肯買進。這樣一來，除了領不到往後的股息，還得眼睜睜看著股價頭也不回的往上走。

了解公司基本面變化，才能進退有據

只要公司獲利穩健，我就會抱緊不放；而當公司的獲利成長幅度大於股價上漲幅度，我甚至會加碼買進。只是當股價漲多（也許在3～5個交易日就大漲了10%、15%以上），我也不會追價，而是等待更進一步的營收獲利數字出爐，如果獲利成長幅度低於股價漲幅，我就會靜待股價修正、盤整時再擇機買進。

　　投資人可能因為股票上漲，覺得很輕鬆就能賺錢而興奮過度，於是無法客觀評估股價對於基本面是否合理；但在股價下跌時，反而開始恐懼，並且懷疑當初買進的決定是否正確。投資的路上認識很多朋友，有人和我一樣在50元左右買進日友（8341），可是56元就賣出；也有人抱到80元賣出，然後110元再買進，125元又賣出……。

　　投資風險來自於企業內涵價值改變，而不是股價的移動。如果當你看到財務數字，發現公司持續成長，市占率不斷擴大，但股票卻不漲，甚至下跌，你可能覺得你是個失敗者；但是反過來想，就會覺得這是好股票的跳樓大拍賣，有低價買進好股票的機會，難道不該開心嗎？

　　追蹤公司的基本面和財務數字，就能判斷股價到底是太貴還是太便宜。如果你擔心自己判斷的能力不夠好，那就盡量選擇簡單易懂的股票。舉個例子，假日到餐廳用餐，看到門可羅雀，就知道生意不好了，這還騙得了人嗎？

整體資產價值成長，比創造零成本部位更重要

　　另外，很多朋友會想要持有「零成本股票」，比如說我在10元買進某檔股票20張，花費20萬元，當股價漲到15元時，我賣出14張，拿回21萬元（賺了1萬元，不計入手續費與稅費），剩下6張就是零成本部位，然後就放著不管它，不管它往後配息多少、股價怎麼變化，那都是多賺的。就

算公司經營不善，股價下跌，也不管它，因為那6張股票是零成本，所以沒差，真的是這樣嗎？

我的看法是這樣的：如果該股票還是有強大的成長潛力，當股價上漲到15元時，我不但不會賣出14張，反而會伺機加碼買進更多的股票；但如果該公司失去優勢，獲利下滑，我可能會慢慢調節，找尋更好的投資標的，也不會留下6張不管它。單一股票是不是零成本並不重要，重要的是你要尋找優秀的公司，長期持有，整體股票資產的成長才是最重要的。

原則2》賺錢股票慢慢等，虧錢股票快快賣

當然我的股票也不全都是只買不賣。我在2008年10月第一次買進佳格（1227），成本16元左右，開始參與公司獲利成長、股價攀升；但是當股價急漲時我不會追漲，而是等股價修正時加碼，從10幾元、20幾元、30幾元……一直買到70幾元。直到後來公司出現成長停滯，甚至衰退，2012年4月，股價在100元左右時，我將所有佳格股票賣出（詳情可參考我的第1本書《流浪教師存零股 存到3000萬》）。

巴菲特在2016年也減持威訊通訊（Verizon Communications）、寶僑（P&G）、沃爾瑪百貨（Wal-Mart Stores）股票，2017年出清奇異（GE）

股票。換句話説，不是長期投資就不能賣股票，當公司前景不明，基本面轉差的時候，該賣還是要賣；在此之前，就不要管它。公司若持續成長，本來你可以賺到 200 萬元，結果只賺了 20 萬元，這是非常可惜的事情。

投資不是閃電戰，而是持久戰，好股票出現蠅頭小利便獲利了結，卻任由壞的投資帶來的損失愈滾愈大，對資產成長並沒有幫助。很多人買進股票套牢後，公司基本面其實沒有問題，但因為一心只想等解套，所以解套後小賺就出場。比如説，110 元買進的股票下跌至 100 元，等股價回到 113 元就賣出，結果後來漲到 170 元。很少有人對於賺錢的股票能抱超過 1 年；反觀 60 幾元買的股票跌到 40 元，抱了 2、3 年都不處理，抱愈久跌愈多，最後常常是賺小賠大。

如果你持有的是爛公司，要快快脫手。在台灣加權指數大漲逾 1 倍期間（2008 年 11 月最低點 3,955 點到 2017 年上萬點），很多股票卻一路破底，例如同期間友達（2409）從 20 元左右最低跌到 8 元，裕民（2606）從 40 元以上跌到 21 元，晶電（2448）從 60 幾元跌到 17 元……，忠心耿耿的股東只能盼望神蹟的出現了。耐心雖然是一種美德，但是對有些公司來講，耐心是沒有回報的。

賺錢的股票要慢慢等，虧錢的股票要趕緊賣，你可以學著比別人少犯錯誤，

以及在犯錯的時候，如何更快的修正錯誤。

公司基本面轉差，應適時出場而非持續攤平

投資人常常賣掉賺錢的股票去攤平套牢的股票，這就好比摘掉茂盛的花朵，然後努力去雜草堆澆水施肥一樣。事實上，買進股票後，股價不斷上漲，表示我們看對了，更應該繼續持有，甚至加碼；反之，買進股票後，股價不斷破底，就要檢討公司基本面是不是出現問題，適時出場是很重要的，不過若是股價一時下跌，經過判斷後發現公司沒有問題，反而要勇於買進。

一個人如果對自己的判斷沒有信心，在投資旅程中無法走得長久。當你判斷自己是正確的，堅持下去就對了，因為股價有時候不會馬上說真話。我們要有一個堅持不變的目標，那就是對股票的了解程度，要比向你買進股票或者賣你股票的那個人多很多。

投資要擬定計畫並嚴格執行，何時買進、何時觀望、何時賣出，按部就班，財富就會接踵而來。千萬不要今天下定決心長期投資存股，明天又炒短線；今天在電視上看到什麼股票好就買，明天在報紙上看到什麼股票不好就賣，結果六神無主，心神不定，最後賠錢的機會就大了。

相較於失敗的投資，或者說慘賠的投資，有時候錯失一些好股票，並不算

嚴重。棒球場中，有一些球速快、控球精準的巨投，擅長把球投到好球帶的邊角（corner）；站在打擊區的打者有時候勉強出棒都不見得打得到球，所以會發生站著不動被三振出局的狀況。

但投資股票就不是這麼回事了，每天有不同的報價，90 元的台灣大（3045）你不喜歡，80 元的大統益（1232）你不青睞，40 元的中華食（4205）你不滿意，大可不必出手，沒有人會判你三振出局，直到你最有把握的時機點出手就可以了。

如果連自己的個性都不了解，或為什麼要買某檔股票的原因都不知道，那就很糟糕了。眼見為憑，看獲利數字和趨勢，一旦心存疑慮，請不要介入。查理‧蒙格（Charlie Munger）說：「當勝算很大時，聰明人會下大注，在其他的時間裡（勝算不大的時候），就不要這麼做，很簡單。」眼光放遠，買進績優股長期持有，直到公司獲利衰退、基本面轉差，就是這麼簡單而已。

5-2 觀察財報數字 獲利連續衰退就出脫

如果你無法判斷一檔股票何時必須要賣出，那一開始就不要擁有。我的第 1 本書《流浪教師存零股 存到 3000 萬》提到王品（2727）停損的理由，就是因為財報數字連續衰退，而且當時我去王品旗下餐廳用餐時發現生意冷清，就知道王品生意不好了。

我在第 2 本書《他靠零股存到 3000 萬 —— 華倫老師的存股教室》提到將大豐電（6184）停利賣出，也是因為財報數字連續衰退，加上第四台可以跨區經營，有線電視行業陷入紅海殺價競爭的不確定因素中。

凡此種種，都不需要外資分析師或證券營業員告訴你公司表現即將衰退，而且不知道會衰退多久時間，你自己就可以判斷了。比如說，你走在馬路中間，看到一輛貨車疾駛而來，你應該馬上就會閃開，這是很簡單的事情，難道你還會期望別人說你很聰明嗎？

在股票市場上一定要「低估自己能力，高估市場的風險」，對於自己不懂的金融商品或股票還是少碰為妙，像商品期貨或者前幾年炒高的生技股，若在高點買進又不能停損，將損失慘重。

公司強勁的基本面會讓我們無憂無懼，會讓我們很有耐心，讓優秀公司幫我們賺錢。但如果只靠消息面操作股票，就算你有再多的錢也不夠賠。股票作手傑西‧李佛摩（Jesse Lauriston Livermore）說：「別跟股價理論，不要指望把利潤救回來，在還能夠賣出時，趕快脫身，賣出的唯一方法就是賣出。」你可以偶爾看錯，但不能受傷，這就是停損、停利的重要。

買賣股票應以基本面為依歸，而非股價

股價修正超過 3 成、4 成，是公司基本面出問題？市占率下滑？競爭力衰退？週期性景氣循環的問題？還是公司產品被取代？或是其他的各種問題？這都需要探究清楚，如果原因不明，最好不要輕舉妄動。

宏達電（2498）股價從 1,200 元跌到 50 元，這段過程中，任何「逢低買進」都是錯誤的，因為這是一家獲利衰退甚至虧損的公司；反觀中華食（4205）從 10 幾元上漲到超過 60 元，任何「逢低買進」都是正確的，因為這家公司持續穩健獲利。要買、要賣還是要觀望，完全要看公司的基本面、

公司的獲利數字。

舉幾個例子，我們來看看幾檔產業龍頭股，以下個股在各產業領域都是頂尖的佼佼者：中碳（1723）、五鼎（1733）、正新（2105）、聯發科（2454）、大車隊（2640）、王品（2727）、雄獅（2731）、大華（9905）、美利達（9914）、巨大（9921）……，有可能因為競爭者加入、殺價競爭、產業不景氣或訂單能見度降低等原因，使公司獲利連續大幅衰退，股價也跟著修正，甚至腰斬（詳見表1）。

如果投資組合中有以上股票，不論你是獲利還是虧損，要承受這麼大波段的股價修正，心裡應該會受不了，出脫股票還是比較好的選擇。

試想，股價如果跌了50%，要再漲回原點是要漲1倍，這是非常困難的，要花更多的時間成本，對於長期複利的效果也是打了折扣。「某檔股票近期上漲，投資人就會假設公司肯定發生什麼好事；反之，當股價走跌，人們就會認為公司出了狀況。」這是投資人很容易會出現的想法，但是不一定完全正確。

以股價為依據，抱著短期心態，是存股者最大的致命傷。因為股價不見得是最有效率的，當市場充斥著一群最貪婪和憂鬱的人時，股價就有可能出現

表1 即使是產業龍頭股，也可能遭遇股價腰斬
——10檔個股近年獲利衰退幅度與股價跌幅

個股 （股號）	衰退期間	獲利衰退幅度 （%）	期間最高至最低股價變化 （元）	股價波段跌幅 （%）
中　碳 （1723）	2014.06～2015.08	-43.35	203.00→88.60	-56.35
五　鼎 （1733）	2012.05～2015.08	-49.90	86.90→31.50	-63.75
正　新 （2105）	2014.04～2016.01	-17.26	103.00→48.55	-52.86
聯發科 （2454）	2014.07～2016.05	-48.92	545.00→192.00	-64.77
大車隊 （2640）	2013.10～2016.11	-33.33	171.00→40.10	-76.55
王　品 （2727）	2013.10～2016.05	-68.33	498.50→106.00	-78.74
雄　獅 （2731）	2015.07～2016.11	-44.89	186.50→73.10	-60.80
大　華 （9905）	2014.04～2016.10	-24.84	41.55→22.10	-46.81
美利達 （9914）	2015.03～2016.05	-36.88	263.50→116.00	-55.98
巨　大 （9921）	2015.02～2017.09	-33.26	323.50→141.00	-56.41

註：獲利衰退幅度以個股近年出現最高及最低股價的2個年度，計算其年度稅後淨利累積衰退幅度：其中，巨大最
　　低價出現於2017年，採計2016.Q3～2017.Q2累計稅後淨利
資料來源：公開資訊觀測站、XQ全球贏家

極端的不合理。

如果因為股價大漲而賣出股票，或是因為股價大跌而賣出股票，這都是沒有道理的。經濟學家凱因斯（John Maynard Keynes）說：「當事實發生變化時，我也會改變心意。」即使是最頂尖的企業、你最喜歡的股票也是如此，買進、賣出完全要看公司的基本面獲利數字變化，先講結論：

1. 股價漲，基本面成長更多，買進！
2. 股價跌，基本面成長，強力買！
3. 股價漲，基本面連續衰退，賣出！
4. 股價跌，基本面連續衰退，還是要賣出！

香港平民股神曹仁超的投資哲學：「不停損，便等著自殺。」能停損是投資成功的第 1 步，不停損除了會看到資產不斷虧損之外，也會喪失投資其他更優秀股票的機會，散戶應該淘汰一些最沒吸引力的公司，轉而持有較具吸引力的公司。

股神華倫·巴菲特（Warren Buffett）也在 1997 年寫給股東的信中提到：「萬一你發現自己在一艘長年不斷漏水的船上，與其把精力花在補破洞，不如花精力換一艘好的船還更有生產力。」接著就以我幾個換股實例來說明：

表2 **2009年～2015年，大榮獲利與營益率向上攀高**
——大榮（2608）歷年稅後淨利、長期負債／稅後淨利與營益率

比較項目	年度							
	2009	2010	2011	2012	2013	2014	2015	2016
稅後淨利（百萬元）	359	592	693	803	883	990	1,327	1,291
長期負債／稅後淨利（倍）	1.54	0.78	0.86	0.73	0.61	0.52	0.15	0.96
營業利益率（%）	7.42	11.58	11.44	11.52	11.43	13.76	15.57	15.60

資料來源：公開資訊觀測站、XQ 全球贏家

實例1》大榮（2608）換一零四（3130）

時間：2017年5月

主因：大榮連續3季獲利數字衰退且幅度擴大

　大榮（2608）是嘉里大榮貨運公司，是一檔我曾經相當看好的股票，股價在 2013 年 12 月創下 49.2 元波段高點，獲利連續穩定成長，代表本業的毛利率、營業利益率（以下簡稱營益率）攀高，長期負債占稅後淨利比重也愈來愈低，顯示財務狀況良好（詳見表 2）。到了 2015 年 6 月，大榮股價修正到 36 元左右，公司獲利增加、股價下跌，符合買進原則，因此我第 1 次買進大榮，股價約 36 元；爾後陸陸續續增加持股，同年 8 月底股價來到 33 元左右，我再度加碼。

表3 2016年Q3起，大榮毛利率與營益率雙雙年衰退

——大榮（2608）歷年單季毛利率與營業利益率

季度	2014年		2015年		2016年		2017年	
	毛利率（%）	營業利益率（%）	毛利率（%）	營業利益率（%）	毛利率（%）	營業利益率（%）	毛利率（%）	營業利益率（%）
Q1	19.27	13.43	20.91	15.49	21.03	16.37	**15.19**	**11.01**
Q2	19.90	14.61	21.12	15.52	21.95	18.45	**19.18**	**14.87**
Q3	20.53	15.24	21.12	16.02	**17.95**	**13.78**	N/A	N/A
Q4	19.58	13.33	21.41	15.26	**20.85**	**13.95**	N/A	N/A

資料來源：公開資訊觀測站、XQ 全球贏家

接下來持續觀察大榮每個月營收和每一季的財務數字，從 2015 年～2016 年上半年，大榮無論在營收、獲利、毛利率和營益率的表現都非常好；這段時間，只要股價拉回，我都繼續買進存股。2016 年 8 月中，大榮公布2016 年第 2 季財報，毛利率、營益率分別是 21.95% 和 18.45%，相較2015 年均有顯著成長；尤其代表本業獲利的營業利益金額，更有高達 25%的年成長，因此公布財報後的第 2 天，我又再度在 42.5 元左右加碼。

之後重複相同的步驟，我持續追蹤大榮營收和財報。不過，2016 年 11月中旬公布第 3 季財報，本業營業利益金額年衰退 13.37%，毛利率、營益

表4 ▶ **2016年Q3起，大榮營業利益表現持續不佳**
──大榮（2608）歷年單季本業營業利益與年增率

季度	2015年		2016年		2017年	
	營業利益 （百萬元）	年增率 （%）	營業利益 （百萬元）	年增率 （%）	營業利益 （百萬元）	年增率 （%）
Q1	320	25.98	373	14.07	**243**	**-34.85**
Q2	342	18.34	428	25.15	**344**	**-19.63**
Q3	374	9.70	**324**	**-13.37**	N／A	N／A
Q4	366	26.20	**342**	**-6.56**	N／A	N／A

資料來源：公開資訊觀測站、XQ全球贏家

率同步下滑（詳見表3、表4），這時候進入觀察期，我採取不買進、不賣出策略。

2017年4月初公布2016年度的年報，大榮第4季的表現仍舊不理想，本業的各項財務數字均小幅衰退，營業利益金額年衰退6.56%，尚在我容忍範圍之內，因此持續觀望；2017年5月中公布第1季季報，本業營業利益金額繼續大幅衰退34.85%，說是「忍無可忍」一點都不為過，第2天我就出清所有大榮持股在39.9元左右價位。

表5 實施一例一休後，宅配通淨利並未出現大跌

—— 大榮（2608）vs.宅配通（2642）單季稅後淨利

季度	大榮（2608）		宅配通（2642）	
	稅後淨利（百萬元）	年增率（%）	稅後淨利（百萬元）	年增率（%）
2016.Q1	341	28.20	48	11.63
2016.Q2	412	-4.63	20	-63.64
2016.Q3	263	-18.07	8	14.29
2016.Q4	275	-10.71	7	-333.33
2017.Q1	**197**	**-42.23**	**50**	**4.17**
2017.Q2	**302**	**-26.70**	**46**	**130.00**

資料來源：公開資訊觀測站、XQ 全球贏家

其實政府在 2017 年實施一例一休政策後，貨運業者在假日多以不營業來因應，大榮利潤比率的衰退，是在我的預料當中，但沒想到衰退幅度如此之大。如果貨運業者的本業獲利普遍衰退，那倒還可以接受，只要大榮的市占率還在，調整人力成本之後，獲利應該就會回升；但是觀察 2017 年第 1 季財報，同樣的衰退狀況並沒有發生在宅配通（2642）身上（詳見表 5），這也是另一個我賣出大榮的原因之一。

而賣出大榮的資金，我則是轉而買進人力銀行龍頭股一零四（3130），

這是國內市占率最高的網路人力銀行，也是第 1 家掛牌上市的網路公司。2017 年 5 月時，一零四股價在 146 元左右，公司宣布每股配息 10.8 元，殖利率高達 7.4%，關於一零四公司的基本面，則留待第 6 篇說明（詳見6-6）。

實例2》中華電（2412）換日友（8341）

時間：2016年底

主因：定存股換成長股

投資組合中，有些是「成長股」，這類型股票通常本益比較高，殖利率較低；另一種就是所謂的「定存股」，缺乏成長性，本益比較低，但卻享有高殖利率。要換股有幾個考量，在不損失殖利率的情況下，如果能將定存股換到成長股，不失為一個穩中求勝的方式。

我在 2016 年底以 108 元賣出大部分中華電（2412），然後加碼買進105 元左右的日友（8341），主要是我想讓資產有更好的增值機會，因此賣出中華電，轉而加碼較具獲利成長性的日友。

以 2016 年前 3 季獲利水準來看，日友每股稅後盈餘（EPS）是 3.85 元，中華電 EPS 是 4.16 元。但是依過去紀錄顯示，日友第 4 季通常是全年獲利

表6 日友2016年度獲利表現優於中華電

—— 日友 (8341) vs.中華電 (2412) 單季EPS與營業利益率

季度	日友 (8341)		中華電 (2412)	
	EPS (元)	營業利益率 (%)	EPS (元)	營業利益率 (%)
2016.Q1	1.28	41.01	1.50	24.21
2016.Q2	1.29	41.30	1.43	22.91
2016.Q3	1.28	41.08	1.23	19.64
2016.Q4	1.66	42.17	1.00	17.07
2016全年度	**5.50**	**41.42**	**5.16**	**20.92**
2017.Q1	1.35	42.45	1.24	21.64
2017.Q2	2.30	46.42	1.35	23.12

註：2017年第2季日友處分廠房，業外獲利EPS 0.5元　　資料來源：公開資訊觀測站、XQ全球贏家

最高的季度，而中華電第4季相對較差，當時我預估這2家公司2016年的EPS都在5.5元上下（最後公布結果日友5.5元，中華電5.16元，詳見表6）。然而，日友未來的成長性明顯高於中華電，再加上日友在兩岸持續擴廠，進一步搶占兩岸醫療廢棄物以及事業廢棄物的市占率，且客戶需求持續存在、產業不容易受景氣影響。

種種跡象顯示，日友未來的獲利會更好，日友的本益比沒有理由和中華電相同，甚至低於中華電。

表7　德麥單季稅後淨利成長率優於新保

季度	德麥（1264）					
	2015年	2016年			2017年	
	稅後淨利（億元）	稅後淨利（億元）	年成長率（%）	稅後淨利（億元）	年成長率（%）
Q1	0.99	1.04	5.05	1.12	7.69
Q2	0.94	1.06	12.77	1.11	4.72
Q3	0.96	1.09	13.54	N/A	N/A
Q4	1.10	1.27	15.45	N/A	N/A

資料來源：公開資訊觀測站、XQ全球贏家

實例3》新保（9925）換德麥（1264）

時間：2016年底

主因：定存股換成長股

　　同樣是將定存股換到成長股的概念，2016年底，我原有的持股新保（9925）股價約40元，德麥（1264）股價約200元。比較兩者的獲利狀況、殖利率和成長性之後（詳見表7、表8），我執行了調節新保、買進德麥的換股操作。

　　當時新保的獲利連續4季出現衰退，反觀德麥每季皆維持穩定的成長，因

——德麥（1264）vs.新保（9925）單季稅後淨利及年成長率

新保（9925）					
2015年	2016年		2017年		
稅後淨利（億元）	稅後淨利（億元）	年成長率（%）	稅後淨利（億元）	年成長率（%）	
2.29	2.28	-0.44	1.68	-26.32	
3.25	3.03	-6.77	3.14	3.63	
3.30	2.76	-16.36	N／A	N／A	
1.88	1.66	-11.70	N／A	N／A	

此我推估新保在 2017 年配發 2016 年度現金股利時，不可能超前一年的 2 元，但德麥有可能配發超過前一年度的 11 元。以現金殖利率來說，新保最高是 5%（2 元／ 40 元 ×100%）；而德麥至少有 5.5%（11 元／ 200 元 ×100%），如果將新保換成德麥，我在 2017 年領到的股息不但不會減少，還得以享受德麥的成長性。

到了 2017 年公布股利時，和我原先預估的配息狀況相去不遠。新保雖然獲利衰退，仍與前一年度相同，配息 2 元，但直到除權息前，股價一直在 40 元以下盤整；而德麥配息 10 元，另外配股 1 元，但因為德麥的獲利穩健成長，股價從 200 元上漲，除權息前股價漲至 258 元。

表8　**德麥EPS與股利配發狀況穩定**
——德麥（1264）vs.新保（9925）歷年EPS與股利政策

年度	德麥（1264）			新保（9925）		
	EPS（元）	現金股利（元）	股票股利（元）	EPS（元）	現金股利（元）	股票股利（元）
2013	12.02	7.00	1.00	2.71	1.80	0.10
2014	11.42	10.00	0.00	2.71	1.90	0.00
2015	13.33	11.00	0.00	2.81	2.00	0.00
2016	14.54	10.00	1.00	2.55	2.00	0.00

資料來源：公開資訊觀測站、XQ全球贏家

實例4》台汽電（8926）換山林水（8473）

時間：2016年9月

主因：台汽電經營效率不佳且當時官司未決

　　台汽電（8926）出售電力、蒸汽各占營收70%、30%，售電價格以台灣電力公司（簡稱台電）公告電價並依公式計算，蒸汽售價則與油價連動性大。台汽電旗下電廠合計發電容量2,440MW（百萬瓦），占國內民營電廠發電量31.66%，轉投資4座民營電廠持股比率如下：森霸電力43%、星元電力41.27%、星能電力40.5%、國光電力35%。這4座民營電廠自2016年開始屢屢傳出故障事件，例如星元電力電廠於2016年1月30日發生故障

停機事件，一部發電機葉片損毀，於 2016 年 4 月 3 日才恢復運轉；損毀維修大部分雖可由保險公司理賠，但停機期間無發電售電收入。森霸電力豐德電廠於 2016 年 2 月 6 日因地震造成部分機件受損，修復後並無影響運轉，維修費 6,800 萬元，理賠 5,290 萬元。國光電力於 2016 年 6 月 13 日發生停機故障，維修費 1,206 萬元，機組於 2016 年 7 月恢復正常運轉。2017 年 2 月，星元電力 2 號渦輪機也發生停機事故。

另外公平交易委員會（簡稱公平會）針對國內 9 家民營電廠（長生、麥寮、和平、新桃、國光、嘉惠、森霸、星能及星元）拒絕調降台電的購電費率，涉違反《公平交易法》當中的「聯合行為」而進行裁罰，金額高達 60 億 700 萬元。電廠不服提起訴訟後勝訴，又遭公平會上訴最高法院，而後發回台北高等行政法院更審。該訴訟案於 2017 年 5 月由台北高等行政法院更一審裁定民營電廠勝訴，但此案仍可上訴。

台汽電股價自 2016 年以來，多維持在 23 元左右，當時預估 2016 年前 3 季 EPS 相較於 2015 年同期恐大幅衰退 2 成以上，因此預估 2017 年配息時不會超過 1.3 元，若以股利 1.2 元估計，殖利率約 5.2%。

台汽電並不是成長股，甚至可以說是「不太穩定」的定存股，不穩定的原因是因為台汽電乃官股公司，大股東台電持有 26.7% 股權，台汽電董事長也

多為官派，而且更換頻繁；加上轉投資電廠常常出包、故障，造成經營效率不佳。再加上 2016 年時官司未決，且台汽電的發電量有其最大限度，就算官司勝訴也無法讓公司進一步成長；但萬一敗訴，後果不堪設想。因此我在 2016 年 9 月出脫台汽電持股，轉為同為定存股概念的山林水（8473）。

　　山林水主要業務為汙水廠、再生水廠興建，並代為操作營運（關於山林水的基本面介紹，詳見 6-1），最重要的是旗下子公司東山林（持股 100%）和綠山林（持股 70%）2 座 BOT 案，營運期分別到 2040 年、2041 年，在此之前皆有穩定的現金流入，保守估計每年 EPS 應能超過 3 元。若配息以 3 元計算，並在股價 60 元以下買進，現金殖利率約 5%。

表9 ▶ 2014年～2016年，山林水獲利穩健成長
——山林水（8473）vs.台汽電（8926）歷年EPS與現金股利

年度	山林水（8473）		台汽電（8926）	
	EPS（元）	配息（元）	EPS（元）	配息（元）
2013	N／A	N／A	1.30	1.20
2014	2.83	3.60	2.93	1.60
2015	3.03	3.00	1.80	1.30
2016	3.95	3.20	1.61	1.20

資料來源：公開資訊觀測站、XQ 全球贏家

　　我是從山林水股票上市第 1 天（2016 年 9 月 8 日）就以 60.2 元買進，爾後最低買在 51.8 元（此價位買進的預估現金殖利率 5.8%）。由於下水道系統普及率被列為先進國家的重要指標，在重視衛生環境的條件下，各縣市如火如荼的展開下水道暨汙水處理廠興建，有助於公司的穩定成長，因此評估結果，最後決定以台汽電持股更換為山林水。

5-3 遇到利空大跌 3要點評估加碼時機

存股族應當逐月觀察公司營收、每季追蹤公司財報，以研擬下一階段的投資策略，可以繼續持有？或是該適時賣出？還是趁機加碼？當個股遇到突發的利空狀況，或是遇到連專家、經濟學家都無法預測的黑天鵝事件，到底該買還是該賣呢？以下整理出幾個要點：

要點1》多空循環及產業蕭條，買進簡單易懂的龍頭股

空頭市場時，股票往往跌多漲少；而從經濟面來看，當景氣由多翻空時，各國央行會紛紛宣布降息，就像全球市場自 2008 年～ 2016 年的狀況；反之，如果處於升息階段，代表景氣正在復甦，就像 2016 年底美國聯準會（Fed）宣布開始升息，市場也認為全球景氣正在緩慢復甦當中。

產業蕭條往往伴隨著多空循環一起發生，只是各個產業的發生時間不太一

樣，例如原物料類股常常是最晚開始轉熱，也是最晚開始蕭條。在最嚴重的時候，各產業都會陷入一片低迷。

近 10 年來最不景氣的時候，就發生在 2008 年金融海嘯時期，各產業一片蕭條，這時不論好股或壞股都會崩跌，卻也是買進產業龍頭股的最佳時機，因為它們是在不景氣之前就很賺錢的領導廠商，由於具有競爭力，且資本結構健全，會比其他競爭對手更有實力撐過不景氣。

有些人會說，想等到大崩盤時再買股票，因為那時候股價最便宜！但是真的時機到了，投資人不一定敢出手，而且大崩盤可能要等很多年後才會發生，那時候跌下來的股價說不定比此刻的股價還要高。股神華倫·巴菲特（Warren Buffett）在 1988 年全球股災時買進可口可樂（Coca-Cola）股票，當時可口可樂的股價下跌 25%，但還是比他最早想要買可口可樂時貴了許多，巴菲特自己承認，買可口可樂的時機掌握的太晚了。

要點2》公司遇不幸事件，若核心競爭力未消失仍可買進

有持久競爭優勢為後盾的企業，通常能克服短暫的不幸事件，當股價短暫下跌時，常常是買進好時機。你可以這樣想，開車族看到油價上漲會感到很快樂嗎？當然不會！所以對於績優的股票上漲，應該感到難過；反之，股價

下跌，我們應該更歡迎才對！

　　當然，公司遇到麻煩或獲利衰退時，要判斷究竟是屬於暫時性還是永久性的衰退，這也會牽涉到專業的問題。如果你對於特定產業相當熟悉，一定比別人有能力判斷，因此你可以鎖定幾家最有競爭優勢的公司就好，不見得要把所有產業一網打盡。還是那句老話：「簡單易懂」的股票最容易判斷。

　　1963 年，巴菲特把目光聚焦在美國運通（American Express）上，這是一家沒有工廠、沒有什麼像樣固定資產的公司。美國運通成立之初，最主要的業務是發行旅行支票，供人們旅遊時使用，消費者不必攜帶大量現金，使用支票即能付款。後來美國運通變成一家信用卡發卡銀行（台灣消費者較熟悉的發卡銀行是 VISA 和 Master，美國運通卡俗稱 AE 卡，台灣較少使用）。

　　美國運通完全符合巴菲特的選股標準：公司不需要高額資本支出、不需要擴建廠房，就能賺取高額利潤，也是一種收過路費類型的公司（只要消費者使用美國運通卡消費，公司就能賺錢）。

　　1963 年底，美國運通接受了聯合原油精煉公司（Allied Crude Vegetable Oil）的貸款，接受其提供的沙拉油作為擔保，並且開出了收據。不久之後，聯合原油精煉公司破產，債權人向美國運通索取沙拉油，不料作為擔保品的

沙拉油其實是海水，只是最上層飄著一層油。美國運通是其中一家受騙的公司，須負擔約 6,000 萬美元的賠償責任，股價也應聲倒地，從每股 65 美元暴跌到 35 美元以下。

但巴菲特發現消費者仍使用美國運通卡消費，旅行社也不因為這件事情影響，依然接受美國運通的支票，因此巴菲特從 1964 年～ 1966 年陸續買進美國運通股票。到了 1967 年，美國運通大漲到 180 美元，證明了巴菲特的眼光精準。美國運通是波克夏海瑟威公司（Berkshire Hathaway）的重要持股之一，和可口可樂一樣，被巴菲特視為不變的永恆，同樣被列為永不賣出的股票。

來看看台股當中有沒有類似的例子？日友（8341）就是一例，為因應兩岸廢棄物處理的需求，近年來日友不斷有新的投資案和擴廠計畫，但因為環評未如預期，建廠進度多有落後，比預計完工時程延後半年～ 1 年，造成日友股價從 2016 年 6 月初最高價 161.5 元，大幅修正到同年 11 月初的 102.5 元。

長期來看，還是有那麼多的廢棄物要處理，因此建廠進度雖然落後，但終究要完工，所以時間是站在日友這邊的。我選擇在 102 元～ 120 元之間繼續加碼，日友股價也在幾個月後反彈到 170 元以上。

表1　**2016年中保稅後淨利衰退，本業實為成長**
——中保（9917）單季營業利益與稅後淨利

季度	2015年營業利益（億元）	2016年營業利益（億元）	營業利益年成長率（%）	2015年稅後淨利（億元）	2016年稅後淨利（億元）	稅後淨利年成長率（%）
Q1	6.12	6.78	**10.78**	5.19	4.62	**-10.98**
Q2	5.51	6.58	**19.42**	5.15	4.79	**-6.99**
Q3	6.50	6.75	**3.85**	5.37	4.53	**-15.64**
Q4	5.98	6.18	**3.34**	4.90	-7.78	**-258.78**

資料來源：XQ 全球贏家

再來看看保全股龍頭中保（9917），本業獲利成績一直不錯。但中保直接持有 7 萬 6,246 張興航（已於 2017 年 1 月 24 日下市）股票，持股比重約 10.05%，若加計轉投資公司國產（2504）、國雲保全、國興保全間接持有興航股票共 11.7%。

由於興航在 2016 年 11 月無預警停飛，而後宣布解散，中保不僅須按權益法提列興航的營運虧損，還要認列大筆資產減損。這使得中保在 2016 年的稅後淨利僅僅剩下約 6 億 1,500 萬元，每股稅後盈餘（EPS）1.4 元；相較 2015 年稅後淨利 20 億 6,200 萬元，EPS 4.68 元，大幅衰退了 70.17%，讓中保股價從波段高點 95 元修正到 86 元左右（詳見表 1）。

表2 2015年～2016年，可寧衛單季獲利穩定成長
—— 可寧衛（8422）單季稅後淨利

季度	稅後淨利（億元）				
	2013年	2014年	2015年	2016年	2017年
Q1	2.54	2.78	2.98	3.87	3.37
Q2	2.66	2.33	2.81	3.70	3.46
Q3	3.95	2.32	3.25	3.74	N/A
Q4	3.33	2.83	3.28	3.11	N/A

資料來源：公開資訊觀測站、XQ全球贏家

　　不管是按權益法認列營運虧損或興航解散的資產減損，中保並沒有實際現金流出，這僅僅是帳面上認列當初的投資虧損，因此中保在2017年仍可以配出3.5元的現金股利。此次認列虧損是一次性，不會每年發生，更何況中保少了興航這個拖油瓶，長遠來看反而有益。

　　可寧衛（8422）在2014年也面臨獲利衰退的狀況，但並不是因為公司競爭力下滑、市占率降低，而是因為掩埋場接近滿場，汙染整治的專案訂單釋出較少，造成獲利減少，此時反而是買進時機。果然2015年～2016年，新掩埋場開出後，專案訂單也入帳，獲利隨即大幅成長（詳見表2，可寧衛的基本面介紹，詳見6-4）。

　　這類的「消費性壟斷公司」，如果因為單一不幸事件造成嚴重財務減損，或者是短期獲利不如預期，但是公司的核心能力不變，甚至有更好的展望（例如美國運通仍然具備發行信用卡的獲利實力、日友仍會建廠完工營運、中保依然擁有台灣最高市占率的電子保全系統），當股價下跌的時候，反而是買進機會。

要點3》獲利結構改變，須觀察公司後續營運狀況

　　企業結構改變往往為獲利帶來額外負擔，對淨利產生負面影響。國內基本工資逐年調漲、2017年政府實施一例一休政策，讓保全公司的人事費用大增。中保也從2014年～2015年開始逐漸調整營運方向，調整毛利較低的駐衛警業務，發展毛利較高的無線電子系統保全業務。2017年上半年中保營收和本業營業利益均減少，投資人未來亦可持續關注獲利是否有好轉（中保的基本面介紹，詳見6-7）。

　　人力銀行龍頭一零四（3130）為拓展公司新的成長動能，針對國內長照商機，開發出「104銀髮銀行」，並針對中小企業開發企業大師租賃業務；2017年營收和毛利微幅成長的情況下，因為研發和廣告費用增加，使得本業營業利益下降，獲利減少（詳見表3），未來也可持續追蹤一零四新業務的發展情況（一零四的基本面介紹，詳見6-6）。

表3 2017年前2季一零四營業費用較去年同期略增
——一零四（3130）2017年單季獲利結構與2016年度同期比較

比較項目（百萬元）	2016年		2017年	
	Q1	Q2	Q1	Q2
營業收入	344	376	361	395
營業成本	35	32	33	36
營業毛利	310	344	328	358
營業費用 推銷費用	148	144	154	136
管理費用	35	40	41	45
研發費用	44	48	57	78
合計	227	232	252	259
營業利益	83	112	76	99

註：1. 營業毛利計算公式為「營業收入－營業成本」；2. 營業利益計算公式為「營業毛利－營業費用」
資料來源：公開資訊觀測站、XQ全球贏家

　　公司獲利衰退有很多種，如果能分清楚是哪一種狀況，就能做出更正確的投資決策。像可寧衛由於舊掩埋場產能不足、新掩埋場未能及時開出，公司就採取以價制量，刻意減少廢棄物進場噸數，且調漲廢棄物處理價格。

　　而中保和一零四獲利衰退並不是因為競爭力下滑或市占率降低，而是開發新產品的營業費用增加，將來獲利如果能恢復成長就沒問題；但如果新的業務遲遲無法貢獻獲利，反而拖累公司獲利，調節換股也是選項之一。總之，

就是要持續追蹤公司基本面獲利數字，持續擁有好的股票、獲利成長的股票，但對於衰退的股票一定要嚴設底線。

因為非基本面因素而造成股價下跌，通常是好買點

對於電視報章媒體不斷報導的熱門股，也許大多數人都已經持有，買進之後，最多也只能和大多數人的績效一樣，但大部分的情況是：有可能股價已經偏高了，再往上漲的空間有限，比較壞的情況下是追到股價高點。至於說優秀的潛力股，如果不是因為基本面出狀況，什麼時候才會有便宜的股價出現呢？

撿便宜機會1》很少人知道或不完全被了解的股票

前提是股票必須符合我的選股 6 條件（詳見 2-1），此時大多數人並未持有這檔個股，像我就在很低的股價買進日友、德麥（1264）。

撿便宜機會2》表面上看似有疑慮的股票

發生食安風暴時，就可買進食品龍頭股，比如說禽流感發生時，卜蜂（1215）就會重挫；黑心油、地溝油發生的時候，大統益（1232）可能會被牽連而大跌；浩鼎（4174）解盲不如預期，拖累潤泰集團的股票，旗下的日友也會被砍殺等。

撿便宜機會3》大盤大幅回檔時

融資斷頭時，價格急殺，這時候幾乎所有股票都會大跌，投資人通常會害怕而不敢買，但往往這就是最佳的買進時機。只要公司基本面沒有改變，連續 5%、6% 的長黑出現 2、3 天，通常我就會開始買進績優股。投資股票，要心狠手辣，對於符合標準的股票要心狠，到了目標價，勇於買進。

撿便宜機會4》外資資金轉移造成股價回檔

由於基金操盤人較注重短期績效，因此常常會追逐時下最流行的熱門股，有些獲利成長良好的績優股就會被法人連續賣超減碼，造成股價回檔。所以看到外資連續賣超不要怕，先檢視個股基本面，如果沒有問題，此時正是逢低進場撿便宜的時候。

舉例來說，統一超（2912）在 2017 年 1 月營收創下歷史新高之際，卻被外資連續賣超，股價從 2016 年 8 月的 260 元左右大跌到 220 元出頭，然而隨著統一超公布的營收獲利不斷創高，外資又回頭買進統一超，股價在出售上海星巴克股權（2017 年 7 月 27 日）之前也漲到 290 元高點（2017 年 7 月 26 日）。

撿便宜機會5》成交量小的冷門股

絕大多數投資人不敢買進冷門股、高價股或成交量較小的個股，像德麥、

313

中華食（4205）、一零四等股票。由於日均量相當小，大部分的籌碼都由公司大股東所掌握，流通在外的股票本來就比較少，法人也不太敢碰這些股票，因此股價通常不會被高估太多；反過來說，盡量不要買每天電視報章媒體追捧的股票，尤其是當時熱門產業中的熱門股。

　　投資人也會認為，如果發生系統性風險時，成交量小的股票會不會賣不出去？我倒想反問：「為什麼要賣？不是存股嗎？發生系統性風險時，公司獲利有衰退嗎？如果公司出現連續衰退，應該早就賣出了，為什麼要等到系統性風險時才賣？」

　　股價決定於公司的基本面，當股價遇到不理性連續下跌時，股價愈便宜，愈有潛在報酬，到時候自然會有買盤進駐支撐股價，又不是興航要清算股票下市或者基因國際（6130，現改名為星寶國際）因胖達人麵包使用人工香精事件，造成股價無量連續跌停。

　　真實的狀況是：每次發生重大利空事件的時候，大盤暴跌好幾百點的時候，中華食通常跌不多，有時候甚至是紅盤，你要賣一定都賣得出去，這是我 12 年來當中華食股東的經驗。然而，不論發生金融海嘯，還是歐豬五國違約、希臘倒債、英國脫歐、北韓發射砲彈、唐納‧川普（Donald Trump）當選美國總統，我仍舊是中華食股東，從來沒有想要賣股票（除非公司不明原因獲

利連續衰退）。

另外，成交量小（量縮）還有另一層意義，就是大多數投資人不願意在目前的價位成交，所以買賣的人就少了。買方要 50 元才肯買，賣方要 50.1 元才肯賣，誰也不妥協，股價就僵在那邊，因此沒有成交量。看看最佳 5 檔買賣價，就知道其實還是有委託單掛出來等著買賣。

但如果因為某些因素股價大漲或大跌，造成買賣雙方對目前價位看法不一致，反而會成交──買方覺得夠便宜，就會買進；賣方則覺得可能會繼續跌，就會賣出。所以成交量小，可能只是目前的價位成交量小，出現買賣雙方願意成交的價格時，量就會出來了。

成交量小的股票，買的人少，但相對賣的人也少；成交量大的股票，遇到系統性風險，賣壓也大。只要公司基本面良好，其實並不用怕成交量小賣不出去，只要做好持股組合、資金分配就好。

大盤站上萬點
5-4
公司有成長性仍值得買進

　　市場上有很多參與者，而且大多都透過相同的資訊管道取得訊息，所以有人說股價已經充分反映所有訊息，但我認為股價是反映大多數人的共識，而大多數人的共識不見得是正確的。浩鼎（4174）股價在 2 年不到的時間，出現 755 元（2015 年 12 月最高價）和 171 元（2017 年 9 月最低價）2 個懸殊的價錢，那表示一定有人錯──有人會作夢，有人比較理智。

　　1987 年～ 2017 年的 30 年間，台灣加權股價指數大概都在 4,000 點～1 萬點之間震盪，所以許多人的刻板印象，會認為大盤到了 9,000 點以上，非但不能買股票，更應該要賣出股票。這種說法也不算完全錯誤，如果習慣波段操作，低買高賣賺價差，尤其是操作景氣循環股，也許這是個好方法。

　　不過，具有護城河的民生必需型公司，長期股價卻不是在一個區間內震盪，而是長期向上的。有人說要再等到金融海嘯，台股跌到 5,000 點才要買股票，

但是你要知道,金融海嘯不會常常發生,也許 20 年、30 年才有 1 次;更何況有些股票,即使發生金融海嘯,股價也不會過度修正。

但如果你是買到基本面不斷成長的公司,恐怕賣出股票就不是個好主意,在本益比、殖利率合理的情況下,我仍然會買股票,就算現在台股上萬點,我還是可以存未來會成長的股票。對於存股族來説,選擇對的股票就已經成功一大半了;如果存錯了股票,即使大盤漲破萬點,也未必能嘗到甜頭。

打敗大盤萬點恐懼,聚焦公司體質

「萬點恐懼」和「買進成本不斷增加」是存股的一大考驗,就好像我曾經買過 16 元的佳格(1227),也買過 70 元的佳格,怎麼會愈買愈貴,平均成本不斷上升呢?股神華倫·巴菲特(Warren Buffett)説:「如果我們發現了喜歡的公司,股票市場的點位將不會真正影響我們的決策,我們不花時間考慮宏觀經濟因素,僅試圖把精力集中在我們可以理解和喜歡的價格上。」

巴菲特認為,只要公司的價值超過現在的股價,他就會買進,而不理會大盤指數如何。2015 年,美國道瓊指數在 1 萬 8,000 點的高點附近,他照樣買股票,買進了全球番茄醬龍頭公司亨氏食品(該公司後與卡夫公司合併為卡夫亨氏公司(Kraft Heinz Group Inc.))、汽車經銷商范圖爾(Van Tuyl

Group）、美國精密鑄件公司（Precision Castparts），更加碼富國銀行（Wells Fargo）、菲利普66煉油（Phillips 66）等公司。到了2016年上半年，巴菲特買進蘋果公司（Apple）、增持威士卡公司（Visa），並繼續買進菲利普66煉油公司。我們常聽到專家說「選股不選市」就是這個道理。

巴菲特執掌的控股公司波克夏海瑟威（Berkshire Hathaway），有一檔重要持股是富國銀行，早在1989年～1990年，波克夏就買進富國銀行將近10%的股權，而後陸續買進，雖然也曾部分出售，但2005年後又陸續增加持股。2007年～2014年，波克夏持有的富國銀行股票，從約3億股增加到約4億8,000萬股，期間買進成本約25美元～35美元；之後富國銀行股價大幅上漲，2015年波克夏又繼續買進，但是買進股價卻已超過50美元。

為什麼富國銀行股價漲了將近1倍，巴菲特還要買呢？這不是追高嗎？但我認為，一定是他認為富國銀行的價值超過現在的股價，他才會買進吧！

我沒有研究富國銀行，只是舉個例子說明。但我相信，一家公司的價值，無時無刻都在變動，如果公司的發展愈來愈好，市占率愈來愈高，獲利與日俱增，股價必然上漲；有時股價上漲的幅度，並未完全反映公司未來的好表現，所以不見得股價漲得比之前更高就是在追高、就不適合買進。很多朋友看我常常在買股票，原因就在這裡，我認為我買的股價合理、殖利率在我能

接受的水準之上，我就會買進。

股價的合理程度，應視公司基本面而定

股價的合理與否，完全要看公司的基本面來決定。現在股價 20 元和半年前股價 20 元有什麼差別？很多投資人可能將買進價設定在 18 元，但忽略了一點，如果是業績持續成長的公司，這家公司現在的價值和半年前的價值是不一樣的，因為公司這半年來又提升了市占率，賺了更多的錢，離配息日又更近了點。所以我會評估最近半年公司的基本面，如果發展是正向的，有可能半年前股價 20 元時我不會買，但現在的 20 元，也許我就會考慮買進。

舉例來說，大統益（1232）的沙拉油以美食家品牌銷售，競爭對手有大成（1210）、泰山（1218）、福壽（1219）、台糖等，早些年還受到大統長基和頂新的競爭；但經過 2013 年、2014 年不肖廠商陸續退出市場後，大統益的市占率進一步提升，不論毛利、獲利均成長（詳見表 1），這就是投資一家好公司的好處。

我在 2012 年以股價 50 元買進大統益，當時大統益的本益比約 16.7 倍～ 18 倍，而我隔年領取股利 2.8 元，股利殖利率約 5.6%（若以 2012 年最高價 52.8 元計算，殖利率為 5.3%）；2015 年又用 70 元買進，很多朋

表1　2012年起，大統益獲利與股息升高

——大統益（1232）歷年獲利與股息概況

項目	2012年	2013年	2014年	2015年	2016年
營收（億元）	190.36	200.47	218.49	177.73	173.84
EPS（元）	2.77	4.42	6.17	5.70	5.58
最高股價（元）	52.80	69.00	83.50	81.00	88.50
本益比（倍）	19.06	15.61	13.53	12.46	15.86
配息（元）	2.80	3.80	5.00	5.00	5.00
殖利率（%）	5.30	5.51	5.99	6.17	5.65

註：本表年度為股利所屬年度，現金殖利率與本益比皆以當年度最高股價計算
資料來源：公開資訊觀測站、XQ全球贏家

友認為我追高，但只用股價的高低來判斷是否追高並不正確，因為以 2015 年的獲利來推估，這一年大統益的本益比約 10.7 倍～ 13 倍，我可能也會在 2016 年領到約 5 元的股息，殖利率就有 7%（若以 2015 年最高價 81 元計算，殖利率也有 6.17%）。

大統益的市占率和獲利表現均較 2012 年大幅成長，所以說這哪裡是追高呢？我反倒認為 2015 年的 70 元股價，比 2012 年的 50 元股價還要便宜。

掌握零股出價技巧
小錢也能買高價成長股

5-5

我們投資一檔股票，追求的是公司的成長，隨著公司努力的經營，公司獲利愈來愈好，一年比一年好，公司會更有價值，反映在股價上就會不斷上漲，公司的「總市值」就會不斷提高。

好比台股的市值王台積電（2330），1996 年底總市值約 1,500 億元，2017 年已成長到 5 兆 6,000 億元（截至 2017 年 8 月 8 日），成長了約 36.3 倍。換句話說，如果你在 1996 年底，用 1 萬 5,000 元買進台積電股票，不計 20 年來的配息，2017 年 8 月賣掉這張台積電股票，可以拿回約 56 萬元，報酬率相當驚人。

關鍵就是這 3 個字——「總市值」。何謂總市值？總市值就是一家公司流通在外的普通股總股數乘上股價（詳見圖1）。根據 2017 年第 2 季公布的財報，台積電股本 2,593 億元，除以面額 10 元，可算出發行總股數為 259

圖1 公司總市值可從普通股總股數推算而出
——公司總市值計算方式

總市值 ＝ 流通在外的普通股總股數 × 股價

註：流通在外的普通股總股數＝普通股股本／面額

億 3,000 萬股，乘上股價 219 元（以 2017 年 8 月 8 日收盤價計算），就可以得到大約 5 兆 6,000 億元這個數字。也就是說，如果你要買下台積電整家公司，就必須花新台幣 5 兆 6,000 億元。

評估股價是否昂貴，須視公司成長性而定

高價股並不代表市值高，也許是因為公司的股本較小，因此相對每股稅後盈餘（EPS）較高，所以股價就比較高。舉個例子來說，我以 2017 年 8 月 8 日當日的收盤價，來比較德麥（1264）和台汽電（8926）這 2 家公司的總市值：

德麥：股本約 3 億 3,700 萬元，流通在外股數約為 3,370 萬股，乘上收盤價 225 元，公司總市值約 75 億 8,000 萬元。

台汽電：股本約 58 億 9,000 萬元，流通在外股數約為 5 億 8,900 萬股，乘上收盤價 23.15 元，公司總市值約 134 億 3,000 萬元。

也就是說，如果你想要學股神華倫‧巴菲特（Warren Buffett），買下整個公司 100% 股權的話，其實買台汽電要花比較多錢。很多投資人不喜歡買高價股，認為只要股價超過 50 元就是貴，超過 100 元就是超級貴。所以，如果只看股價，通常會覺得 225 元的德麥太貴，23.15 元的台汽電比較便宜。

先舉個比較簡單的例子，股價 22 元的 A 股票，買進 1 張要花 2 萬 2,000 元（暫不考慮手續費，以下同），股價 220 元的 B 股票，買進 100 股也是花 2 萬 2,000 元；如果 A、B 兩檔股票同樣都漲 5%，你的獲利一樣都是 1,100 元，有什麼差別呢？

再假設你擁有 1 張德麥的股票，股價 225 元，也就是價值 22 萬 5,000 元（225 元 ×1,000 股）。如果台灣有像美國的股票分割制度（當股票價格漲得太高不利流通，公司可進行股票分割，讓股價降低，例如將 1 張分割為 2 張，讓股價折半），而德麥今天將股票 1 股分割成 10 股，那麼德麥的股本會從 3 億 3,700 萬元變成 33 億 7,000 萬元，每股股價則從 225 元變成 22.5 元，你手中的股票從 1 張變成 10 張，價值還不是一樣為 22 萬 5,000 元（22.5 元 ×1,000 股 ×10 張）！

　　股票不一定要一次買一整張，若覺得股價 225 元太高，資金不夠買整張，那也許你可以花 2 萬 2,500 元買 100 股零股。

　　我要強調的觀念是，高價股不見得比較貴，低價股不見得比較便宜；也許就是因為絕大多數投資人不敢買高價股，才讓我有機會在 2015 年底買到 176 元的德麥（詳見表 1）。

　　我們來試算一下，2014 年德麥 EPS 為 11.42 元，2015 年成長至 13.33 元，以我在 2015 年底買進的股價 176 元計算，本益比僅 13.2 倍，低於當時食品股的平均本益比 14.7 倍。

　　隔年德麥發放股利 11 元，以我買進成本約 176 元計算，殖利率高達 6.25%。2016 年德麥的 EPS 更繼續成長到 14.54 元，獲利成長也推動了股價上漲，2017 年除權息前一日（7 月 3 日），收盤價為 260 元，不計股利的累積報酬率就達到 47%。

　　反觀台汽電，2015 年底股價約 23 元，2014 年 EPS 是 2.93 元，2015 年滑落到 1.8 元。若 2015 年底買進台汽電，2016 年可領到每股配息 1.3 元，殖利率 5.65%，略低於德麥。但在 2016 年，台汽電 EPS 繼續下滑到 1.61 元，2017 年除權息前一日（7 月 31 日）收盤價是 23.7 元，不計股利的累

表1 **高價股德麥具成長性,不到2年股價漲幅逾47%**
──以德麥(1264)vs.台汽電(8926)獲利與股價報酬率為例

比較項目		具成長性高價股 德麥(1264)	不具成長性低價股 台汽電(8926)
EPS(元)	2014年	11.42	2.93
	2015年	13.33	1.80
	2016年	14.54	1.61
股價(元)	2015年底	176.00	23.00
	2017年除權息前一日	260.00	23.70
2016年配發現金股利(元)		11.00	1.30
現金股利殖利率(以2015年底股價計算)		**6.25%**	**5.65%**
股價漲幅(2015年底～2017年除權息前一日)		**47.73%**	**3.04%**

資料來源:公開資訊觀測站、XQ全球贏家

積報酬率僅有 3%。

　　也就是說,如果你也在 2015 年底進場投資,買進德麥 100 股僅需要花費 1 萬 7,600 元,2017 年除權息前,這 100 股的價值會成長到 2 萬 6,000 元;但你若是買進 1 張台汽電,必須要花費 2 萬 3,000 元,持有到 2017 年除權息前,這張股票的價值僅有 2 萬 3,700 元,比同期間持有 100 股的德麥價值還要低。

很明顯，一檔有成長性的高價股，股價與市值的成長能力絲毫不會輸給低價股。高價股不見得本益比就較高，也不見得比較不會漲，完全要看公司的基本面，是否具備壟斷性優勢、獲利能力、未來的成長趨勢等，因此我不會因為每股的股價比較高就避開它，買不起 1 張，我就買零股，就是這麼簡單。

大漲標的零股成交價易低於收盤價，成交機會高

至於如何買零股呢？現在買零股的投資人愈來愈多，有些券商也以手續費折扣吸引小資族存零股。當市場上愈來愈多人買零股，供不應求的時候，自然不容易成交，或是必須以高於當日收盤價的出價，才比較容易買到；但是要怎麼出價，才能夠避免買得太貴，又能增加成交機會呢？

零股的下單時間，為每個交易日當天收盤後的 13 時 40 分～ 14 時 30 分，但是你也可以先在盤中使用預約下單服務，這樣一來，一到下單時間，系統就會自動送出委託單。證券交易所會在 14 時 30 分，根據委託單價位高低一次集中撮合，最後零股的成交價只有一個，買方出價愈高愈優先成交（賣方出價愈低愈優先成交）。

個人的經驗是，連續大漲的股票，盤後零股成交價格通常會低於當日收盤價，因為零股投資人比較不喜歡追價買進；相對的，因為不追漲，很多投資

人會選擇在股票連續下跌之際買進,此時零股交易價格通常會高出當日收盤價 2～3 檔;只是幸運的話,有時候也能買到收盤價以下的價錢。

我的做法是,零股下單出價時,最多就是高出收盤價 3 檔價格;如果連續好幾天沒有成交,也不要氣餒,只要價位合理,就繼續下單直到成交為止,這不正是考驗存股人的耐心和毅力嗎?因為最後一定有人懶得下單而放棄,這時候你就會買到了。要切記,千萬不要掛漲停價買零股,因為有可能真的會成交,這樣一來,你的買進成本就比當天收盤價高出 10%,太不划算了。

買零股非常適合小資族執行存股計畫,每個月投入一部分薪水,就能慢慢累積好股票,也不怕萬一股票大跌,影響上班情緒,因為就算大跌,下個月還是有錢可以低價買進好股票。

零股交易的缺點就是不容易買到,而且必須每天收盤時看一下行情,再決定要怎麼出價;另外還有一個缺點,就是有那麼一點點的機會,會買不到你下單的股數,例如委託買進 100 股,最後可能只成交 18 股,再加上單次手續費 20 元,會覺得有點吃虧。但是整體而言,這些缺點都是小問題,零股交易仍是小資族門檻最低的存股方式。

想等除權息後撿便宜
恐錯過公司價值成長時機

5-6

　　每年 6 ～ 8 月是台股除權息旺季，有人說要等到除權息後再買股票，因為股價比較便宜？那倒未必。有時候愈等，等來的反而是愈高的股價，為什麼會這樣呢？

　　我也希望能用很低的成本，買到具有寡占、壟斷性的公司股票，可是在正常狀況下，這些公司獲利一年比一年高、配息一年比一年多，持續處在成長的軌道上；股價反映公司價值，本來就會慢慢墊高，一等再等，可能只會等到愈來愈高的股價。

　　一家擁有護城河的公司，隨著市占率提高，或是成功將營運觸角延伸到新市場，獲利會有成長性。舉例來說，統一超（2912）在 1997 年 8 月上市，股價 80 元左右，當時全台灣的 7-Eleven 門市不過 1,000 多家，當時台灣甚至還沒有星巴克。

你不能期待統一超在全台灣擁有 1,000 家 7-Eleven 門市時和擁有 5,000 家門市時的股價是一樣的，整個統一超母公司加上轉投資子公司的規模變大，護城河加深、加廣，統一超的獲利、配息也向上攀升，當然股價也就跟著水漲船高。如果要等到統一超股價 80 元，豈不是在期待 4,000 家 7-Eleven、所有家樂福、星巴克、康是美、菲律賓 7-Eleven 門市都關閉，才能回到當時股價 80 元的水準？獲利規模不同，股價水準當然也有差異。

再以德麥（1264）為例，如果在 2017 年初股價 200 元出頭時不敢買，想等到除權息後再買，但股價卻是愈來愈高，除權息前一交易日已經漲到 258 元了。而在除權息當日，開盤參考價是 225.5 元，當天的交易量特別大，最低價是 228.5 元，最高漲到 241 元（詳見圖 1）。

幸運的投資人買到除權息當日最低的價位 228.5 元，認為這樣比除權息前的 258 元便宜，其實不然，因為這天買進的投資人不會領到股利，若是加計股利，買到 228.5 元的投資人，相當於買在除權息前的 261 元（228.5 元 ×1.1 ＋ 10 元＝ 261 元）；買在 240 元的投資人，就相當於買在除權息前的 274 元（240 元 ×1.1 ＋ 10 元＝ 274 元），都比在除權息前買進更貴！

所以，如果看好一檔個股，為什麼不在除權息前就買進？如果是股價漲多嫌太貴，為什麼除權息當天買 228.5 元或以上就不覺得貴了呢？結論就是，

圖1 **德麥除權息前一交易日漲至258元**
──德麥（1264）日線圖

2017年7月3日，除權息前一交易日收盤價258元，最高價260元

2017年7月4日，除權息當日，除息10元，除權1元，開盤參考價＝（258元－10元）／1.1＝225.5元

註：資料日期為2017.10.03　資料來源：XQ全球贏家

以差1天的角度來看，除權息前一交易日的258元和除權息交易日當天開盤價的225.5元是一樣貴的。所以在除權息後1個月左右，我會把225.5元看成是258元，而接下來的買進、賣出原則就比照辦理。再次強調，不一定要自我設限在哪個時間點買股票，只要股價合理、殖利率符合自己的標準，就可以買進。相較於景氣循環股，股價漲漲跌跌，若干年就一次輪迴，這是完全不同的概念。

Chapter **6**

深度剖析持股
打造不敗投資組合

6-1 山林水》汙染防治業務穩定 不受景氣波動影響

　　山林水（8473）全名為「山林水環境工程公司」，是力麒建設（5512）的子公司。目前聚焦 7 大領域，分別是廚餘有機廢棄物處理、再生能源、汙泥再生、水資源（中水（又稱回收水）處理、海水淡化）、一般廢棄物處理、土壤修復整治、焚化爐底渣處理。在中國業務方面，「水十條」（中國政府發布的水汙染防治行動計畫）與山林水的大股東北京控股集團水務公司（簡稱北控水務），已經展開合作關係；「土十條」（中國政府發布的土壤汙染防治行動計畫）也與北京環境控股公司簽署合作框架協定（截至 2017 年 9 月並無實質合作案，公司預計 2017 年底成立子公司進軍中國土壤整治市場），希望成為全方位的環境資源公司。

營運概況》BOT案、政府標案多管齊下，獲利穩健

1.特許權服務：2大水務代操BOT案，毛利率達40%

山林水承接國內最早民生汙水處理廠 BOT 案（Build-Operate-Transfer，興建、營運、移轉案），旗下主要有 2 個子公司：宜蘭地區的東山林公司、大高雄地區的楠梓綠山林公司，所承接的 2 個 BOT 案已進入穩定獲利期，毛利率約 40%。

❶東山林：山林水持股 100% 子公司，執行宜蘭羅東汙水下水道系統工程 BOT 案，包含興建與代操，營運至 2040 年 12 月 31 日。

❷綠山林：山林水持股 70% 子公司，執行高雄楠梓汙水下水道系統工程 BOT 案，包含興建與代操，營運至 2041 年 12 月 31 日。

山林水 2015 年全年 BOT 案營收約 5 億 4,000 萬元，平均單月營收約為 4,536 萬元；2016 年全年 BOT 案營收 5 億 9,000 萬元，平均單月營收約為 4,923 萬元；2017 年上半年 BOT 案營收 2 億 9,000 萬元，平均單月營收約為 4,846 萬元，公司進一步説明，未來 20 幾年 BOT 案營收會進一步提高。

在 BOT 案的獲利方面，2015 年和 2016 年均貢獻山林水 93% 的獲利，2017 年上半年度也貢獻山林水 75% 的獲利（詳見表 1）。2016 年 BOT 案獲利暴增，是因為接受高雄市政府物價調整款 5,000 萬元（按物價指數調整工程款），依公司預估，以 2017 年第 2 季末股本 13 億 2,200 萬元計算，

表1 **山林水BOT案2015年、2016年均貢獻93%獲利**
——山林水（8473）歷年BOT案營收獲利概況

項目	2015年	2016年	2017.H1
BOT案營收（千元）	544,420	590,861	290,783
BOT案獲利（千元）	322,251	455,195	170,723
山林水獲利（千元）	343,927	488,482	225,671
BOT案獲利占比（%）	**93.70**	**93.19**	75.65

資料來源：山林水

這2件BOT案每年約可貢獻公司EPS 2元～2.5元，還要因BOT案當時的稅率認列而定，通常第4季會認列最高的所得稅（詳見表2）。

2.水處理操作維護收入：毛利率約15%～20%

截至2017年9月底的資料，山林水代操的案件包含汙水廠、水資源處理中心及再生水廠等一共13座，包括台中福田水資源中心、宜蘭水資源中心、二林汙水廠、日月潭汙水廠等，2017年並新增龜山水資源回收中心、屏東加工出口區汙水下水道、台北市迪化汙水處理廠。

汙水廠營收以汙水進流量計算，而台中水湳經貿園區的再生水廠，可將80%的民生汙水轉換再生水，儼然是一個小型水庫，毛利率約15%～

表2 山林水第4季認列的所得稅較高

——山林水（8473）淨利、所得稅、加權股本與EPS

項目	季度							
	2015. Q1	2015. Q2	2015. Q3	2015. Q4	2016. Q1	2016. Q2	2016. Q3	2016. Q4
稅前淨利（億元）	1.32	1.23	1.09	1.32	1.64	1.42	1.35	2.24
所得稅（億元）	0.02	0.10	-0.01	**0.56**	0.04	0.03	0.01	**0.54**
稅後淨利（億元）	1.06	0.92	0.88	0.58	1.34	1.13	1.08	1.34
加權股本（億元）	11.32	11.32	11.32	11.34	11.92	11.92	12.06	12.35
EPS（元）	0.94	0.81	0.78	0.51	1.12	0.95	0.90	1.08
年度EPS（元）	3.03				3.95			

資料來源：公開資訊觀測站、XQ 全球贏家

20%。

3.水處理承攬工程：汙水下水道普及率仍有成長空間

汙水下水道系統普及率被視為先進國家的指標，政府「前瞻計畫」也有 1,192 億 8,000 萬元的水環境建設工程。從 2013 年～ 2019 年，政府希望台灣的汙水下水道普及率可以從 26.1% 提升到 35.1%、汙水處理率從 48.8% 提升到 60.1%。山林水的工程實績在業界一向優良，有助於往後爭取標案。最大的競爭對手為中鼎工程（9933）和大陸工程，大陸工程是欣陸投

資控股公司（3703）100%持股的子公司，桃園汙水廠BOT案即由中鼎和欣陸聯手拿下。

山林水在不犧牲毛利情況下爭取標案，截至2017年9月底，工程案量約為30億元，毛利率僅約5%，所以不能以承攬工程的營收暴增，就推斷公司獲利也同步暴增。

據山林水指出，2017年第2季毛利和營業利益衰退，就是因為工程認列獲利不在第2季所致，但成本已經提列，可以持續觀察第3季和後續表現。

未來展望》整體山林水獲利將有所提升

1.元山林公司：處理桃園工業區廢水，目標2018年開始獲利

山林水持股100%子公司，所執行的ROT案（Rehabilitate-Operate-Transfer，整建、營運及移轉案），營運期到2031年。

這個ROT案是處理桃園觀音工業區之工業廢水，目前進度是改善汙水廠處理設施，並稽查觀音工業區是否有工廠偷排廢水，向政府舉發之後，再由政府對廠商罰款；隨著工業區內工廠接管率提升，將可收取汙水處理費。2017年上半年的虧損約700萬元，目標希望全年損益平衡、2018年開始獲利。

2.宜成公司：汙泥回收再利用廠，2017年底正式商轉

山林水 100% 持股子公司，為汙泥回收再利用廠。山林水對宜成的技術深具信心，預計 2017 年底正式商轉，初期以回收自家汙水廠汙泥為主。汙泥占整個汙水處理 30% 的成本，宜成營運之後將可大大降低汙水處理成本至 15%，並將汙泥轉化為廢棄物衍生燃料（Refuse Derived Fuel，RDF）及其他資源化產品，也可貢獻公司獲利；如有餘裕，還會接受外來汙水廠汙泥訂單。

另外，宜成已擁有 R 類一般廢棄物（如一般家中可回收再利用的廚餘、廢塑膠容器、廢紙等）執照，正申請 D 類一般事業廢棄物（如製造業產生的廢液晶、鍋爐產生的爐渣等。廢棄物分類方式詳見註 1）執照，未來對山林水的營收與獲利整體貢獻度，將隨汙泥整治業務的開展而逐季提升，此業務具有一定的進入門檻，屬高毛利業務。

3.利優勢公司：處理焚化爐底渣，屬於高毛利事業

利優勢公司原為映誠公司，是國內最大焚化爐底渣處理公司。映誠在 2016 年底違法棄置底渣，謝姓負責人遭到起訴，山林水公司斥資 2 億 8,500

註 1：
廢棄物按其性質分為 7 類：A 類為製程有害事業廢棄物，B 類為毒性有害事業廢棄物，C 類為有害特性認定廢棄物，D 類為一般事業廢棄物，E 類為混合五金廢料，R 類為公告應回收或再利用廢棄物，S 類為汙染土壤離場清運廢棄物。

萬元將映誠買下，改名為利優勢公司，同時買下公司旁邊 8,349 坪的環保用地。由於一般土地很難變更為環保用地，但只有環保用地才被允許做環保相關的事務，因此花費了 3 億 2,600 萬元，相對比其他土地還要貴。

利優勢與映誠的官司都已切割，預計 2017 年第 4 季之後開始營運，屬於高毛利事業。「底渣」是生活垃圾經焚化爐高溫燒結後所產生的不可燃物，包括金屬類、玻璃類、陶瓷類及其他類物質等。底渣透過篩選、檢測，確認對環境無害之後才能進行再利用，當作天然土石的替代品，以減少對土石的開採。底渣處理完畢之後，可作為低強度混凝土以及路基使用，如紐澤西護欄（用來分隔車道的黃色黑條紋護欄）、消波塊、人行道透水磚等。

4.禾山林公司：處理廚餘及稻稈氣化發電，收入頗豐

山林水持股 70% 子公司，所執行的台中市外埔堆肥廠（綠能生態園區）ROT 案，營運期到 2042 年 8 月 28 日。工作範圍包含廚餘厭氧發電技術及稻稈氣化發電技術（詳見註 2），進行綠能發電，建置廚餘處理量能為每年 5 萬 4,000 公噸、稻稈處理量能每年 5 萬公噸以上之設備及操作系統，主要

註 2：
「廚餘厭氧發電技術」為生廚餘在無氧環境進行厭氧發酵，過程中會產生沼氣（主要成分為甲烷），用以作為發電燃料；「氣化發電技術」為透過高溫厭氧設備燃燒農作物（如稻稈、稻殼、花生殼等），產生可燃的混合氣體，混合氣體須再經過處理後才可用於發電。

收入為台電躉購售電收入，及台中市政府環境保護局支付的廚餘處理費。

禾山林預計在 2018 年 9 月完工、商轉，據公司透露，毛利率不錯，比處理水務還要好。

5.土壤整治復育：承攬高雄中油受汙染土地

山林水預計成立一個子公司專責土壤復育，土壤復育廠位於高雄市楠梓綠山林公司的廠內，占地高達 2 公頃，將可承攬高雄中油受汙染的土地。

6.中國地區：昆明空港經濟區BOT案，2018年起可認列獲利

中國方面，山林水的大股東之一北控水務是中國最大的水務公司，在中國擁有 450 座汙水廠，未來雙方仍有進一步合作的空間。山林水在 2016 年入股中國雲南浩源汙水廠，持股比率 40%，每年貢獻山林水 EPS 約 0.08 元。

而在中國的昆明空港經濟區 BOT 案，山林水公司預計 2017 年底取得 40% 股權，在區內設置 5 座汙水處理廠和 3 座再生水廠，並成立 3 個特許子公司，營運期 20 年，預計 2018 年開始認列獲利。

由於 2017 年以後有多項投資案，需要的資金怎麼來？公司傾向發公司債或向銀行借貸，並爭取低利率借款，以不增加公司股本為原則。山林水透露，

2017年公司獲利並不會成長，因為東山林、綠山林手中的BOT案須認列高額所得稅，而此一稅率有望在未來2、3年內降低。2018年是公司的轉機年，因為有很多重大的投資案在2018年啟動並進入獲利階段。

　山林水近幾季毛利率持續下滑是因為工程量的增加，如果公司只擁有東山林、綠山林這2家子公司，其他業務都不做，那麼直到2040年～2041年之前的20多年，其BOT案毛利率都會維持在40%，不會下降。只是山林水同時仍然爭取低毛利的工程，也是為了完工之後可以有數年的水務代操業務。如前文所述，水務代操業務比起工程有較高的毛利。

　和日友（8341）不同的是，就以醫療廢棄物來看，日友因為調漲處理價格造成毛利率上升，山林水則因為新增工程業務使得毛利率下降，但只要整體山林水的獲利有所提升，就不必擔心毛利率降低的問題（詳見表3）。

投資建議》所得稅率過高，本益比14倍以下較合理

　如前文所述（詳見5-2），我在比較殖利率與成長性之後，在2016年9月捨台汽電（8926）就山林水，買進價格約在52元～60元之間。由於汙水處理廠有固定的現金流入和獲利，加上汙泥與底渣再利用、廚餘與稻稈發電也都是穩定的業務，不受景氣影響。

表3 山林水單季毛利率呈現下滑趨勢
——山林水（8473）歷年單季毛利率、營業利益率

季度	2015年		2016年		2017年	
	毛利率（%）	營業利益率（%）	毛利率（%）	營業利益率（%）	毛利率（%）	營業利益率（%）
Q1	N／A	N／A	40.55	34.89	33.54	28.07
Q2	N／A	N／A	42.21	34.36	31.26	26.25
Q3	54.79	46.33	35.93	29.04	N／A	N／A
Q4	38.01	30.46	37.56	34.73	N／A	N／A

資料來源：公開資訊觀測站、XQ 全球贏家

比較大的變數是公司所得稅率過高，影響稅後淨利；相較環保同業可寧衛（8422）、崑鼎（6803）的本益比多在 14 倍左右，山林水買進點最好在本益比 14 倍以下，殖利率 5.5% 以上為宜。

有讀者詢問，山林水的財報只有 3 年短期的數據，股票才剛上市，這樣是否安全？這麼新的上市公司，還沒經過市場長期的磨練，是否是處於一個很大的風險之中？

股票投資的風險來自於無法預測未來的獲利，並不在於是否新上市。山林

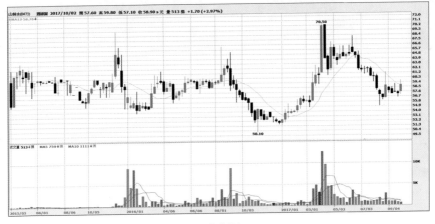

圖1 山林水股價多在50元～65元區間波動
——山林水（8473）週線圖

註：資料日期為 2017.10.02　　　資料來源：XQ 全球贏家

水成立於 2004 年，至 2017 年已有 13 年歷史，創立之時就以承攬汙水處理工程施工及汙水處理廠操作營運為主，本身業務不受景氣影響。公司股票上市 1 年和 10 年都一樣是汙水處理廠，就算股票不上市，它還是每天要處理汙水，營收來自於家戶的汙水處理費。除非宜蘭和高雄的住戶共同約定完全不繳交自來水費（汙水處理費含在自來水費裡面）。那麼照目前的狀況來看，它就是一家獲利穩定，並且容易預估其業務的公司。

6-2 統一集團》食品業龍頭 可視為穩健定存股

統一集團有 2 家主要公司，統一（1216）與統一超（2912）。統一全名為「統一企業股份有限公司」，是國內最大的綜合食品製造商，產品包括速食麵、乳品、飲料、麵包、飼料等，主要在國內市場銷售。

統一於 1992 年進軍中國，成立統一中控（香港掛牌代號 220.HK），並陸續在東南亞如越南、印尼、菲律賓、泰國、馬來西亞等地建立生產基地，均設有飲料、麵粉、速食麵、飼料工廠。

統一也像是控股公司，旗下轉投資公司跨足餐飲、零售、量販通路等市場，其中，統一超、家樂福、星巴克、博客來等，在各自領域都居於龍頭地位。統一持股 31.25% 的光泉牧場，同時也是萊爾富和全家（5903）的股東（光泉牧場持有 5.29% 全家股權，所以如果你是統一的股東，也同時是 7-Eleven、萊爾富和全家的股東）。

　　根據 2015 年～ 2016 年度資料，其他各單項產品的市占率為：速食麵、即飲茶、罐裝水、優酪乳、調味乳、鮮乳、豆漿的市占率均高居第 1 位，各占有 30%～ 60% 不等的市場；罐裝咖啡在第 2 位，市占率約 21%；統一中控的即飲奶茶在中國奶茶市場占有率高達 7 成，穩居第 1，方便麵和即飲茶市占第 2，即飲果汁市占第 3。

營運概況》轉投資事業獲利穩定

1.統一：成長動力來自中國、東南亞市場

　　統一在 2016 年的獲利當中，轉投資的統一超就貢獻了將近 31%、開曼統一控股也貢獻約 26%。2017 年上半年，開曼統一控股的貢獻度超越統一超，達到 31% 強，而統一超退居第 2，貢獻度為 27%，堪稱是統一最大的 2 隻金雞母（詳見表 1）。開曼統一控股旗下有統一中控和東南亞子公司，未來統一成長的動力仍來自於中國和東南亞市場。

2.統一超：台灣最大連鎖超商，事業版圖持續擴張

　　7-Eleven 原為美國南方公司（Southland Corporation，後改名為 7-Eleven Inc.）品牌，日本 7&I 控股公司（Seven & i Holdings Co., Ltd，隸屬伊藤洋華堂）於 1991 年取得南方公司過半股權，因此 7-Eleven 成為日本企業，並永久授權 7-Eleven 品牌予台灣統一超商。

表1 近年來，開曼、統一超貢獻統一最多獲利
——統一（1216）歷年重要轉投資公司獲利

轉投資公司	持股比率（%）	認列稅後淨利（千元）		
		2015年	2016年	2017.H1
開曼統一控股	100.00	4,353,089	3,736,991	2,881,106
統一超（2912）	45.40	3,689,722	4,487,972	2,479,626
凱友投資	100.00	663,545	958,980	675,449
上海星巴克	20.00	566,181	784,839	531,155
統一綜合證券（2855）	28.31	265,083	232,995	316,751
南聯國際	100.00	363,859	421,829	206,361
統一國際開發	69.37	173,943	334,801	199,876
統一數網	100.00	216,663	283,748	176,788
家福（家樂福量販店）	20.50	245,531	304,396	173,576
光泉牧場	31.25	340,053	348,065	169,181
大統益（1232）	38.24	343,738	336,563	142,169
統一星巴克	20.00	165,475	154,141	73,007
統一稅後淨利		14,107,839	14,526,719	9,174,711

註：此表僅列出統一旗下較重要的部分轉投資公司　資料來源：公開資訊觀測站、XQ 全球贏家

　　統一超於 1980 年在台灣開設第 1 家 7-Eleven 門市，並跨足量販、物流、餐飲、百貨、藥妝、網路零售等事業，於 1982 年在菲律賓開設 7-Eleven，2000 年開始經營上海星巴克，2008 進軍上海 7-Eleven，2017 年開始經營浙江 7-Eleven。

表2 統一超轉投資事業當中，上海星巴克貢獻度最高
——統一超（2912）歷年重要轉投資公司獲利

轉投資公司	持股比率（%）	認列稅後淨利（千元）		
		2015年	2016年	2017.H1
上海星巴克	30.00	849,271	1,177,258	796,732
統一生活（康是美藥妝店）	100.00	378,181	418,965	168,712
家福（家樂福量販店）	19.50	239,537	289,541	165,107
統一速達（黑貓宅急便）	70.00	283,616	319,924	141,930
菲律賓7-Eleven	52.22	371,234	426,734	131,657
統昶行銷	87.09	267,703	185,093	113,021
統一星巴克	30.00	248,213	231,212	109,511
統一百華（統一時代百貨）	70.00	139,777	183,734	105,161
博客來	50.03	180,121	200,087	105,056
統一藥品	73.74	193,810	90,913	97,043
上海7-Eleven	100.00	-238,784	-165,032	-73,529
統一超稅後淨利		8,238,993	9,836,690	5,531,948

註：此表僅列出統一超旗下較重要的部分轉投資公司　　資料來源：公開資訊觀測站、XQ全球贏家

　　截至 2017 年 6 月為止，台灣共有 5,161 家 7-Eleven 門市，2,087 家菲律賓 7-Eleven 門市、117 家上海 7-Eleven 門市、10 家浙江 7-Eleven 門市，全台 401 家康是美、414 家星巴克、104 家家樂福、夢時代百貨、博客來網路書店、統一速達等，公司的獲利也隨著事業版圖擴大逐年穩步成長（詳

見表 2）。

未來展望》出售金雞母上海星巴克，其他事業發展更聚焦

2017 月 7 月 27 日，統一集團董事長羅智先宣布，上海星巴克被美國總公司收回代理權，換來的是台灣的統一星巴克 100% 股權（統一持有 40%、統一超持有 60%）。而上海星巴克一直是統一超成長性最高、獲利能力最好的轉投資，2016 年就貢獻了統一超 8 億元獲利，每股稅後盈餘（EPS）約 0.766 元，占統一超全年獲利的 8%（統一超 2016 年 EPS 為 9.46 元）。

消息宣布隔日，沒有意外，統一、統一超股價雙雙下跌。由於統一持有上海星巴克股權為 20%，上海星巴克 2016 年貢獻統一的獲利 7 億 8,500 萬元，相當於 EPS 0.138 元，只占統一獲利的 5.4%，因此若以統一中控在中國的成長力道來看，上海星巴克對統一的影響，相較對統一超小得多，因此不久之後，統一股價就突破 2017 年 7 月 26 日的高點，而統一超的股價相對較為疲弱。

由於此筆交易案牽涉到美、中、台三地法規，因此如何認列、何時認列、須繳納多少稅款尚不得而知（截至 2017 年上半年財報，上海星巴克的獲利仍列在統一集團帳上），就以統一公告的稅前數字，說明如下：

1. 獲利部分：

統一：處分利益 133 億 8,600 萬元，貢獻 EPS 2.35 元。

統一超：處分利益 200 億 6,500 萬元，貢獻 EPS 19.3 元。

2. 現金流部分：

統一：出售上海星巴克 20% 股權 160 億 4,300 萬元，買進台灣星巴克 20% 股權 21 億 6,900 萬元，現金流入 138 億 7,400 萬元。

統一超：出售上海星巴克 30% 股權 240 億 6,500 萬元，買進台灣星巴克 30% 股權 32 億 5,400 萬元，現金流入 208 億 1,100 萬元。

無庸置疑，統一超少了上海星巴克這隻金雞母，對短期 3 ～ 5 年的獲利影響頗大。就以 2017 年上半年來看，統一超賺了 55 億 3,100 萬元，EPS 5.32 元，若扣除上海星巴克貢獻的 7 億 9,600 萬元；再加計買回的台灣星巴克股權 1 億 900 萬元，一來一回減少了 6 億 8,700 萬元，EPS 就少了 0.66 元，保守估計，全年 EPS 將減少 1.3 元以上。

統一的部分影響較小，2017 年上半年的稅後淨利會從原先的 91 億 7,500 萬元減為 87 億 1,600 萬元，EPS 會從 1.62 元減為 1.53 元。

美國星巴克不是第 1 次收回海外代理權了，早在 2006 年，就已經收回北

京美大集團的經營權；2011 年向香港美心集團買回廣東、海南、四川、陝西的經營權，同樣以股權交換條件，讓美心持有港、澳星巴克 100% 股權；2015 年又以 9 億 1,300 萬美元（約合新台幣 273 億 9,000 萬元）向日商株式會社 Sazaby League 收回日本星巴克 39.5% 股權。此次美國星巴克總公司和台灣統一集團的交易案，堪稱有始以來最大的交易案，總交易金額高達新台幣 401 億 800 萬元。

往好處想，就像創投一樣，羊肥了還是要宰，就算統一再向美國星巴克總部延長 5 年代理權，將來還是要歸還，能不能有更好的價錢還很難說。對統一超來說。未來每年雖然少了 EPS 1.3 元或者是更多的獲利，但一次收回 EPS 19.3 元，相當於 10 年經營上海星巴克的獲利（連續 2 個 5 年代理權），這回一次拿到 200 億元的現金，將來可聚焦在其他事業的發展，也可以視為一件好事。

可關注統一超咖啡事業，在中國是否有良好發展

統一自 2000 年就進入上海，經營上海星巴克 10 幾年下來，突然被收回經營權，看似可惜；但是換個角度看，其實統一集團也在咖啡市場練兵練了 10 幾年，有助於進入兩岸咖啡市場。

其實在 7-Eleven 現煮咖啡品牌「City Café」出現之前，台灣的 7-Eleven

就賣過咖啡了。最早是在 1985 年超商門市現煮咖啡,只是短短 4 年就收攤;到了 2001 年,統一超又在 7-Eleven 門市開設「街角咖啡館」,但很快又結束營業;直到後來統一代理星巴克之後,重新進入咖啡市場,才造就現今的 City Café。

上海 7-Eleven 也有類似的狀況,自從門市開始販售現煮咖啡之後,虧損幅度開始減少,2016 年門市端已經達到損益兩平,是加計上海 7-Eleven 總部的費用之後才有虧損。2017 年 8 月 4 日,統一超在浙江同時有 10 家 7-Eleven 開幕,董事長羅智先認為浙江 7-Eleven 應該會比上海 7-Eleven 更容易獲利,原因就是統一集團為了上海星巴克,10 幾年下來已經在江蘇、浙江、上海等地,建置了完整的物流系統,比起當初剛進入上海市場時,已不可同日而語。

況且上海星巴克將來的物流還是得仰賴統一,上海星巴克生意好,統一集團的物流公司自然生意也會好。

投資建議》待統一超股價低於歷年平均本益比再買進

統一為台灣食品業龍頭,產品乃民生所必需,不受景氣影響,近年來公司獲利也穩定成長,波動不大,可視為穩健的「定存股」;但因為其股本過大,

成長性也相對較差。

而統一轉投資的統一超，一直是貢獻母公司獲利的前 2 名子公司之一；統一超股本較小，旗下星巴克、菲律賓 7-Eleven、家樂福、統一速達、博客來等子公司的成長性較大。因此在比較統一和統一超的現金殖利率差不多的情況下，我選擇股本較小、成長性較佳的統一超作為存股標的。

俗話說「母以子貴」，遠東新（1402）最大的獲利貢獻來自於遠傳（4904），我就直接買遠傳當定存標的，因為遠東新紡織本業不穩定；力麒（5512）轉投資山林水（8473），力麒本身營建業務獲利不穩定，因此我選擇獲利穩定的汙水處理廠山林水作為存股標的。

同樣的，統一本業為食品製造業，中國和東南亞的狀況，對我來說不易掌握，因此我目前並未持有統一；未來，若是統一中控獲利更趨明朗的時候，我也有可能會考慮投資統一。

統一超是國內超商龍頭，台灣 7-Eleven 本業每年可能維持小幅度成長，至於長線的成長性，還是要看中國 7-Eleven 的獲利狀況。中國市場雖大，但是面臨的競爭也不小，統一超把台灣的便利商店經營模式帶過去，像是有座位和廁所的大店，販賣台灣的鮮食、咖啡、現萃珍奶等等，消費者買不買帳仍

圖1 統一超2017年初曾遭外資連續賣超
——統一超（2912）日線圖

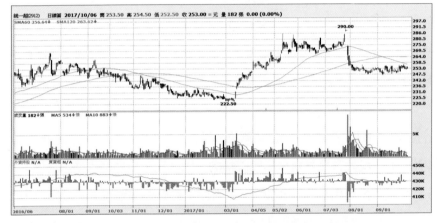

註：1. 資料日期為 2017.10.06；2. 外資持股單位為千張　　資料來源：XQ 全球贏家

然要持續關注，將來我們可以從財報的獲利數字一窺究竟。

　　統一超最好的買點出現在營收獲利成長時，以及非基本面利空卻出現股價盤整或修正時。統一超也算是具有外資色彩的大型權值股，2006 年以來，外資持股比重約在 36% ～ 43% 之間，當股價有一段時間明顯下跌時，多半可看到外資出現連續賣超。例如 2016 年 9 月～ 2017 年初，統一超股價出現修正，這段時間即可見到外資連續賣超；但統一超的營收仍呈現小幅成長，

當時已知的 2016 年前 3 季獲利也是正成長，到了 2017 年 2 月初公布 1 月份營收時，達到 190 億 4,200 萬元，創單月營收歷史新高，當時股價卻從 250 幾元修正到 220 幾元，就是很好的買點（詳見圖 1）。

儘管 2017 年 7 月受到上海星巴克股權回售給美國星巴克公司影響，統一超遭外資連續賣超多日，但截至 2017 年 9 月 30 日，外資持有統一超比重仍達 41%。

由於統一超的獨占性很強，長期本益比較高，從 2011 年～ 2017 年 9 月底，本益比區間多在 25 倍～ 30 倍之間，相對殖利率較低；投資人欲買進當股東，應該在歷年平均本益比之下較為安全（利用本益比買進股票，詳見 3-5），而此時也多半是外資連續賣超的時候。

6-3 日友》醫療廢棄物處理龍頭
未來成長性就看中國市場

　　日友（8341）全名為「日友環保科技股份有限公司」，是國內第 1 家政府核准的感染廢棄物處理業者，也是 2003 年 SARS（嚴重急性呼吸道症候群）受環保署指定之處理廠，現為國內最大醫療廢棄物處理公司，市占率約 34%。

　　2012 年購併台灣中區事業廢棄物綜合處理中心（現為日友彰濱廠），切進事業廢棄物、危險廢棄物處理、資源回收再利用領域，是國內唯一上游清運、中游焚化、物化、固化、下游掩埋一條龍的環保公司，並跨足中國環保市場。

營運概況》台灣、中國市場產能雙雙擴增

　　廢棄物處理是高度賣方市場，因此日友每年多能調漲處理費，近年來毛利

率和營業利益率均呈現穩定成長，獲利因此逐年攀高。以下分別就台灣市場
與中國市場介紹其營運的狀況：

台灣市場：提升醫療、事業廢棄物處理量，並中止毛損事業

1. 醫療廢棄物處理事業：醫療廢棄物在醫療院所放棄自行處理、採取委外
的趨勢下，日友原先的雲林 1、2 廠處理醫療廢棄物產能已不敷使用，新設
立的雲林 3 廠於 2017 年 8 月拿到使用執照。在經歷過 2003 年 SARS 風暴
之後，日友儼然成為國內首屈一指的醫療廢棄物處理大廠。

關於雲林 3 個廠區，原來雲林 1 廠醫療廢棄物月處理量 540 噸，二廠月
處理量 360 噸，合計 900 噸，但稼動率已發揮 120%，實際處理量每月達
到 1,080 噸。

雲林 3 廠營運後，1 廠將進行整改（時間約 7～8 個月），暫無法有所貢
獻；2 廠月處理量維持 360 噸；3 廠月處理量為 1,080 噸，但依規定必須
空出 15% 的產能，以提供突發狀況發生時使用（如發生 SARS 等狀況），所
以稼動率僅能維持 85%～90%，約為 972 噸，2、3 廠合計約 1,400 噸，
仍較原來的處理量 1,080 噸增加約 30%。

而在雲林 1 廠整改完成並開始營運後，雲林 2 廠將除役，1、3 廠合計月

處理量可增加至 1,620 噸，相較最初每月 1,080 噸的處理量，增幅達到 50%。

2. 事業廢棄物處理事業：由於事業廢棄物終端處理嚴重不足，原本台灣 24 座焚化爐處理家戶垃圾的額度遭到事業廢棄物排擠，近年來台灣各地陸續爆發垃圾大戰。日友彰濱廠主要從事事業廢棄物的焚化、物化、固化和掩埋，2001 年即開始營運的彰濱 1 廠占地 5 公頃，產能早已不敷使用。

占地 10.6 公頃的彰濱 2 廠於 2017 年 7 月通過環差評估（由行政院環境保護署審查的環境影響差異分析報告），並已向政府提出興建申請，待行政程序通過之後，即可開始施工，工期約為 1 年半～ 2 年，完工後 1 天可增加 1 倍的焚化處理量（從 70 噸增加至 140 噸），約是中部地區 1 天的事業廢棄物量。

3. 廢乾電池事業：負責處理廢乾電池業務的是日友子公司智鵬，2016 年全年營收約 6,700 萬元，平均每個月營收約 500 多萬元。由於廢乾電池業務處理為毛損事業，做愈多賠愈多，因此日友在 2017 年結束此一業務，連帶每個月公司營收少約 500 萬元；但日友獲利不減反增，因為這個業務本來就是不賺錢的，而智鵬在桃園觀音的廠房於 2017 年第 2 季出售，在財報內可看到營業外收入約 9,600 萬元，貢獻每股稅後盈餘（EPS）約 0.86 元。

中國市場：產能大幅擴張，但稅負為不確定因素

1.醫療廢棄物處理事業：北京潤泰環保科技公司是日友持股100%子公司，從事醫療廢棄物清運焚化，北京1廠核准處理量每年為1萬6,425噸，換算日處理量約為45噸，中國政府允許超額2成，即每日最大處理量為54噸，但是仍不敷使用。因此日友在2017年度動土興建北京2廠，預計2018年上半年可以投入營運，2廠核准日處理量為60噸，1、2廠日處理量合計114噸。

2017年中國官方開始徵收環境汙染稅，受此影響，日友認列北京潤泰獲利大減（詳見表1），但日友指出，此項稅率還在調整階段，將來有可能返還多徵收的稅。

2.事業廢棄物處理事業：日友在中國預計投入事業廢棄物處理的4個廠區如下：

❶宿遷1廠：預計在2018年下半年完工並投入營運，初期規畫事業廢棄物處理，焚化每年2萬噸、物化每年1萬噸、掩埋每年2萬噸，待產能運用狀況明朗再規畫2廠興建。

❷河北廊坊廠：預計在2019年上半年完工並投入營運，初期規畫事業廢棄物處理，焚化每年2萬5,000噸、固化每年1萬5,000噸。

表1 **2017年北京潤泰獲利大減**
──北京潤泰歷年單季稅後淨利

季度	稅後淨利（萬元）		
	2015年	2016年	2017年
Q1	1,498.2	3,081.3	561.2
Q2	1,492.0	988.5	524.5
Q3	497.9	907.4	N／A
Q4	2,440.6	2,526.8	N／A

資料來源：公開資訊觀測站

❸山西運城廠：預計在 2019 年下半年完工並投入營運，初期規畫事業廢棄物處理，焚化每年 2 萬 5,000 噸、物化每年 1 萬 5,000 噸、固化加掩埋每年 2 萬 5,000 噸。

❹江蘇江陰廠：預計在 2019 年下半年完工並投入營運，初期規畫事業廢棄物處理，焚化每年 2 萬 5,000 噸、物化每年 2 萬噸。

未來展望》2017年～2019年將進入擴廠密集階段

除此之外，日友也計畫在中國各省增設危險廢棄物綜合處理中心，市場預料，2019 年日友的營收將大幅衝高，但實際廠房商轉時程還是有變數，獲

表2 歲修因素，日友近兩年1、5、9月營收略低
—— 日友（8341）營收與年增率

月份	2016年		2017年	
	營收（千元）	年增率（%）	營收（千元）	年增率（%）
1	135,080	30.15	125,123	-7.37
2	166,620	75.30	134,120	-19.51
3	153,719	-9.83	171,336	11.46
4	141,148	0.17	149,950	6.24
5	129,681	11.53	161,659	24.66
6	145,759	9.83	170,294	16.83
7	145,465	-3.20	174,629	20.05
8	155,350	21.09	169,998	9.43
9	126,283	-2.23	141,949	12.41
10	188,248	26.69	N／A	N／A
11	157,421	14.92	N／A	N／A
12	171,170	-0.48	N／A	N／A

資料來源：公開資訊觀測站、XQ 全球贏家

利如何也有待觀察。中國廢棄物處理價格約為台灣的 4 倍，但人力成本也相對高，因此毛利率約為台灣的 6 ～ 7 成左右，目前中國的稅制不明是較不確定的因素。

公司每年焚化爐歲修的月份是 1 月、5 月和 9 月，原則上，這 3 個月份的

表3 **2017年前2季，日友毛利率與營益率明顯成長**
——日友（8341）歷年單季毛利率與營業利益率

季度	2015年		2016年		2017年	
	毛利率（%）	營業利益率（%）	毛利率（%）	營業利益率（%）	毛利率（%）	營業利益率（%）
Q1	50.57	32.37	56.92	41.01	**60.22**	**42.45**
Q2	60.25	41.31	58.25	41.30	**63.81**	**46.42**
Q3	55.51	37.23	58.05	41.08	N／A	N／A
Q4	58.59	42.21	58.78	42.17	N／A	N／A

資料來源：公開資訊觀測站、XQ 全球贏家

營收通常會較其他月份營收略低，如果逆勢增加就有可能是工程款入帳，如2017 年 5 月營收高達 1 億 6,100 萬元，就是有中國的工程款入帳（詳見表 2）。2017 年～ 2019 年是日友擴廠的密集階段，礙於人力資源配置，對於外來工程將減少接單。

投資建議》待本益比回歸20倍左右再布局

日友和統一超（2912）類似，具有高本益比和低殖利率的特性，若以日友在 2017 年 8 月～ 9 月約 180 元的股價，對照近 4 季累計 EPS：1.28 元

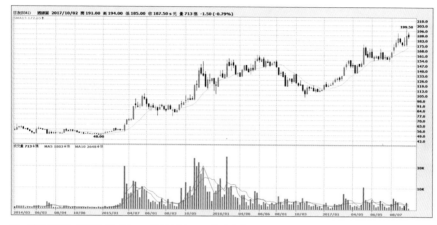

圖1 日友股價長期逐步墊高
——日友（8341）週線圖

註：資料日期為 2017.10.02　　資料來源：XQ全球贏家

＋1.66元＋1.35元＋2.30元＝6.59元（2016年第3季～2017年
第2季），再扣除2017年第2季的業外收益約0.85元後，實為5.74元，
本益比高達31倍。

雖說對照中國的環保股約30倍之譜不算太高，但相對台股其他環保股的
本益比而言還是略高。市場會給予日友這麼高的本益比，原因是它仍處在快
速成長階段，以2016年和2017年的獲利水準，到日友中國擴廠完畢的

2019 年～ 2020 年，這段期間獲利的成長性，使得市場給予高度預期（詳見圖 1）。

　但投資人也別忘了，股價為基本面先行指標，投資高本益比的股票的風險，就是一旦獲利成長不如預期，股價會大幅修正；因此我會持續追蹤其獲利狀況，股價急漲時不追價，最好的買點是在公司獲利年增率（YOY，跟去年度同期比較的成長率）仍舊成長，但股價卻從高點修正 15% 以上，或是本益比回歸 20 倍左右。如果到了 2018 年或 2019 年，在中國獲利不符合預期，也需要留意賣出點。

可寧衛》固化、掩埋無敵手 為高殖利率定存股

6-4

可寧衛（8422）全名為「可寧衛股份有限公司」，事業範圍包括一般和事業廢棄物的清運、固化、掩埋。可寧衛本身是處理有害事業廢棄物，旗下100%轉投資公司包括固化掩埋場吉衛、一般事業廢棄物掩埋場大倉實業、事業廢棄物清除機構岡聯實業等。

全台灣只有可寧衛旗下的吉衛固化掩埋場和日友（8341）彰濱廠為固化掩埋場，吉衛固化掩埋場市占率高達90%。因大型掩埋場土地取得不易，因此在可寧衛擁有最終端的大型掩埋場（吉衛、大倉）情況下，在台灣並無任何明顯的競爭對手（詳見表1）。

台灣的廢棄物處理有幾個方式，包括回收再利用、焚化和掩埋。台灣營運中的24座焚化爐多用來焚化家戶一般廢棄物，依規定，不再有餘裕處理公司的事業廢棄物，因此還是必須仰賴掩埋做最後處理，掩埋也是最便宜、最

環保的處理方式（實際上，台灣的焚化爐使用狀況無法滿足需求，導致近年發生家戶一般廢棄物與事業廢棄物互相排擠，引發垃圾大戰）。

　　本身處理有害事業廢棄物的可寧衛，主要客戶為製程客戶和汙染清理客戶，其中製程客戶包括電子業、石化業、鋼鐵業、焚化爐等；汙染清理客戶大多是受政府或個別公司委託處理的汙染場址，需要專業公司進行整治；因客戶分散，所以較不受景氣循環影響。另外，在金屬回收方面，可寧衛目前擁有「汞熱脫附處理」技術（詳見註1），並且將回收的汞作為日光燈管使用，根據2016年的年報資料，可寧衛為目前國內唯一具備汞熱脫附處理設備的廢棄物固化處理業。

營運概況》廢棄物處理為高度賣方市場，獲利穩定成長

　　廢棄物處理是高度賣方市場，因此可寧衛每年多能調漲處理費，近年來毛利率和營業利益率均呈現穩定成長，但因掩埋場處理量有其限制，一旦滿場將封場進行復育。截至2017年9月底，可寧衛處於營運中的掩埋場有2座，分別是吉衛掩埋場和大倉掩埋場，據公司估計，吉衛的使用年限至2022年

註1：
環保法規當中，規定含有高濃度汞的有害廢棄物，須先回收汞之後，再進入固化流程。

表1 可寧衛旗下大倉、吉衛掩埋場，全台市占率居冠

——國內一般、有害事業廢棄物和固化處理政府許可量

	公司名稱	每月處理量（公噸）
一般事業廢棄物掩埋場	大倉實業（大寧掩埋場）	3萬
	日友彰濱	6,000
	永燊資源	5,850
	南亞麥寮	5,500
	律潔環保	4,980
	廣源造紙	30
有害事業廢棄物 固化處理廠	可寧衛	1萬5,250
	日友彰濱	3,600
	中聯資源	2,970
	瑞曼迪斯	1,800
	南亞麥寮	160
固化掩埋場	吉衛	2萬4,000
	日友彰濱	6,000

資料來源：可寧衛

左右，而大倉的使用年限至 2019 年。公司第 8 座的「大寧掩埋場」已於
2017 年 8 月底試營運，預計 2017 年底之前可正式商轉，並計畫 2 年之後
再增設新掩埋場，至於已經封場的 6 座掩埋場，未來則計畫作為太陽能發電
廠域。

表2 可寧衛2016年獲利創上市以來次高紀錄
—— 可寧衛 (8422) 歷年營業收入、稅後淨利與EPS

年度	營業收入（億元）	稅後淨利（億元）	EPS（元）
2009	8.14	2.71	14.27
2010	12.84	5.09	6.48
2011	23.23	13.17	13.03
2012	26.18	14.56	13.37
2013	23.43	12.48	11.46
2014	21.28	10.26	9.43
2015	27.50	12.32	11.32
2016	31.23	**14.41**	**13.23**

資料來源：公開資訊觀測站、XQ 全球贏家

　　可寧衛於 2015 年下半年承接高雄市台肥多功能經貿園區的場址整治，因此營收大幅成長，但毛利率相對較差。2016 年可寧衛創下上市以來獲利的次高紀錄，每股稅後盈餘（EPS）為 13.23 元（詳見表 2），但高雄專案在 2016 年第 3 季結束後，營收大幅衰退；加上大倉掩埋場即將滿場，因此公司採取以價制量措施——漲價、減少廢棄物入場量，使得 2017 年第 1、2 季的毛利率和營業利益率大幅提升（詳見表 3），獲利衰退的幅度小於營收減少的幅度。

表3 可寧衛2017年毛利率和營益率大幅提升

——可寧衛（8422）歷年單季毛利率與營業利益率

季度	2015年		2016年		2017年	
	毛利率 （％）	營業利益率 （％）	毛利率 （％）	營業利益率 （％）	毛利率 （％）	營業利益率 （％）
Q1	74.94	62.33	63.00	54.19	**73.71**	**60.91**
Q2	61.09	50.54	59.56	51.75	**75.94**	**60.91**
Q3	56.32	47.09	65.29	54.25	N／A	N／A
Q4	57.99	49.12	68.37	53.86	N／A	N／A

資料來源：公開資訊觀測站、XQ全球贏家

未來展望》新場址將正式營運，已承接2筆新專案訂單

2017年年底前大寧掩埋場將正式營運，因此可寧衛再度承接了2筆專案訂單，分別是焚化爐土地整治工程，金額4億多元，最慢在2018年3月前要完成；另一筆為軍方的5億多元案子，合約期限3年，後者施作時間較長，對可寧衛的廢棄物入場控管較有彈性。

在中國市場方面，可寧衛在上海、浙江、山東鄒城設立子公司，上海為顧問公司，浙江、鄒城業務則與台灣類似，其中鄒城取得山東環評，但是執照

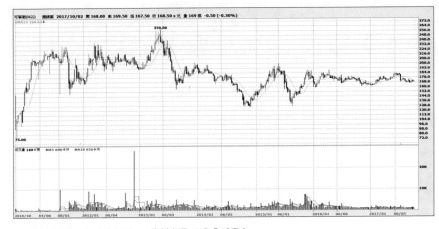

圖1 **近年來，可寧衛股價較無明顯波動**
——可寧衛（8422）週線圖

註：資料日期為 2017.10.02　　資料來源：XQ 全球贏家

取得不易，目前在中國並無任何進展。

投資建議》具壟斷優勢，殖利率6.5%左右時即可持有

　　如前文所述，可寧衛在台灣的固化和掩埋方面，幾乎沒有競爭對手，營收衰退也不是因為公司競爭力下滑、市占率降低，而是因為控制廢棄物進場量。舉例來說，假設全世界只有1個生產石油的國家，如果我是這個國家的總統，

我一定會限制石油產量出口，而且每個月都漲價，這就是獨占壟斷市場的意思（但事實上全世界有很多產油國和頁岩油生產業者）。

可寧衛在獲利上，並無顯著大幅成長的條件（我為什麼要急於收垃圾，讓掩埋場很快就滿？當然是每年漲價，然後慢慢收垃圾呀！），但可視為高殖利率的定存股，如果每年配息 11 元，殖利率接近 6.5% 或有 6.5% 以上時，可以考慮持有。

我第 1 次買進可寧衛是在 2015 年 8 月底，買在 127.5 元～ 130 元之間，當時可寧衛由於新掩埋場商轉時程落後，造成股價大幅修正（而後我也有加碼，多買在除息前的 160 幾元）。往後仍須注意這樣的狀況，預計 4 年～ 5 年之後，可寧衛又將面臨新設掩埋場的問題，屆時也要面對居民與環保團體的抗爭，導致取得新土地的難度提高等狀況。

因此，設立新掩埋場的進度，並非公司所能預期的，投資人若看到股價高漲，切莫追高，至於可寧衛新切入其他領域的事業還有待發酵。

6-5 # 德麥》烘焙原料龍頭
積極進軍餐飲業

　　德麥（1264）全名為「德麥食品股份有限公司」，原為烘焙設備大廠新麥（1580）旗下部門，1989 年獨立成為公司。德麥、新麥的董監事和大股東類似，但 2 家公司並無交互持股，德麥、新麥乃是 2 家獨立的公司。

　　新麥主要的產品是烤爐、攪拌機、發酵機等烘焙機器，1994 年進軍中國，目前是亞洲最大的烘焙設備製造商。我們到家樂福、大潤發買麵包，可以看到新麥品牌「Sinmag」的烘焙機器。但是一台機器可以用數年，不像麵包原料需要每天供應，因此我更偏好提供烘焙原料的德麥，因為它的產品具備重複消費的特性。表 1 顯示這 2 家公司歷年來的獲利，當換機潮（這裡的機器指的是烘焙設備）過去之後，新麥的獲利就會衰退（如 2015 年），股價也從 2014 年的 202 元高點，最低暴跌到 2016 年 2 月的 84.4 元（詳見圖 1），對於持有新麥的存股族來説，這段期間如果發現獲利衰退，也必須要停利或停損。

表1 2015年新麥獲利出現年衰退
── 德麥（1264）vs.新麥（1580）歷年稅後淨利

個股（股號）	稅後淨利（億元）					
	2011年	2012年	2013年	2014年	2015年	2016年
德麥（1264）	2.21	2.36	2.81	3.20	3.99	4.46
新麥（1580）	4.03	4.00	4.96	5.30	**4.72**	5.47

資料來源：XQ全球贏家

營運概況》在台灣的覆蓋率達9成，海外轉投資皆獲利

截至 2017 年 6 月 30 日，德麥轉投資中國無錫的子公司芝蘭雅烘焙原料公司（50% 股權）、做包裝耗材的無錫天滿紙器公司（60% 股權）、網路通路事業無錫芝樂多商貿公司（60% 股權），以及馬來西亞子公司（77.23% 股權）、香港子公司（100% 股權）等。這些轉投資公司全部都呈現獲利狀態。其中來自台灣的獲利占比 79.6%，貢獻最大，中國獲利占比 11.53% 次之，香港貢獻 6.09% 獲利，馬來西亞則貢獻約 2.78% 獲利。

德麥在台灣的覆蓋率達 90%，客戶數近萬家，提供 3,200 種以上的烘焙原料，包括代理國際大品牌的麵粉、預拌粉、巧克力、內餡、乾果添加類等；

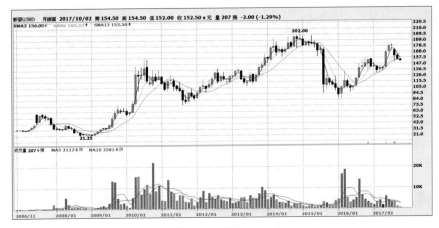

圖1 **新麥長期股價上漲，但2016年曾跌至84.4元**
──新麥（1580）月線圖

註：資料日期為 2017.10.02　　資料來源：XQ 全球贏家

客戶群分散，即使是最大的客戶多那之，也僅占德麥總銷量的 1.5% 左右。
其次為馥漫食品、大潤發、85 度 C、阿默蛋糕、克莉絲汀（中國連鎖西點企
業），台灣有名的香帥蛋糕、微熱山丘、王品、饗食天堂等，也都是德麥的
客戶。

德麥的競爭優勢包括產品線齊全、預拌粉有獨家配方容易大量施作、集團
有超過 70 位烘焙師傅研發新產品、以產品帶動原料銷售、定期透過講習邀

請國內外知名烘焙大師教學、公司自建食品安全實驗室保障食品安全，並自建冷凍物流車隊確保原料新鮮等。

德麥已是台灣烘焙原料的龍頭廠商，公司的烘焙師傅不斷研發新品，教客戶做麵包、糕點，近年來也進軍「餐飲業」。「餐」的部分，有西餐師傅教做義大利麵；「飲」的部分，則進口利口酒、咖啡豆、冰品、新鮮果汁等。德麥表示，其目標是從「烘焙的德麥」變成「食品的德麥」，據公司指出，在台灣，餐飲市場是烘焙市場的 10 倍大，將成為德麥持續成長的動能。

回顧 2016 年，全球景氣受到中國經濟成長趨緩下，台灣受到中國遊客人數縮減衝擊，導致國內烘焙、餐飲、觀光業都受到影響，致使台灣地區成長幅度縮小，加上中國「調結構」經營策略下，降低沒有利潤的接單，並慎選客戶、減少呆帳發生，所以 2016 年全年營收雖較 2015 年減少了 2.49%。然而，德麥因為優化產品組合，使毛利率提高，2016 年第 1 季～ 2017 年第 2 季，毛利率都比前一年度同期更高（詳見表 2），2016 年的每股稅後盈餘（EPS）為 14.54 元，相較 2015 年 EPS 為 13.33 元，成長幅度將近 9%。

未來展望》將以紅海殺價和新藍海雙頭並進

2016 年～ 2017 年，德麥芝蘭雅有內部的員工離開公司自行創業，成為

表2 **德麥2016年Q1起，毛利率及營益率均為年成長**
──德麥（1264）歷年單季毛利率與營業利益率

| 季度 | 2014年 | | 2015年 | | 2016年 | | 2017年 | |
	毛利率 （%）	營業利益率 （%）	毛利率 （%）	營業利益率 （%）	毛利率 （%）	營業利益率 （%）	毛利率 （%）	營業利益率 （%）
Q1	35.05	11.87	36.67	15.31	**37.58**	**16.91**	**38.24**	**19.43**
Q2			36.09	13.71	**36.83**	**16.03**	**37.76**	**17.09**
Q3	35.55	12.68	34.56	12.71	**37.59**	**17.43**	N／A	N／A
Q4	37.29	16.33	35.89	14.78	**39.01**	**17.97**	N／A	N／A

註：德麥 2015 年 4 月 9 日興櫃轉上櫃，2014 年上半年僅揭露上半年度財報資訊，2014 年第 3 季起，始揭露單季財報資訊
資料來源：公開資訊觀測站、XQ 全球贏家

德麥的競爭對手，由於這些員工掌握部分 Know-How，因此面臨殺價競爭在所難免。我在 2017 年參加德麥股東會時，財務長邱俊榮用三國劉備和曹操的故事來説明。

東漢獻帝建安 3 年，劉備與曹操「青梅煮酒」，實則「適時裝傻」，若當時曹操殺了劉備，就沒有後來三國鼎立的局面了。意思是，德麥會適度的殺價迫使競爭對手出局，總比讓競爭對手坐大日後更難處理來得好，因此會犧牲一點毛利。

表 2 可看到德麥在 2017 年第 2 季的毛利比第 1 季的毛利低了不少，但相較 2016 年第 2 季，仍舊微幅成長。由於競爭對手提供的產品和德麥類似，德麥除了殺價迫使競爭對手出局之外，也引進新產品和競爭對手區隔，以紅海殺價和新藍海雙頭並進，以維持公司獲利成長。

德麥已經站穩台灣市場，並企圖在 5 年內以成為江蘇、浙江、上海最有競爭力的原料供應商為目標，德麥也堅持「穩中求勝」策略，在台灣持續深耕既有烘焙族群，更將產品延伸至餐飲市場；海外聚焦中國市場，德麥芝蘭雅以中實戶、經銷商、工業客戶為 3 大目標客戶，持續以「調結構、穩增長、高利潤」的經營方針。中國目前烘焙市場正處於起飛的階段，並沒有出現明顯的領先者，然而市場雖大，競爭者也不少，當然也有倒帳風險，誰能拿下江山，猶未可知，我們應該持續觀察德麥的營收獲利狀況，作為加碼或賣出的準則。

投資建議》若獲利維持穩健，本益比14倍可加碼

2015 年底時，可看到德麥當年至第 3 季的財報，往前推 4 季的累積 EPS 共 13.76 元（2014 年第 4 季～ 2015 年第 3 季，詳見表 3），當時我以 176 元～ 180 元買進，本益比是 12.79 倍～ 13.08 倍，比當時食品股平均本益比 15.5 倍還要低得多，股價並無高估的現象。

表3 **德麥2016年每股稅後淨利逾14元**
──德麥（1264）歷年單季獲利與每股稅後淨利

季度	2014年		2015年		2016年		2017年	
	獲利 （百萬元）	EPS （元）	獲利 （百萬元）	EPS （元）	獲利 （百萬元）	EPS （元）	獲利 （百萬元）	EPS （元）
Q1	74.00	2.92	99.00	3.53	104.00	**3.39**	112.00	3.64
Q2	67.00	2.62	94.00	3.09	106.00	**3.45**	111.00	3.29
Q3	67.00	2.38	96.00	3.14	109.00	**3.54**	N／A	N／A
Q4	112.00	4.00	110.00	3.67	127.00	**4.16**	N／A	N／A

資料來源：公開資訊觀測站、XQ全球贏家

　　2016年，我領到德麥每股配息11元，殖利率超過6%；到了2016年底，往前推4季的累積EPS是14.08元（2015年第4季～2016年第3季），由於德麥已於當年11月時填息，若以買進價200元來看，本益比是14.2倍，於是我在2016年底首度加碼。

　　到了2017年，德麥公布2016年完整年報，EPS達到14.45元，創下歷史新高，我再以220元加碼，買進本益比約為15.2倍。以德麥在兩岸的成長性來說，我可以接受這個本益比水準。接下來的步驟相同，我仍持續追蹤其獲利數字，截至2017年第2季，德麥不論在稅後淨利、毛利率和營業

圖2 德麥上櫃後，股價於2017年站上200元
—— 德麥（1264）週線圖

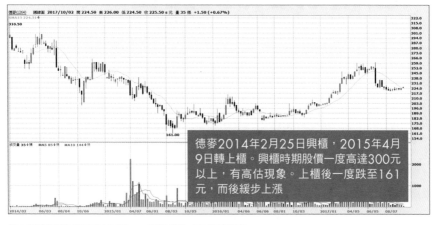

德麥2014年2月25日興櫃，2015年4月9日轉上櫃。興櫃時期股價一度高達300元以上，有高估現象。上櫃後一度跌至161元，而後緩步上漲

註：資料日期為 2017.10.02　　資料來源：XQ 全球贏家

利益率的表現都相當穩定，且緩步成長當中。若基本面穩健成長的態勢不變，遇到股價修正或盤整、本益比回到 14 倍左右時，會是我考慮加碼的時機；若衰退，就觀望；若連續衰退，則要減碼。

6-6 一零四》求職市場領導品牌

短期內難有抗衡者

　　一零四（3130）全名為「一零四資訊科技股份有限公司」，主要經營「104人力銀行」。公司成立於 1996 年，是國內首家網路人力仲介媒合平台，也是求職市場中的領導品牌。截至 2017 年 5 月，人才資料庫擁有超過 710 萬筆履歷，31 萬 7,000 家企業客戶資料庫。

　　其主要業務有 2：網路服務收入、顧問服務，前者服務項目包括線上人力招募、網路廣告、家教等，毛利率較高，獲利貢獻超過 84%；後者服務範圍涵蓋人事管理系統、人才評選、顧問諮詢、訓練發展和獵才等，毛利率較低，占公司獲利約 16%。

　　根據創市際市場研究顧問中心所做的調查，在 2016 年 6 月曾透過人力銀行找工作的受訪者，有將近 68% 使用網路人力銀行或社交平台找工作。在台灣 4 大人力銀行當中，不重複到訪人數最高的就是 104 人力銀行，平均每位

表1 104人力銀行到訪人數為同業最多
——求職者使用4大人力銀行概況

比較項目	104 人力銀行	1111 人力銀行	yes 123 求職網	518 人力銀行
不重複到訪人數（萬人）	**155.3**	128.0	30.9	57.1
平均每位使用者停留時間（分鐘）	**35.2**	18.8	16.6	14.7
平均每位使用者瀏覽頁數（頁）	**96.0**	30.0	53.0	26.0
平均每次造訪瀏覽頁數（頁）	**22.9**	8.2	16.0	9.7

資料來源：2016.08.16創市際雙週刊（創市際市場研究顧問）

使用者停留時間及瀏覽頁數也是 104 人力銀行居冠（詳見表 1）。

另外，104 人力銀行連續在 2014 年、2015 年 Google 熱門台灣品牌搜尋排行榜中，都名列前 5 名，而且是唯一進榜的人力銀行業者（詳見表 2）。2017 年截至 9 月底，104 人力銀行在 Google 的關鍵字搜尋熱門度平均達 82 分，大幅領先 1111 人力銀行的 32 分。

營運概況》人力資料庫龐大，短期競爭者仍難以抗衡

一零四擁有寡占市場的龍頭地位、公司業務簡單易懂、定價能力高，較不

表2 104連2年進入Google熱門台灣品牌搜尋前5名
——Google熱門台灣品牌搜尋排行榜

名次	2014年	2015年
1	露天拍賣	露天拍賣
2	PChome	台灣鐵路
3	中華電信	104人力銀行
4	104人力銀行	PChome
5	台灣鐵路	momo購物網
6	momo購物網	博客來
7	博客來	台灣高鐵
8	台灣高鐵	591房屋交易網
9	王品集團	中華電信
10	臺灣銀行	蘋果日報

資料來源：Google

受單一產業不景氣的影響，並具有重複消費的特性。根據一零四 2017 年 8 月發布的調查，近 2 年有 26.8% 的社會新鮮人不到 3 個月就離職，堪稱職場快閃族；而人力銀行可提供 20 歲～ 70 歲的求職者服務，身為人力銀行的龍頭，且網路事業大者恆大，104 人力銀行短期之內還看不到顯著的競爭者。

不過，近年全球社群職涯龍頭 Linkedin 進軍台灣，加上 Google 也加入人

力仲介戰局（Google Hire，於 2017 年 7 月上線），未來仍要留意一零四的市占率和獲利率的變化。

Linkedin 是在 2014 年登台，卻無法進一步在台灣市場發酵，原因是 104 人力銀行的求職、求才資料庫遠遠超過 Linkedin；再者，linkedin 多注重在高科技業的中高階人才，和 104 人力銀行的工作遍及各行各業有所不同。只是近年來，美國的人力仲介主流由傳統線上人力銀行逐漸轉為社群網站功能，透過社群網站交流彼此求職心得，因此 Linkedin 的崛起，也衝擊傳統的國際級人力銀行（如 Monster.com）。有鑒於此，一零四已於 2014 年 10 月開放「104 職涯社群」，企圖打造第 2 代 104 人力銀行。

觀察一零四的財務面，截至 2017 年第 2 季，一零四的流動負債為 11 億 2,900 萬元，長期負債為零，公司帳上的約當現金就高達 21 億 9,200 萬元，加上現金流入穩定，本業穩定獲利，整體獲利和配息也穩定成長，並且進軍具有成長性的老年長照產業，符合我「穩中求勝」的概念。

一零四 2017 年上半年獲利衰退，主要是因為新事業（包括 104 銀髮銀行的籌備）和廣告費用增加所致，2016 年第 1 季出售人力派遣子公司獲利 3,900 萬元，加上退稅 4,300 萬元，業外獲利共 8,200 萬元，墊高了基期，但細究 2017 年上半年的毛利，相較 2016 年同期仍是成長的（詳見表 3）。

表3 2017年上半年，一零四毛利較2016年同期成長
—— 一零四（3130）歷年單季利潤

季度		營業毛利（億元）	營業利益（億元）	稅後淨利（億元）	EPS（元）
2014年	Q1	2.65	0.63	0.52	1.58
	Q2	3.10	0.98	0.85	2.57
	Q3	3.28	1.16	1.03	3.11
	Q4	2.50	0.32	0.71	2.15
2015年	Q1	2.83	0.68	0.69	2.07
	Q2	3.43	1.10	1.06	3.21
	Q3	3.34	0.87	0.82	2.49
	Q4	3.09	0.65	0.73	2.21
2016年	Q1	3.10	0.83	1.63	4.95
	Q2	3.44	1.12	1.01	3.07
	Q3	3.50	1.00	0.88	2.67
	Q4	3.16	0.45	0.45	1.36
2017年	Q1	**3.28**	0.76	0.71	2.16
	Q2	**3.58**	0.99	0.86	2.61

資料來源：公開資訊觀測站、XQ全球贏家

未來展望》開發新事業「104銀髮銀行」，提供多元服務

　　一零四整個職涯管理平台還包括：104教室，提供不受時間和空間的線上教學平台；104企業大師系統租賃，提供企業行動辦公室、人資管理、私人

祕書、薪酬調查等服務；另外還有 104 外包網、104 家教網、104 Kids、104 Executive 經理人社群等，其中最令我期待的是「104 銀髮銀行」。

因應台灣高齡化社會和政府長照 2.0 的推動（長期照顧 10 年計畫，提供從支持家庭、居家、社區到住宿式照顧的多元連續服務），籌備 3 年的「104 銀髮銀行」，預計 2017 年年底上線。就像你利用手機 App 叫計程車一樣，104 銀髮銀行提供健康管家、照顧管家、家事管家與餐食管家，並提供家庭醫師、職能治療師等人力，滿足一般家庭的多元照顧需求。

根據內政部統計，國內 2017 年老年人口首度超越幼年人口，每 5 名青壯年就必須照顧 1 名老人，全台有 82 萬名 65 歲以上失能老人，而隱形的被照顧人口更高達 357 萬人，因照顧老人而離開職場的人口也高達 13 萬人。

其實每個人的條件不同，並非每個人都適合做長期照顧的工作，因此一零四提供照顧人力媒合平台讓上班族得以喘息，凡事不用親力親為，有專業的人力幫忙照顧長輩，自己又能專注在職場打拼，才是雙贏的做法。

104 銀髮銀行已經在 2017 年 9 月 18 日開始試營運，未來營運績效如何？何時能產生獲利？能否在人力銀行之外，再創造一個市占率最高的平台？這些都決定一零四未來的成長性。

圖1 **2016年以來，一零四股價維持穩定**
——一零四（3130）月線圖

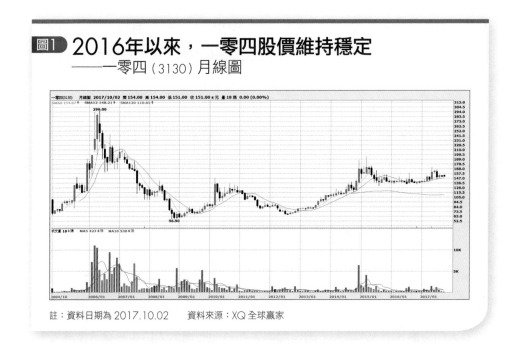

註：資料日期為 2017.10.02　　資料來源：XQ 全球贏家

投資建議》觀察新事業後續影響，本益比14倍以下可買

2017 年 5 月除息前，我以定存股的角度買進一零四，股價在 146 元～150 元之間，殖利率高達 7% 以上，但是因為一零四認列新事業的研發和廣告費用，導致 2017 年的獲利衰退。公司預計 2017 年底 104 銀髮銀行業務正式上線，但是短期必定認列較高的營業費用，甚至影響 2018 年以後的獲利。

　　然而公司如果在本業的人力銀行業務沒有衰退（投資人可觀察公司的毛利變化），中長期而言，老年長照的媒合平台是值得期待的業務。一零四平均本益比多在 11 倍～ 18 倍之間，因此在 14 倍以下買進為佳。

6-7 中保》保全業龍頭地位穩固 搶攻長照、物聯網商機

中保(9917)全名為「中興保全股份有限公司」,為國內第1家保全業者,從傳統的駐衛警、運鈔服務,到行動保全、衛星地位、協尋系統,再到電子系統保全、物聯網、智慧家庭,成立「中保無限家」服務站實體通路,提供簡單家庭水電宅修服務,並且還申請成為長照2.0中C級的老人照顧站。

中保布局智慧城市、停車場管理、防震預警、智慧醫療系統、無人機自動巡弋協助大型場域巡邏勘災空拍等服務,目標是跳脫保全形象,成為民眾生活服務的公司,讓民眾享有更安全、更便利的生活。

營運概況》減少低毛利業務,積極推廣居家保全系統

近幾年來,勞動力成本以每年3%～5%的速度增長,對駐衛警業務的獲利影響很大,所以2014年中保開始進行調整,逐漸縮減駐衛警人力,對於

表1 企業客戶營收貢獻較大，但家庭客戶數出現成長
——中保（9917）歷年客戶數和營收貢獻度

客戶類別	比較項目	2014年	2015年	2016年
家庭客戶	客戶數（戶）	2萬8,176	3萬970	3萬3,614
	平均月單價（元）	2,391	2,290	2,228
	總營收（億元）	0.67	0.71	0.75
企業客戶	客戶數（戶）	9萬8,933	10萬3,708	10萬9,734
	平均月單價（元）	3,251	3,103	3,003
	總營收（億元）	3.22	3.22	3.30

資料來源：中保 2017 年 5 月法說會

毛利較低的案場採取漲價或到期不續約的方式，提高公司營運績效，但短期衝擊營收勢所難免。公司預計調整駐衛警的營收占比，將從 2017 年的 16% 降為 2020 年的 10%，並逐步提高防災、餐飲和智慧城市的營收比重。

　　觀察中保公布的資料，主要營收貢獻仍來自企業客戶，客戶數雖有增加，但因為平均單價降低，因此 2014 年～ 2016 年營收維持在約 3 億 2,000 萬～ 3 億 3,000 萬元；來自家庭客戶的營收，平均單價雖也有降低，然而客戶數增加幅度更勝於企業客戶數的增長，因此家庭客戶的營收金額從 2014 年的 6,700 萬元，小幅成長至 2016 年的 7,500 萬元（詳見表 1）。

如果再從滲透率來看，日本在家庭保全的市場滲透率有 4% ～ 5%，台灣僅不到 1%，還有很大的成長空間（詳見表 2）。

未來展望》少了興航拖累，未來獲利可正面看待

「中保無限家」服務站，簡單來說就是中保的實體門市，透過在店內販售簡餐、復興空廚提供的新鮮麵包吸引客戶，順便廣告中保的居家保全服務，這其實就是為了縮減中保在各縣市的子公司人力，並且成為一個可以貢獻營收獲利的地方。

截至 2017 年 8 月底，台北市與新北市共有 14 家中保無限家門市，並為中保帶進了 4 萬個家庭用戶數。2017 年預計達到 20 家門市，並計畫在 2018 年跨出雙北往南發展，希望在 3 年內開出 200 家連鎖店的目標。

中保在 2016 年本業是成長的，營業利益達 26 億 2,900 萬元，比 2015 年的 24 億 1,100 萬元成長 9%；然而 2016 年發生轉投資公司復興航空（興航）解散事件（詳見 5-3），身為母公司的中保須認列虧損，使得稅後淨利從 2015 年度的 20 億 6,200 萬元，大幅衰退至 2016 年度的 6 億 1,500 萬元。但中保並沒有實際現金流出，況且少了興航的拖累，對於公司長遠的獲利自然可以正面看待。

表2 台灣家庭保全市場滲透率不到1%
──日本、台灣保全市場企業與家庭客戶滲透率

國家	企業客戶滲透率（%）	家庭客戶滲透率（%）
日本	10~15	4~5
台灣	10	0.7

資料來源：中保 2017 年 5 月法說會

　　2017 年上半年，中保持續調整駐衛警業務，加上中保無限家的展店成本和廣告費用，因此本業呈現衰退，從 2016 年上半年 13 億 3,600 萬元，下滑到 2017 年上半年的 10 億 5,800 萬元，衰退幅度達 20.81%。但因不再認列興航虧損，再加上業外售地獲利挹注和處分投資利益，使得 2017 年上半年稅後淨利反而成長了 37.38%（9 億 3,900 萬元增加到 12 億 9,000 萬元），EPS 為 2.93 元（詳見表 3）。

投資建議》本業營業利益轉為正成長，才是較好介入點

　　中保和一零四（3130，詳見 6-6）的狀況類似，本業還算穩定，以殖利率來看，也不算特別高，若能在 2008 年～ 2013 年股價較低時買進，還能享有 5% ～ 8% 的殖利率，但是 2014 年～ 2016 年，殖利率大約都在 4% ～

表3 2016年中保營業利益創新高
──中保（9917）歷年年度利潤

年度	營業收入淨額（億元）	營業利益（億元）	稅後淨利（億元）	EPS（元）
2007	103.37	20.79	18.42	4.26
2008	118.73	20.25	13.11	3.03
2009	111.76	18.36	14.57	3.36
2010	111.75	18.58	17.03	3.92
2011	116.49	20.49	17.40	4.01
2012	120.59	22.64	18.79	4.33
2013	126.13	23.67	19.46	4.48
2014	130.72	24.28	20.34	4.62
2015	132.88	24.11	20.62	4.68
2016	134.80	**26.29**	6.15	1.40
2017.H1	63.99	10.58	12.90	2.93

資料來源：公開資訊觀測站、XQ全球贏家

4.5% 水準。

2017 年，中保處在拓展新事業階段，發展方向具有長照和物聯網智慧生活的概念。展望未來，端看民眾對智慧家庭的接受程度，以及中保無限家服務站展店效益和餐飲獲利能否進一步提升，還有政府智慧城市發展的進度等。2017 年的中保處於調整期，殖利率不高，短中期的獲利方面也未見明顯的

圖1 **2016年以來，中保股價多在90元上下盤整**
——中保（9917）月線圖

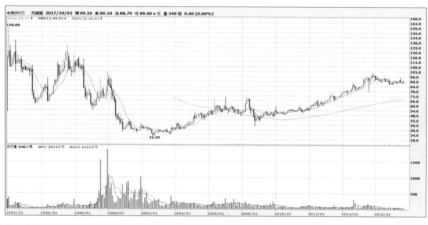

註：資料日期為 2017.10.02　　資料來源：XQ 全球贏家

成長性，觀察重點在於公司營收和本業營業利益何時轉為正成長（YOY，跟去年度同期比較的成長率），才會是比較好的介入點。

　　最後簡單做個結論，每檔股票在不同的時空背景下，可能會產生不同的結果，包括本篇章所提到的筆者持股。獲利有沒有持續成長？公司發表的展望預期到底有沒有達成？有沒有更好的股票可以選擇或替換等等，凡此種種，投資人都應該持續追蹤個別公司的財務數字，作為買進或賣出的依據。

巴菲特教我的事

在投資的道路上，影響我最大的人無疑就是股神華倫·巴菲特（Warren Buffett），為什麼巴菲特是歷史上最優秀的投資人呢？因為他有身為股東、經理人和投資人的紀律、耐性、信心和決心，為什麼他會有信心和決心？因為他只挑選他懂得的股票、他能理解的股票，他不會隨波逐流，接下來要做的就是守住紀律和耐住性子。

在本書截稿之際（2017 年 9 月底），台股和全球股市都不斷創高，當然我的股票資產也跟著創新高，我會改變存股的做法嗎？答案是不會，這就是巴菲特教我的事情，巴菲特的存股策略執行了 30、40 年，我願意繼續追隨他。

投資大眾與股神最大的不同是，大家的學習力比 87 歲的巴菲特還要差、每個月看的書比巴菲特還少，但卻自認為早已經得到股神的選股精髓。如果你沒有巴菲特那麼認真，在股票套牢後，再拿價值投資來當自我安慰劑，那就永遠走不出投資的陷阱。

　　巴菲特在 1987 年「給股東的信」中提到：波克夏海瑟威（Berkshire Hathaway）旗下最賺錢的 7 個子公司（號稱「Sainted Seven」，7 個聖徒），分別是水牛城晚報（Buffalo Evening News）、海默西服（Fechheimer）、寇比吸塵器（Kirby）、內布拉斯加家具（Nebraska Furniture Mart）、史考特菲茲（Scott Fetzer Manufacturing Group）、時思糖果（See's Candy）、世界百科全書（World Book Inc.），但如今巴菲特最讚賞的卻是蘋果公司（Apple Inc.）。

　　他說：「當我陪曾孫女去買冰淇淋時，她的朋友幾乎人手一支 iPhone，然後我會問他們這手機可以做什麼，以及如何做……，他們的生活離不開它。我意識到蘋果有非常高的客戶黏著度，本身產品也具有極高的使用價值（雖然我自己不用）。」

　　其實這並沒有改變股神選股的原則，他還是喜歡民生消費型、具有壟斷優勢的公司、他看得懂的公司，他一改過去不買科技股的做法、買進蘋果公司的股票，是因為他認同蘋果所生產的不只是科技產品，更是在人們生活中占有重要地位的消費品。

　　事實上，再強大的股票都有可能衰敗，有些股票的護城河就是不夠寬廣，禁不起時空環境的變遷，所以巴菲特也會賣股票，也會停利、停損。我要

強調的是：每個人都必須認真看待自己的投資，在你的能力範圍之內，發現好股票，剔除不好的股票，好的股票帶你上天堂，壞的股票讓你住套房，「穩中求勝」是不變的原則。

很多人也好奇，面對稅改方案，我會怎麼因應？財政部原本預計要在2017年3月出爐的稅改法案，卻一再延宕，在各界的批評聲浪中，最後到9月才正式出爐甲、乙兩方案。行政院長賴清德在10月初拍板定案的稅改乙案，財政部希望2017年通過，2018年施行，如此一來，在2019年5月申報綜所稅時就適用此稅改版本。但這中間還有很多變數（截至本書截稿前，尚未通過立法院三讀審查），立法委員不一定埋單，也許還會調整，所以這並不是最終的方案。

單純就賴院長拍板的稅改乙案，大致是這樣的：廢除兩稅合一，改採「雙軌制」2擇1。第1個選擇是「股利單一稅率26%分開計稅」，也就是薪資所得和股票股利所得分開計算，如果你原本的綜所稅率是5%、12%、20%者較為不利，因為股利所得稅率提高至26%，明顯加重所得稅負擔；但如果原本稅率是30%、40%的高所得收入者，則較為有利，因為等於股利稅率減為26%，據報載鴻海集團董事長郭台銘1年可以少繳13億元稅金。

第2個選擇是「股利可扣抵稅額8.5%（上限8萬元）」，小資存股族應

該適合選擇此項。以往兩稅合一時代，不同的股票有不同的可扣抵稅率，存股族喜歡可扣抵稅率高的股票，因為來年申報綜所稅時可以退稅，而且可扣抵金額沒有扣抵上限。像筆者在 2017 年 5 月申報 2016 年度綜所稅時，可扣抵金額為 10 萬 7,934 元，可以全額扣抵；但如果同樣的股利用乙案稅改方案去計算，最多僅可扣抵 8 萬元，所以就要多繳 2 萬 7,934 元的稅金。

然而，對於可扣抵稅額小於 8 萬元，或者說家戶合計每年股利金額小於 94 萬 1,176 元（8 萬元／8.5%）的投資人，基本上並沒有很大影響；甚至因為稅改之後，薪資扣除額和標準扣除額的提高，讓大家可以享有更多的退稅。

基本上，稅改方案是「抓中、放大、放小」的概念，讓股利所得最高的和比較低的族群享有減稅的利益；國家稅損的部分，就由筆者這種「中產階級」來彌補，所以筆者只好更努力存好股，讓自己每年有更多的股利收入，希望能晉升為富人階段。

筆者何其有幸能寫書和大家分享自己的股票經，這是絕大多數人沒有的機緣。如今我已經卸去流浪教師的身分，人稱「專欄作家」或「專職投資人」，大家以為我每天花很多時間在研究股票，其實不然，因為大部分的股票我都不懂，根本不知道從何研究起。事實上，我每天都用很多時間在

臉書（Facebook）和朋友們哈拉，我只是每個月、每一季追蹤公司的營收財報，然後有紀律、有耐心的執行我的買賣股票原則。很多朋友買進股票後，遇到股票下跌就會私訊問我怎麼辦？其實我會怎麼辦，都寫在這本書裡面了。

股價下跌有很多原因，可能是公司基本面不佳，可能是資金轉移到別的類股，也有可能是跟隨大盤下跌等等，如果公司獲利沒問題，下跌就是找買點；反之，公司因不明原因獲利連續衰退，反而是要找賣點。

常常最好的買點就是出現在公司營收獲利增長、股價盤整或修正的時刻，這段話在本書裡面應該重複多次了，不過就是把握幾個簡單的原則，相信大家都能悠遊樂活於投資的世界裡，並且享受賺錢的樂趣，在這看似平凡的存股之路上得到非凡的報酬，謝謝大家觀賞，並祝福大家投資順利。

周之偉

國家圖書館出版品預行編目資料

華倫老師的存股教室. 2, 股利與成長雙贏實戰 / 華倫著.
-- 一版. -- 臺北市：Smart智富文化, 城邦文化, 2017.10
　面；　公分
ISBN 978-986-7283-93-1(平裝)

1.股票投資 2.投資技術 3.投資分析

563.53　　　　　　　　　　　　　　106016680

Smart 智富

華倫老師的存股教室② 股利與成長雙贏實戰

作者	周文偉（華倫）
企畫	黃嫈琪

商周集團	
榮譽發行人	金惟純
執行長	王文靜

Smart 智富	
社長	朱紀中
總編輯	林正峰
攝影	翁挺耀
資深主編	楊巧鈴
編輯	李曉怡、林易柔、邱慧真、胡定豪、施茵曼
	連宜玫、陳庭瑋、劉筱祺

資深主任設計	黃凌芬
封面設計	廖洲文
版面構成	林美玲、張麗珍、廖彥嘉

出版	Smart 智富
地址	104 台北市中山區民生東路二段 141 號 4 樓
網站	smart.businessweekly.com.tw
客戶服務專線	（02）2510-8888
客戶服務傳真	（02）2503-5868
發行	英屬蓋曼群島商家庭傳媒股份有限公司城邦分公司

製版印刷	科樂印刷事業股份有限公司
初版一刷	2017 年 10 月

ISBN	978-986-7283-93-1

定價 380 元

Smart 智富 讀者服務卡

為了提供您更優質的服務，《Smart 智富》會不定期提供您最新的出版訊息、優惠通知及活動消息。請您提起筆來，馬上填寫本回函！填寫完畢後，免貼郵票，請直接寄回本公司或傳真回覆。Smart 傳真專線：（02）2500-1956

1. 您若同意 Smart 智富透過電子郵件，提供最新的活動訊息與出版品介紹，請留下電子郵件信箱：

2. 您購買本書的地點為：☐超商，例：7-11、全家
   ☐連鎖書店，例：金石堂、誠品
   ☐網路書店，例：博客來、金石堂網路書店
   ☐量販店，例：家樂福、大潤發、愛買
   ☐一般書店

3. 您最常閱讀 Smart 智富哪一種出版品？
   ☐ Smart 智富月刊（每月 1 日出刊）　☐ Smart 密技（不定期出刊）
   ☐ Smart 理財輕鬆學　☐ Smart 叢書　☐ Smart DVD

4. 您有參加過 Smart 智富的實體活動課程嗎？　☐有參加　☐沒興趣　☐考慮中
   或對課程活動有任何建議或需要改進事宜：

5. 您希望加強對何種投資理財工具做更深入的了解？
   ☐現股交易　☐當沖　☐期貨　☐權證　☐選擇權　☐房地產
   ☐海外基金　☐國內基金　☐其他：

6. 對本書內容、編排或其他產品、活動，有需要改善的事項，歡迎告訴我們，如希望 Smart 提供其他新的服務，也請讓我們知道：

您的基本資料：（請詳細填寫下列基本資料，本刊對個人資料均予保密，謝謝）

姓名：＿＿＿＿＿＿＿＿＿＿　性別：☐男 ☐女

出生年份：＿＿＿＿＿＿＿　聯絡電話：＿＿＿＿＿＿＿＿＿＿＿

通訊地址：＿＿＿＿＿＿＿＿＿＿＿＿＿＿＿＿＿＿＿

從事產業：☐軍人　☐公教　☐農業　☐傳產業　☐科技業　☐服務業　☐自營商　☐家管

您也可以掃描右方 QR Code、回傳電子表單，提供您寶貴的意見。

想知道 Smart 智富各項課程最新消息，快加入 Smart 課程好學 Line@。

書號：2BB068
書名：**華倫老師的存股教室2：股利與成長雙贏實戰**